T0243885

ÓSCAR FÁBREGA

Historia desconocida de María Magdalena

ALMUZARA

© Óscar Fábrega, 2024
© Editorial Almuzara, s.l., 2024

Primera edición: abril de 2024

Editorial Almuzara • Colección Historia
Director editorial: Antonio Cuesta
Editora: Ángeles López
Corrección: Mónica Hernández
Maquetación: Joaquín Treviño

www.editorialalmuzara.com
pedidos@almuzaralibros.com - info@almuzaralibros.com

Editorial Almuzara
Parque Logístico de Córdoba. Ctra. Palma del Río, km 4
C/8, Nave L2, nº 3. 14005 - Córdoba

Imprime: Liberdúplex
ISBN: 978-84-10521-37-7
Depósito legal: CO-460-2024
Hecho e impreso en España - *Made and printed in Spain*

«Nunca creas al que ha mentido, incluso cuando dice la verdad».

«María ha elegido la parte buena».
JESÚS DE NAZARET (Lc 10, 42).

«Hasta el hijo de un dios, una vez que la vio, se fue con ella.
Y nunca le cobró, la Magdalena».
JOAQUÍN SABINA.

A ti, Raquel, por las horas robadas, por tu infinita paciencia, por tu eterna presencia. Sin ti no soy nada.

A Roberto y Kido; nos veremos en el infierno.

A mis queridos lectores beta, que en esta ocasión han sido Alma Leonor López Pila, Mayte Medina y Raúl Ferrero, además de Raquel, que siempre está dispuesta a leer mis cosicas, por cansino que pueda llegar a ser.

A mis amigos y lectores tridimensionales y digitales; va por ustedes.

Índice

Prólogo. María Magdalena, la mujer críptica

«Y ahora, por favor, presten atención a las verdades y mentiras sobre esta mujer, alrededor de esta mujer, supuesta prostituta devenida en santa. Merecen la pena. Y mucho más si es Óscar Fábrega, experto en temas bíblicos y en desentrañar misterios, quien nos lo cuenta».

Así terminaba mi prólogo para la obra de Óscar Fábrega titulada *La Magdalena, verdades y mentiras* (2018), publicada por Guante Blanco dentro de la colección *El Circulo del Misterio*. Hoy son esas palabras las primeras que aparecen en este nuevo prólogo, de nuevo, sobre la Magdalena y, de nuevo, en un libro escrito por Óscar Fábrega. Es una obra mucho más amplia (la anterior fue obligadamente corta) y profunda sobre una figura muy reconocible de los Evangelios canónicos y protagonista de uno de los gnósticos más misteriosos, el Evangelio de María. Se trata, por supuesto, de María Magdalena, «apóstol de apóstoles», la discípula y «compañera» de Jesús, la mujer, la amante, la esposa, la santa, la diosa…

Reconozcámoslo, además de una mujer *visible*, como afirmaba en mi prólogo anterior, también es un personaje intrigante y críptico. Por un lado, la identificamos enseguida gracias a su numerosa e inequívoca iconografía, y hoy incluso podríamos calificarla de *influencer*. Ya me dirán si no: su traje rojo era único; la melena suelta, inusual, como poco; sus complementos (ese recipiente de alabastro, por ejemplo), ideales; la calavera, de lo más *kitsch*; andaba en boca de todos para bien o para mal; en la Edad Media se puso muy de moda; y, además, fue una incansable viajera. Todo un puntazo la *Magda*.

Pero, por otro lado, el relato bíblico ya contaba con una dualidad femenina, Eva y María, para ejemplificar los opuestos del comportamiento de toda mujer, tanto en su época como en la posteridad católica: Eva, la pecadora, artífice del pecado original y por cuya *culpa* la humanidad tuvo que abandonar las comodidades del paraíso; y María, la madre abnegada y sufridora, mujer sin tacha, envuelta en santidad, virginidad, castidad y obediencia. Cabría preguntarse entonces qué papel es el que quiso reservar el cristianismo para una mujer como la Magdalena, pecadora (o endemoniada) y sufridora a la vez, presente en la vida adulta de Jesús, compañera de apostolado y testigo de excepción tanto en la crucifixión como en su resurrección. Si a María Magdalena, poseída por siete demonios, se le perdonaron todos sus desvíos, ¿por qué no se le perdonó tan solo uno a Eva? Y si María era la inmaculada, la nacida sin pecado, la virgen, la madre del señor, ¿por qué no fue ella testigo de su resurrección en lugar de la Magdalena? Eva, María y Magdalena, un triángulo intrigante, ya digo. Tanto, que Óscar Fábrega ha empezado a tirar de estos y otros hilos (hay muchos en esta historia y luego están esos «desvíos» tan característicos en toda su obra) para tratar de descifrar el cometido de la tercera mujer en discordia, la *Historia desconocida de María Magdalena* en el cristianismo.

María Magdalena, o María de Magdala, o María, la Magdalena, o... Porque la veracidad y origen de su nombre es otro misterio, otro de esos elementos equívocos que envuelven la vida de esta mujer y sobre el que Óscar Fábrega se sumerge en el tercer capítulo. ¿Cómo hemos de llamarla? Lo cierto es que convive una especie de enredo entre el nombre, el apodo y el gentilicio (y el significado de la palabra *Migdal o Al-Majdal*, su posible lugar de nacimiento), pero no es lo único que confunde en una lectura pormenorizada de los Evangelios y los demás textos del cristianismo primitivo, desde los apócrifos a los gnósticos. De todas las menciones y (escasos) datos sobre María Magdalena que en ellos se ofrecen encontrará el lector pormenorizada información y el entendido descifrado de Óscar Fábrega.

Uno de los objetos de estudio de este libro es dilucidar si solo existió una Magdalena, o varias. Dice Óscar Fábrega que es la mujer cuyo nombre más veces se menciona en el Nuevo Testamento, que no es poco, pero son muchas las *Marías* que podemos encontrar en la historia bíblica, tanto en el Antiguo como en el Nuevo Testamento y demás textos cristianos. El autor nos revela que son seis las que aparecen en los Evangelios y que María (Miriam) era un nombre muy común en aquella región y en aquella época. Pero en cuanto a los momentos en los que se menciona a la Magdalena, se aprecia un pequeño desconcierto entre *Marías* porque se dice que había «muchas [mujeres] que le servían [a Jesús]», así que alguna *María* más habría si tan popular era el nombre. Y ya saben, y si no, Óscar Fábrega se lo cuenta estupendamente, que la indeterminación evangélica entre ellas es notable, sobre todo, entre María de Betania (la hermana de Lázaro) y María Magdalena, por un lado; y María (la madre de Jesús), María Salomé y María de Cleofás, por otro. O entre todas a la vez. Si eran seis, cinco, cuatro, tres o solo dos *Marías* confundidas en sus identidades, no se sabe con exactitud. De todo ese séquito femenino que dice la Biblia que seguía a Jesús y a los apóstoles, de las «muchas que le servían», pocos datos se aportan, salvo alguna otra mínima mención. Por ejemplo, se nombra a Marta de Betania (la otra hermana de Lázaro), y algún nombre más de los que nos da cuenta Lucas (8,2-3): Juana, la mujer de Cusa, administrador de Herodes; y una tal Susana.

El folklore y la tradición han terminado por admitir este *plural* mariano con la advocación a las santas Marías (o las tres santas mujeres o las tres Marías) de las que también encontrarán un detallado capítulo en este libro, desde la devoción francesa del pueblo cuasi-homónimo (Saintes-Maries-de-la-Mer, al sur de la Provenza francesa, región natural de la Camarga), hasta la imposible o real, probada o ficticia relación con las famosas vírgenes negras que tanto proliferaron por la Europa medieval. Y, finalmente, la Iglesia católica hizo dogma del nombre obligando a todo progenitor católico a anteponerlo al elegido para sus hijas en el Bautismo. Pero María solo hay una, ya saben, todas las demás vírgenes católicas tan solo añaden un adjetivo a ese nombre: del Pilar, del Rosario, del Rocío, de la Paloma, la Inmaculada, de la Esperanza... O un natalicio: de Lourdes, de Montserrat... Y hasta una sorprendente María Desatanudos (*Maria Knotenlöserin*), una virgen alemana (muy conocida también en Filipinas y en varios países sudamericanos) alegórica de la resolución de conflictos gracias a su intersección, que buena falta hubiese hecho en la época aramea.

María de Magdala, nuestra protagonista, no fue una de ellas, no fue una virgen. Al menos, si hacemos caso a la rumorología judeocristiana que la tachó de ramera y pecadora y que, pese a ser perdonada por Jesús, cargará con ese estigma *in eternum*. Bueno, no del todo, porque, además de las muchas interpretaciones de la antigüedad a esa cuestión de las que nos da cuenta Óscar Fábrega, esa misma rumorología la situó hace unos años en lo más alto de la relación con el señor, nada menos que como su esposa o depositaria de su estirpe y herencia genética. Como ya se imaginarán, me estoy refiriendo a la hipótesis de que María Magdalena tuviese hijos con Jesús, como se afirma en el famoso libro *El Código da Vinci* (2003). Pues en esto también se ha sumergido Óscar Fábrega para ofrecernos una explicación, o aclaración, o ilustración o desvelamiento de imprecisiones.

Y es que, como decía al principio, la vida de María, la Magdalena, resulta intrigante y críptica. No solo porque no aparece mencionada, como bien explica Óscar Fábrega al principio de su libro, más que en los capítulos alrededor de la crucifixión de Cristo (por otra parte, momento álgido de su santa vida y el que justifica, en cierto modo, la existencia de la nueva religión), sino también por una mínima mención de Lucas donde dice que de la Magdalena «habían salido siete demonios». Ahí es nada. Siete, un número cabalístico, de gran importancia en la Biblia y en el cristianismo. Siete, como los pecados capitales fijados por la tradición eclesiástica: la soberbia, la avaricia, la lujuria, la ira, la gula, la envidia y la pereza. ¿Cayó ella en todos los vicios? ¿De todo pecó esta mujer? Tuvo que darse mucha prisa o los acusadores tener mucha imaginación. En todo caso, lo redujeron a un solo epíteto, el de ramera. Claro que, con el tiempo y con las muchas interpretaciones de los episodios evangélicos donde aparece, ha llegado a ser santa patrona de la profesión más antigua del mundo y protagonista de otros curiosos patronazgos que averiguarán con la lectura de este libro.

Lo único que se afirma con seguridad es que de todo fue salvada por Jesús, pero no podemos dejar de lado la mención de los «siete» demonios. Siete, que es el número que determina la finalización de la creación («Y acabó Dios en el día séptimo la obra que había hecho; y reposó», Gn 2, 2-3) y, por lo tanto, simboliza algo completado, el fin de un mandato divino, la creación misma. Podríamos incluso volver a intrigarnos con la idea de su concepción divina: ¿una nueva María, pero no virgen? ¿Una sacerdotisa de la fertilidad y/o prostitución sagrada? Con María Magdalena y esa expulsión de los siete demonios que la dominaban parece que se dio cumplida terminación al acto absolutorio del perdón de los pecados. Es cierto que Lucas habla de varias mujeres «curadas», pero solo da el nombre de la Magdalena y solo de ella menciona el número de desórdenes, o pecados, o vicios, o «demonios»: siete. Ella los cometió todos y todos le fueron perdonados demostrando su arrepentimiento. Fue la perfecta pecadora y el perfecto ejemplo de redención. No solo pecó una vez, sino siete. No solo cayó presa de un pecado, sino de los siete. Y, aun así, fue absuelta de todas esas transgresiones a la moral jesuítica. Los siete demonios salieron de su persona gracias al señor. Con ella se consumó el don divino del perdón culminando el vértice del triángulo: el pecado, la vida sin tacha, el perdón... Eva, María, la Magdalena.

Lo que sigue sin estar claro, por lo tanto, es por qué se la aparta de las escrituras canónicas, por qué tan poca referencia a alguien con tanto que decir y que explicar, con tanto que confesar, con un papel tan significativo por representar. O por qué se la tildó de alucinada. Esas y otras razones son por las que Óscar Fábrega (a quien, por cierto, nunca le faltan ganas para lanzarse en pos de *desfacer un entuerto* o los que sean) se propuso investigar en su vida y milagros (que también existen, bien por mor de su persona, bien por sus numerosas e inciertas reliquias) para ofrecernos cumplido relato de tal ignominia.

Decía hace poco la periodista Cristina Fallarás que a las mujeres nos han enseñado a «vivir solo de la mirada impuesta y asumirla como si fuera propia» (*Público*, 11 de enero de 2024), en el caso de María Magdalena, la mirada impuesta, la de la mujer pecadora, es la que ha quedado grabada en nuestras retinas y en nuestro acervo cultural occidental y católico. La religión cristiana no se conformó con una mujer como Eva, origen del mayor pecado, el que, según los cánones todos llevamos implícito al nacer y que es necesario *limpiar* con el Bautismo, sino que tenía que encontrar a otra, una pecadora reincidente y presentada como ramera impenitente, como una mujer indigna... pero arrepentida y perdonada. En su caso, como así mismo denuncia Cristina Fallarás que ocurre con tantas otras, una mujer de la que nos han llegado noticias tan solo por «las voces de otros, las opiniones de otros, los relatos de otros, la mirada de otros».

Pero ella, la mujer intrigante, desconocida, oculta, la vilipendiada y difamada hasta el extremo, fue el único testigo de la resurrección de Jesús (o eso dicen unos y desmienten otros, como la posición que ocupó a los pies de la cruz, no se ponen de acuerdo) al tercer día de su muerte, la encargada de llevar el mensaje a los demás apóstoles y de recibir las primeras palabras de un hijo de Dios resucitado, ese *Noli me tangere* (Jn 20:17) tan mal traducido y del que Óscar Fábrega nos explica su hondo sentido: no me toques, no me retengas, cree en mí y... déjame ir. El hombre amado se había marchado ya. María Magdalena debía dejar ir al Dios.

Tal vez todo se reduzca a una mínima, insidiosa y sesgada relación de fuentes que hablan de María, la de Magdala. Óscar Fábrega se queja de ello amargamente desde el principio, y con toda la razón. Pero es uno de los principales problemas de los historiadores, ya lo sabemos, y lidiamos con ello en cada trabajo que acometemos. Del pasado solo disponemos de aquello que nos dejaron escrito los que nos precedieron y debemos mirarlo con recelo, o con precaución y espíritu crítico, al menos. Los padres de la historia, como Homero, Hesíodo o Virgilio, imploraban inspiración a las musas para escribir sus libros lejos de buscar fuentes o testimonios, que también, aunque en cierta medida. Por ejemplo, Heródoto decía verse «en el deber» de reflejar lo que alguien le contaba, «pero no a creérmelo todo a rajatabla» (*Nueve libros de Historia*, Libro VII, 151, 3). Otros, como «el ínclito», que dice Óscar Fábrega, Eusebio de Cesarea, la escribieron con una clara intención laudatoria, y de los Evangelios, tanto canónicos como apócrifos, les resulta difícil extrapolar explicaciones racionalistas o históricas. Todos ellos incurrieron en errores, a veces intencionados, a veces dirigidos, o a veces capciosos, y muchas de las obras tenidas como fuentes clásicas fueron escritas con omisiones onerosas, como pudo ser el caso de María Magdalena.

Siempre me acuerdo de José Cadalso cuando se habla de este tema. En su obra *Cartas marruecas* (1789), decía: «Un hecho no se puede escribir sino en el tiempo en que sucede, o después de sucedido. En el tiempo del evento ¿qué pluma se encargará de ello sin que la detenga alguna razón de Estado o alguna preocupación? Después del hecho, ¿sobre qué documentos ha de trabajar el historiador que lo transmita a la posteridad sino sobre lo que dejaron escrito las plumas que he dicho?». Dio en el clavo.

Difícil tarea en la que se ha empeñado Óscar Fábrega. Y, aun así, lo ha hecho, de nuevo, con la misma precisión de bisturí con la que nos tiene acostumbrados. Este no es un libro laudatorio ni es un libro de *inspiracion* católica ni es un libro de autobombo ni un libro de reivindicación feminista sobre un personaje bíblico. Es un libro de historia que ya venía haciendo falta sobre una mujer, real o ficticia, que aún está por descubrir en toda su magnitud.

Y ahora, por favor, lean y disfruten de esta *Historia desconocida de María Magdalena*, de esta minuciosa semblanza de una mujer, supuesta prostituta devenida en santa, porque merece la pena. Y mucho más si es Óscar Fábrega, experto en temas bíblicos y en desentrañar misterios, quien nos lo cuenta.

Alma Leonor López Pilar
Febrero 2024

Una necesaria introducción

La regla es sencilla: si alguien afirma algo, lo debe probar con evidencia. La carga de la prueba cae sobre sus espaldas. Por eso existe la presunción de inocencia. Por eso existe la ciencia. Pero el asunto se complica si apuntamos hacia el pasado. El motivo es sencillo: cuando algo pasa, pasa y punto. No se puede reproducir en laboratorio. Así que nuestra única puerta abierta para aprehender verdades pretéritas procede de las fuentes, ya sean arqueológicas, orales o escritas. Pero las fuentes, maldita sea, pueden estar erradas, pueden contener mentiras o pueden haber sido manipuladas. Por eso existe lo que se conoce como historiografía crítica. En plata: para poder reconstruir un hecho del pasado debemos estudiar previamente la veracidad y la calidad de las fuentes que hablen sobre ese hecho.

En el caso de la dramática epopeya de Jesús de Nazaret nos enfrentamos a un doble problema: tenemos muy pocas fuentes válidas, y las que tenemos están sesgadas, ya que fueron escritas por personas que no pretendían hacer historia; esto es, ofrecer una reconstrucción narrativa de la vida de Jesús. Y es que solo tenemos los cuatro evangelios canónicos, algún apócrifo muy antiguo, los Hechos de los Apóstoles y las cartas auténticas de Pablo de Tarso, que sorprendentemente apenas aportan información sobre el personaje. Y ya está. El resto de fuentes cristianas no son válidas por tardías y, sobre todo, porque están inspiradas en aquellas. Y las fuentes extracristianas, que las hay, no sirven para reconstruir su historia, tanto por su brevedad como por su segura intoxicación por parte de los cristianos de la época.

Que no cunda el pánico. Esto no quiere decir que no podamos decir nada sobre Jesús y el resto de personajes de la trama evangélica. Al contrario, podemos decir muchas cosas. De hecho, como veremos, hasta los silencios u omisiones injustificados tienen valor para el buscador. Para ello, los historiadores especializados en estos temas han ido generando un buen número de criterios que permiten, por lo menos, plantear que un hecho o dicho relacionado con Jesús sea probablemente histórico, o lo contrario. Y es que al final es una cuestión de probabilidades, como casi todo en este desagradecido mundo de la ciencia histórica. Este es el problema. Así, cuantas más y mejores fuentes, más probabilidades. Contamos, por ejemplo, con millones de evidencias, y de testigos, que avalan que la Guerra Civil la ganaron los militares sublevados al mando de Franco. Tantas que podemos decir que es un hecho. Pero ¿qué pasa si nos preguntamos si María Magdalena fue la esposa de Jesús? La cosa se complica. Primero, tenemos que establecer que ambos personajes existieron; segundo, debemos estudiar críticamente las fuentes que hablaron sobre ellos; tercero, hay que valorar si las posibles fuentes que usan los que afirman que aquello pasó legitiman dicha afirmación; cuarto, es necesario relacionar esto con lo que podamos saber sobre los susodichos para ver si entra en contradicción con otros aspectos de sus vidas; y quinto, no debemos olvidar el contexto histórico en el que vivieron, las creencias que pudieron tener, sus relaciones de parentesco, la legalidad del momento...

Así pues, queda claro que no es nada fácil reconstruir la historia de Jesús —lo que no debería ser un impedimento para que se intente— Pero aún más complicado es hacerlo con María Magdalena o con otros personajes secundarios de esta historia, como Juan el Bautista, la Virgen María o José de Arimatea.

Sin embargo, existe una enorme cantidad de literatura generada sobre estos personajes que contiene afirmaciones absolutamente indemostrables que sus autores, casi siempre, se han sacado de la manga o han obtenido manipulando de forma sesgada y acrítica las fuentes disponibles; cuando no proceden directamente de revelaciones personales, canalizaciones astrales o, mis favoritos, documentos de sociedades secretas.

En el caso concreto de la protagonista de esta obra, María Magdalena, el problema se vuelve tan abrumador, como veremos, que la única conclusión razonable y altamente probable que podemos plantear es que existió. Poco más. El resto de ideas que podamos sugerir están por debajo en el *ranking* de probabilidad. Sin embargo, desde hace unas décadas, sobre todo desde que se publicó *El código da Vinci* (2004), la afamada novela de Dan Brown, se han escrito decenas de libros, si no cientos, en los que se ha vertido un montón de información sobre esta santa sin el más mínimo sentido crítico. Aunque en realidad tampoco es nada nuevo. En plena Edad Media, a partir del siglo XI, cuando comenzó a popularizarse el culto a las reliquias de María Magdalena en Francia, surgieron un montón de obras que contaban cómo fue su exilio a aquellas tierras, creándose un enorme corpus literario que pasó a formar parte de ese heterodoxo y loco cajón de sastre que la Iglesia católica denomina «tradición», tan alejado de la realidad histórica como la novela de Brown.

Todo esto ha provocado que todos, como sucede con Jesús, tengamos una opinión sobre quién fue María Magdalena. Seguro que ustedes tienen la suya. Y yo tengo la mía. Ahora bien, desde el respeto, no podemos caer en una falaz democracia de opiniones. Del mismo modo que mi opinión sobre el espín de las partículas subatómicas no vale un pimiento al lado de la de un experto en física cuántica, la opinión de una persona sin la suficiente información sobre la Magdalena, Jesús o el Bautista no tiene el mismo valor que la de aquellos que han estudiado con minuciosidad y con un grado de detalle pasmoso los textos cristianos y la historia de los primeros años de esta religión. Que no se me enfade nadie, pero esto es así, aunque, por supuesto, todos nos podemos equivocar.

«Pues yo creo que María Magdalena en realidad era una sacerdotisa del culto a Isis», me dijo en cierta ocasión una señora que conocí en un festival esotérico de Barcelona. «¿Tienes alguna evidencia al respecto?», le pregunté inquisitivo. «No hace falta, lo sé», me soltó. Y punto. Aquel año, allí mismo, una señora que aseguraba ser una reencarnación de la santa dio una charla y llenó una platea con unas 500 personas.

Recuerdo que hace muchos años, nada más publicar mi *Prohibido excavar en este pueblo* (2013), se puso en contacto conmigo un señor, de cuyo nombre no quiero acordarme, para comentarme que en una cuneta de un lugar llamado Les Pontils, un paraje situado a un par de kilómetros de la localidad languedociana de Serres —muy cerquita de Rennes-le-Château—, se encontraban los féretros de María Magdalena y Jesús. Él mismo, decía, había podido fotografiarlos. Uno, el de ella, era de mármol; el otro, el de Jesús, de madera. Claro, quise ver las fotos, pero no pagar lo que me pedía, y me quedé con las ganas.

Les podría contar mil anécdotas más que me han sucedido desde que empecé a investigar y a escribir sobre este personaje, pero tampoco tendría mucho sentido. Lo curioso es que, de algún modo, María Magdalena está presente en casi todos mis libros, tanto en los que he escrito sobre mi misterio favorito, el *affaire* de Rennes-le-Château, como en los que forman parte de mi particular saga sobre la trama evangélica y el cristianismo, que incluye un librito sobre la Magdalena que publiqué en 2018.

Llevo media vida estudiando su figura, y aunque tengo claras muchas mentiras, por desgracia, y humildemente lo digo, no sucede lo mismo con las verdades. Pero ahora, tras tantos años, creo que puedo ofrecerles un completo compendio de todo lo que he podido averiguar y reunir; y creo que les será muy útil para que se puedan formar una idea bastante completa sobre el personaje. Pero repito, verdades hay pocas. Y no saben lo que me fastidia.

En cualquier caso, me gustaría comentar que escribo estas líneas desde una preciosa cabaña rural situada a escasos kilómetros de Quillan y de Rennes-le-Château, justo después de mi regreso a este precioso pueblo al que tanto le debo y tras pasar varios días visitando algunos lugares del sur de Francia relacionados con la Magdalena: Saintes-Maries-de-la-Mer, el pueblo al que, según una tradición tardía, llegó junto a varios seguidores de Jesús; la Sainte-Baume, la cueva en la que vivió durante treinta años según aquella misma leyenda, y la basílica de Saint-Maximin, donde, según la Iglesia, se conservan sus restos mortales.

Necesitaba hacerlo para terminar esta obra que por fin ve la luz, en la que, además de intentar averiguar qué podemos saber sobre su vida, analizaré muchos aspectos más, como la evolución de su culto, las leyendas que fueron naciendo en torno a su figura, la veracidad de las distintas reliquias que se conservan o, como no podía ser menos, la posibilidad de que fuese la esposa de Jesús y la madre de sus hijos. De camino, como es habitual en mí, tomaré un sinfín de desvíos que enriquecerán la experiencia y harán más llevadero este viaje.

Y nada más. Vamos al lío…

Óscar Fábrega
Quillan, 7 de septiembre de 2023

La Magdalena en los evangelios

Sucede con Jesús, pero también con todos sus apóstoles y con María Magdalena: no existe, como era de esperar, ninguna mención por parte de historiadores de su época —en el caso de Jesús, sí, aunque de unas décadas después—, ni existe ningún documento o evidencia arqueológica que avale que existieron. Lo que sabemos de ellos, lo sabemos gracias a los evangelios, canónicos o apócrifos, y la interpretación que de estos hicieron los primeros intelectuales de la Iglesia. Pero, siguiendo una tónica habitual y lanzando una apuesta por el «menos es más», los evangelistas canónicos (Marcos, Mateo, Lucas y Juan) aportaron poquísima información sobre casi todos ellos, Jesús incluido.

El caso de la Magdalena es aún más preocupante por varios motivos, pero también porque apenas nos dejaron información sobre ella. Ni lo hicieron los evangelistas, ni tampoco el autor de los Hechos de los Apóstoles, tradicionalmente adjudicado a Lucas, ni Pablo de Tarso en sus cartas. Nadie.

Solo trece pasajes del Nuevo Testamento hablan de ella (o catorce, según se mire), casi siempre en pasajes paralelos, que en la mayoría de casos están relacionados con la muerte y la resurrección de Jesús. Serían estos:

	Marcos	Mateo	Lucas	Juan
En el sequito de Jesús			8, 1-3	
En la crucifixión	15, 40-45	27, 55-56	23, 49	19, 25-27
Frente al sepulcro vacío	15, 47	27, 61	23, 55-56	
En la resurrección	16, 1-8	28, 1-15	24, 1-11	20, 1-2; 11-18
	16, 9-11[1]			

---

[1]   Este episodio, como veremos, es fruto de una interpolación posterior.

23

Es más, excepto por la mención de Lucas 8, en todos los evangelios irrumpe de forma abrupta durante la narración de la crucifixión
de Jesús y no se explica quién es. Y lo hace casi siempre liderando
una lista de mujeres que fueron testigos de aquellos determinantes
hechos, reales o no. Aparece de la nada, pero es importante, lo que da
que pensar que el silencio y la ausencia de más datos por parte de los
evangelistas se debe a que daban por hecho que sus lectores potenciales sabían quién era; y claro, esto evidencia aún más que debía ser
alguien realmente importante, tanto como para que varias décadas
después de la muerte de Jesús su historia permaneciera en las tradiciones orales de los primitivos cristianos.

LES SERVÍAN CON SUS PROPIOS BIENES

Solo uno de ellos, el bueno de Lucas, médico y compañero de farra
de Pablo de Tarso, se molestó en aportar algo de información sobre
ella —sí, ya sé que no fue realmente el autor de su evangelio, como
sucede con los demás; es para entendernos—. Nada sucede porque sí.
Si lo hizo, es porque tenía algún interés en comentar esto:

> Y sucedió a continuación que él [Jesús] iba por ciudades y aldeas pro-
> clamando y anunciando la buena nueva del reino de Dios, y con él los
> doce, y algunas mujeres que habían sido curadas de espíritus mal-
> vados y de enfermedades, María la llamada Magdalena, de la que
> habían salido siete demonios, y Juana, la mujer de Cuzá, intendente
> de Herodes, Susana y otras muchas, que les servían con sus propios
> bienes» (Lc 8, 1-3)[2].

Es decir, según Lucas, Jesús, además de los doce apóstoles y de
otros tantos seguidores masculinos, tenía un grupo de mujeres que
le seguían por los campos y aldeas de Galilea: la Magdalena, siempre
a la cabeza, Juana, Susana y algunas más. Aunque no queda claro si
se refería a estas, algunas habían sido exorcizadas y sanadas, y de la

---

2   Todas las citas del Nuevo Testamento que aparecen en este libro proceden de
     la traducción incluida en la obra *Los libros del Nuevo Testamento*, editada por
     Antonio Piñero (Trotta, 2021).

Magdalena habían salido siete demonios; ojo, «habían salido», no «le habían sacado».

Esto es raro, pero lo más inquietante es la frase final: ¿afirmó Lucas que aquellas mujeres sostenían económicamente a Jesús y sus seguidores? Lo parece, ¿no? Pues bien, esto es sorprendente dentro del contexto judío del siglo i.

El maestro Antonio Piñero, como casi siempre, se muestra moderado y considera que se trata más bien de que se encargaban de las provisiones del grupo, de hacerlas, no de pagarlas. La diferencia es de matices, sí, pero interesante. En efecto, una lectura atenta de Lucas evidencia que en otras ocasiones habla de mujeres que servían a Jesús o a los suyos, como la escena de la curación de la suegra de Simón, que, tras el milagro, «se levantó al momento y les servía» (Lc 4, 39); o cuando se habla de la estancia de Jesús en la casa de Marta y María —en este evangelio no se dice que sean de Betania—, y la primera le pregunta: «Señor, ¿no te importa que mi hermana me deje sola en el servicio?» (Lc 10, 40). Por lo tanto, quizás aquí quería decir

La conversión de María Magdalena. Paul Véronèse, 1548.

Lucas algo parecido. Pero no podemos dejar de lado eso de «sus propios bienes»: aquellas mujeres se encargaban de proveer de alimento y comida, y quizás de más cosas —alojamiento, ropa— a un grupo bastante amplio de hombres, mínimo trece, y de mujeres. ¿De dónde sacaban los dineros? ¿Cómo se podían centrar en esta actividad? ¿Es que no eran mujeres casadas y con hijos?

Sea como fuere, Lucas, al nombrarla en primer lugar, parece dejar claro que tiene una importancia especial o, incluso, que se trataba de la líder de las discípulas de Jesús, la homóloga femenina de Pedro. Quizás por eso san Vicente Ferrer llegó a afirmar que la Magdalena era la tesorera del grupo.

Pero...

SIETE DEMONIOS

Pero ¿qué es eso de los siete demonios? Muchos estudiosos consideran, con razón, que en aquella época los trastornos emocionales y mentales —desde migrañas o depresión a la esquizofrenia, pasando por la epilepsia—, dada la carestía de información al respecto, se interpretaban como posesiones demoniacas. Y esto era especialmente latente en el caso de las mujeres. Desde la antigüedad hasta tiempos de Freud se ha considerado que la histeria era algo propio de ellas. Hasta la etimología lo dice: «histeria» viene de *hysteron*, útero, ya que muchos galenos antiguos creían que la ausencia de sexo, unida a las ganas, producía un desplazamiento de este órgano. Como veremos, el malaje de Celso, un crítico anticristiano del siglo II, acusó precisamente de histérica a la Magdalena.

Podríamos especular sobre si la Magdalena tenía alguna de estas dolencias, pero nada sumaría. Con decir que no era la única me es suficiente. Lucas lo dejó claro: a Jesús le seguían «algunas mujeres que habían sido curadas de espíritus malvados y de enfermedades», es decir, en plural, más de una.

El problema es que solo Lucas incluyó este episodio. Si hacemos caso al criterio de atestiguación múltiple, según el cual, un episodio evangélico puede ser considerado como posiblemente histórico si aparece en varias fuentes primigenias, Lucas no lo era, ya que, como Mateo, construyó su evangelio ampliando lo narrado por Marcos, el primer evangelista, y tomando ideas del famoso documento Q³ y de algún material propio; «L» lo llaman. Este párrafo formaría parte de L. Por lo tanto, solo una fuente lo incluye.

Ahora bien, otro de los criterios empleados para delimitar al Jesús de la historia, el criterio de dificultad, nos da otra perspectiva: ¿por qué alguien iba a inventar algo así sobre una figura tan importante y conocida? De ser una invención, podría recibir ataques de otras personas que conservasen décadas después el recuerdo de quién fue la Magdalena realmente o siguiesen una tradición distinta —Lucas se escribió hacia el año 80, lustro arriba, lustro abajo—. Magdalena fue la primera persona que vio a Jesús resucitado —aunque no en su evangelio, sí en Mateo y Juan—. Si hubiese estado poseída por siete diablos, y si partimos de que esto hacía referencia a algún tipo de desorden psicológico, se podría poner en duda su testimonio sobre el supuesto encuentro con el resucitado y, yendo más lejos, se podría pensar que fue una visión de una alucinada.

Nadie se inventa algo que le ponga en dificultades, por lo que cabe aceptar que la idea de que Magdalena hubiese estado poseída procede de una tradición antigua que no se podía omitir porque era *vox populi*, lo que no quiere decir, obviamente, que fuese real.

¿Por qué siete? Quizás guarde relación con los pecados capitales, o porque el siete es un número que simbólicamente alude a la perfección: siete fueron los días de la creación. Sea como fuere, esto de los siete demonios contribuyó a que se asociase a la Magdalena con la vida licenciosa, la lujuria, el pecado y, a fin de cuentas, la prostitución.

Tampoco queda claro que los demonios de marras fuesen expulsados por Jesús, aunque se da por hecho por el contexto, lo que implica que, al menos, los seguidores de segunda generación de Jesús así lo creían. No en vano, era algo que solía hacer: Jesús fue un exorcista.

La cuestión, a fin de cuentas, es por qué Lucas consideró necesario informar de esto a sus lectores. Como veremos, lo hizo justo después de hablar de una pecadora que ungió con perfume a Jesús.

---

3   Un documento hipotético que debió existir con total seguridad, ya que tanto en Mateo como en Lucas podemos encontrar numeroso material que no aparecía en Marcos, pero que en estos dos evangelios aparece sin apenas diferencias. Nace a partir de lo que se conoce como «teoría de las dos fuentes» (Marcos y Q).

¿Pretendía denostarla? De ser así, se tiraba piedras encima de su propio tejado, pues más adelante la Magdalena adquiriría un rol fundamental. Ese es el maldito problema.

LAS MUJERES

Al margen de estos versículos de Lucas, todos los evangelistas coinciden en situarla durante la crucifixión, pese a que la lista de los allí presentes varía de uno a otro, y teniendo en cuenta que Lucas no la cita explícitamente en esta escena, quizás por esto de los demonios.

Marcos escribió algo que quizá pudo ser la fuente de inspiración para la dichosa cita de Lucas:

> Había también mujeres que estaban mirando desde lejos [miraban la crucifixión], y entre ellas estaban María Magdalena y María, la de Jacobo el Menor y madre de Joseto, y Salomé, quienes, cuando estaba en Galilea, lo seguían y servían, y muchas otras que habían subido con él a Jerusalén (Mc 15, 40-41).

Si partimos de que este evangelio, el de Marcos, es el más antiguo, parece claro al menos que el movimiento de Jesús contaba con muchas mujeres que le seguían. Poco más podemos saber. Eso sí, Marcos las menciona en claro contraste con los apóstoles varones, que, según su narración, habían huido tras el prendimiento de Jesús. Esto tiene más importancia de lo que puede parecer a primera vista: fueron mujeres las testigos de los tres hechos claves de la epopeya cristiana: la muerte de Jesús, su sepultura y la resurrección.

La conclusión es clara: Jesús contó con varias mujeres entre sus seguidores más importantes. Sí, no había ninguna entre los doce apóstoles, y nos podríamos plantear el motivo, pero lo cierto es que en los propios evangelios se hace explícito que su movimiento, sin que pueda ser considerado como feminista desde nuestra perspectiva actual, a diferencia de otros alzamientos religiosos similares que tuvieron lugar en el siglo I en Judea, incluía un buen número de mujeres, y con un rol muy importante.

Se trataba de un aspirante a mesías atípico, ya que aplicaba un trato bastante igualitario para la época, tanto durante sus predicaciones como a la hora de realizar sus curaciones —excepto en Juan, donde no realiza milagros a ninguna mujer—. Jesús conversa y discute con ellas del mismo modo que hacía con los varones. Y en ningún pasaje denigra a ninguna, pero sí a algunos hombres. Tanto es así que el cuarto evangelista se hizo eco de esto en el famoso episodio de la mujer samaritana, también asociada con María Magdalena:

> Y en esto llegaron sus discípulos y se asombraron de que hablara con una mujer; pero ninguno dijo: «¿Qué buscas?» o «¿qué hablas con ella?» (Jn 4, 27).

No se puede obviar la posición que ocupaban las mujeres en la sociedad judía de la primera mitad del siglo I, una sociedad machista, aunque como todas las de aquel tiempo, en la que su papel se circunscribía al hogar y al cuidado de los hijos y en la que eran consideradas como inferiores a los hombres. Tenían su lugar reservado en el Templo de Jerusalén y no podían hablar ni leer en las sinagogas. Y su palabra, como veremos, no tenía ningún valor. De hecho, existía un dicho entre los judíos varones que consistía en dar gracias a Dios por no ser mujer. Sí, Galilea, la región de Jesús y sus apóstoles, y posiblemente de María Magdalena, era distinta, ya que el helenismo había penetrado con más fuerza. Por algo era conocida como Galilea de los gentiles, por la presencia de no judíos y su influencia. Pero también eran machistas los griegos.

Por supuesto, no se puede tomar esto como una suerte de feminismo. Pero sí parece encajar con sus ideas religiosas: es razonable pensar que a Jesús no le interesaban las diferencias anatómicas y que considerase que lo importante, el alma, no tiene género. Además, su mensaje estaba dirigido a las clases menos favorecidas, y las mujeres lo eran en el contexto en que vivió.

LAS DOS MARÍAS

Pero sigamos. Hay un detalle aquí que no podemos pasar por alto: Marcos, al narrar la escena de la crucifixión, destacó, entre todas las mujeres, a estas tres, María Magdalena, María la de Jacobo y Salomé.

¿Por qué tres? Quizás pretendió establecer un símil simbólico con los tres apóstoles favoritos de Jesús, Pedro, Jacobo y Juan, según el propio evangelista comenta en varias ocasiones (5, 37; 9, 1; 14, 33). O quizás la explicación sea otra...

Nótese además que se trata de la primera ocasión que mencionó a nuestra protagonista, pese a que, como veremos a continuación, a partir de ese momento adquiere un gran protagonismo. Pero ¿quiénes eran las otras dos mujeres que estaban junto a María Magdalena durante la crucifixión, según Marcos?

Por un lado, se da por hecho que María, la madre de Jacobo el Menor y de Joseto, es también María de Clopás, un misterioso personaje que mencionó el cuarto evangelista, una vez más en la escena de la crucifixión:

> Estaban junto a la cruz de Jesús su madre y la hermana de su madre, María la de Clopás y María Magdalena (Jn 19, 25).

La tradición ha planteado que esta señora era la esposa de un tal Clopás (o Cleofás), también llamado Alfeo, que, según quien lo diga, era primo o hermano de José, el padre putativo —lo defendieron, por ejemplo, Papías de Hierápolis y Hegesipo de Jerusalén en el siglo II, o san Epifanio el Chipriota en el siglo IV—, y madre de Jacobo el Menor y el tal Joseto.

¿De dónde viene la identificación entre el tal Clopás y Alfeo? Del listado de los apóstoles que aportó Marcos, que habló de un tal «Jacobo el de Alfeo» (Mc 3, 18), el mismo que el propio Marcos denominó Jacobo el Menor, identificándolo además como hijo de María de Clopás.

La cosa se complica aún más, pues existe una tradición apócrifa, refrendada por el *Evangelio del pseudo-Mateo*, que defiende que María de Clopás era hermana de la Virgen María:

> Siempre que José iba a algún convite en compañía de sus hijos Santiago, José, Judas y Simeón y de sus dos hijas, asistía también Jesús con María, su madre, y con la hermana de esta, María de Cleofás, que el Señor le había otorgado a su padre Cleofás y a su madre Ana en recompensa por la ofrenda que habían hecho a Dios de María, madre de Jesús. Y para su consuelo le habían dado también por nombre María (XLI, 2).

No sé si conocen ustedes la historia apócrifa sobre los padres de la Virgen María, Ana y Joaquín, pero viene a colación en este momento. Esta pareja, se cuenta, no podía tener hijos, pero un buen día Dios intervino e hizo que Ana se quedase milagrosamente preñada sin la participación de su marido, que, avisado por un ángel, aceptó la noticia sin mayor reparo. Así, a modo de ofrenda, prometieron entregar a su hija, María, al Templo de Jerusalén. Por eso, según este apócrifo, Dios le otorgó otra hija a Ana... aunque con otro marido, el tal Cleofás.

Jerónimo de Estridón lo tenía también claro: indignado con sus compañeros, que defendían que María fue virgen antes del parto, pero no después, y que practicó sexo con su marido como cualquier mujer normal, escribió en el año 383 una obra titulada *De Virginitate Beatae Mariae* en la que defendía que María de Clopás era hermana de María y madre de los supuestos hermanos de Jesús que mencionaron Marcos, Lucas y Mateo (estos dos, siguiendo la estela del primero).

> ¿No es este el carpintero, el hijo de María, el hermano de Jacobo, Joseto, Judas y Simón? ¿No están sus hermanas aquí entre nosotros? (Mc 6, 3).

Serían, por lo tanto, primos de Jesús, pese a que el texto no parece indicar eso en ningún momento. Es más, Marcos, simple y llanamente, estaba hablando de hijos de María y hermanos de Jesús. La Iglesia católica no lo ve así. Es más, desde el Concilio de Letrán, del año 649, asegura que María fue virgen *ante partum, in partu et post partum* («antes del parto, durante el parto y después del parto»).

¿Cómo casa esto con la afirmación de Marcos, que incluso da sus nombres? Los apócrifos solucionaron la papeleta planteando que eran hijos de José con una esposa anterior —recuerden los versículos anteriormente citados del *Evangelio del pseudo-Mateo*—. Pero en el texto de Marcos 6, 3 no se menciona a José por ningún lado. Son hijos de María, sin más.

La explicación de la tradición católica, que sigue siendo oficial a día de hoy, va por otro camino: defiende que los términos griegos para *hermanos* y *hermanas* no tienen por qué hacer referencia a hijos de los mismos padres, sino a familiares, posiblemente a primos, amparándose en que ni el hebreo bíblico ni el arameo tienen un vocablo específico para referirse a los primos, sino que usan el mismo término que emplean para hablar de hermanos: 'ah, en hebreo; 'aha', en arameo.

Para aceptar esto es necesario manipular tendenciosamente los textos, que es lo que hizo el bueno de san Jerónimo. Además, los evangelios no fueron traducidos de originales hebreos, sino que fueron escritos directamente en griego; y en griego existen dos palabras diferentes para hermano y primo. *Adelphós* sería hermano y primo sería *anepsiós*. Y Marcos, como el resto de evangelistas, uso *adelphós*. Es más, en otras ocasiones los evangelistas hablan de hermanos,

Jesús apareciéndose a las tres Marías, Laurent de la Hyre, 1653.

como Jacobo y Juan, los hijos de Zebedeo, y nadie ha planteado que se tratase de primos.

En cualquier caso, por culpa de esta idea, a todas luces errónea, se dio por hecho que los presuntos primos de Jesús (Jacobo, Joseto, Judas y Simón; según Marcos) eran en realidad Jacobo el Menor, Judas Tadeo (no podía ser el Iscariote, claro está) y Simón el Zelote; no se sabe nada, en cambio, del tal Joseto.

¿Y QUÉ PASA CON SALOMÉ?

La tradición también tiene claro que la Salomé que incluyó Marcos en la escena de la crucifixión (15, 40-41) es María Salomé, supuesta madre de Santiago el Mayor —el de Compostela— y Juan el Evangelista, los hijos de Zebedeo, su marido. Pero también que era ¡otra hermana de la Virgen María!, de nuevo por el versículo antes citado de Juan:

> Estaban junto a la cruz de Jesús su madre y la hermana de su madre, María la de Clopás y María Magdalena (Jn 19, 25).

Por lo tanto, según esta interpretación, allí había cuatro señoras: la madre de Jesús, una hermana de esta, María la de Clopás y la Magdalena. Pero Juan no la mencionó explícitamente. Por lo tanto, ¿de dónde procede esa identificación? De Marcos que, en su texto, al hablar de lo sucedido al tercer día, expresó que «María Magdalena, María la de Jacobo y Salomé compraron especias para ungirlo» (Mc 16, 1); y de Mateo, que en su versión de la historia escribió lo siguiente al hablar de las mujeres que estaban presentes en la cruz, introduciendo una modificación en lo narrado por su fuente principal, Marcos:

> Se hallaban allí, mirando desde lejos, muchas mujeres que eran seguidoras de Jesús desde Galilea y le habían asistido. Entre ellas estaban María la Magdalena, María la madre de Jacobo y José y la madre de los hijos de Zebedeo (Mt 27, 55-56).

Obsérvese el matiz. Mateo no mencionó explícitamente el nombre de Salomé, pese a que copió casi literalmente el texto de su fuente, Marcos, que transcribo de nuevo:

Había también mujeres que estaban mirando desde lejos [miraban la crucifixión], y entre ellas estaban María Magdalena y María, la de Jacobo el Menor y madre de Joseto, y Salomé (Mc 15, 40-41).

Mateo tampoco incluyó a Salomé en su narración de las mujeres yendo al tercer día a la tumba, ya que solo mencionó a la Magdalena y a «la otra María» (Mt 28, 1). Y tampoco aportó su nombre en otro pasaje protagonizado por la madre de los hijos de Zebedeo, cuando pidió a Jesús un puesto apropiado y digno para sus hijos en el futuro reino de Dios (Mt 20, 20-28). Curioso.

Recapitulemos: Salomé sería la mujer de Zebedeo, supuesta madre de Jacobo el Mayor y Juan el Evangelista, que, según la tradición, también serían primos de Jesús porque, a tenor de lo comentado en Juan 19, 25, era otra hermana de la Virgen María.

Si me permiten la reflexión, todo este lío viene a demostrar algo que parece incuestionable: los primeros cristianos eran pocos, conocidos entre ellos y, en muchas ocasiones, familiares.

¿Era Salomé una de las mujeres que «servían con sus propios bienes» a Jesús, de las que habló Lucas en su controvertido pasaje (Lc 8, 1-3)? La tradición considera que sí, pese a que este no la mencionó.

Es más, hay quien considera que se trata de misma Salomé que aparece en la literatura apócrifa. Por ejemplo, en el *Protoevangelio de Santiago*, datado en el siglo II y centrado también en contar la historia previa de María y la llegada de Jesús, se cuenta que poco después del nacimiento —que no parto, pues Jesús aparece de pronto, en mitad de unos alucinantes efectos lumínicos—, la matrona le comentó lo sucedido a una colega llamada Salomé que había aparecido allí como por arte de magia.

«Por vida del Señor, mi Dios, que no creeré tal cosa si no me es dado introducir mi dedo y examinar su naturaleza». Y, habiendo entrado la partera, le dijo a María: «Disponte, porque hay entre nosotras un gran altercado con relación a ti». Salomé, pues, introdujo su dedo en la naturaleza, mas de repente lanzó un grito, diciendo: «¡Ay de mí! ¡Mi maldad y mi incredulidad tienen la culpa! Por tentar al Dios vivo se desprende de mi cuerpo mi mano carbonizada» (XIX,3-XX).

Imagínense. Pero no podía ser tan malo Dios: un ángel se apareció y le dijo que tomase al niño en brazos… lo hizo, y fue milagrosamente curada.

Además, una Salomé aparece como receptora de mensajes de Jesús en varios textos gnósticos, por ejemplo en el *Evangelio de Tomás*, del que luego hablaremos en profundidad. Pero nada parece indicar que se trate de la misma Salomé de la que hablaban los textos canónicos.

No es plan de adelantar acontecimientos, pero me he extendido con estas dos señoras, María la de Jacobo y María Salomé porque tendrán un gran protagonismo en páginas posteriores de este libro...

¿Qué sabemos de las otras dos mujeres que Lucas mencionó por su nombre al hablar de las seguidoras de Jesús que ayudaban al movimiento con sus bienes? Poco. Susana es una gran desconocida, y ni siquiera es reconocida como santa por la Iglesia; sobre Juana, la mujer de Cuzá, sí que se han aportado algunas ideas, como que fue la encargada de recoger la cabeza de Juan el Bautista tras su ejecución a manos de Herodes Antipas, ya que su marido, Cuzá, era su administrador. De ser cierto esto, y de ser verdad que este monarca, hijo de Herodes el Grande, procuraba acabar con Jesús —como el mismo Lucas comentó en 13, 31: «En aquella ocasión se acercaron algunos fariseos diciéndole: "Sal, márchate de aquí, pues Herodes quiere matarte"»—, se la jugaba al colaborar activamente con este movimiento.

Es más, Lucas la incluyó entre las mujeres que, junto a la Magdalena y María la de Jacobo, encontraron el sepulcro vacío y fueron a informar a los apóstoles (Lc 24, 10). Por eso esta sí es santa...

EN LA CRUZ... Y EN LA TUMBA

Insisto: todos los evangelistas sitúan a María Magdalena como testigo excepcional de la muerte de Jesús —aunque unos algo lejos, y otros, como Juan, al pie de la cruz—, pese a que la lista de las allí presentes varía de uno a otro —y esto es de lo más significativo— y Lucas no la citó explícitamente.

Y todos, excepto Juan, coinciden en que estuvo presente mientras José de Arimatea daba sepultura a Jesús en la tumba de su propiedad, empezando por Marcos: «María Magdalena y María de Joseto observaban dónde había sido puesto» (Mc 15, 47), aunque aquí de nuevo difieren las protagonistas.

Mateó se limitó a decir que «estaban allí María la Magdalena y la otra María, sentadas delante de la tumba» (Mt 27, 61). ¿Por qué, dado que es obvio que se inspiró en Marcos, no la llamó del mismo modo? ¿Había algún problema con el tal Joseto? Es más, ¿quién demonios es el Joseto este? No lo sabemos. Además, un poco antes, en la escena de la crucifixión, dijo algo muy inquietante que quizás se les pasó por alto cuando les hablé unas páginas atrás de Salomé. Les transcribo de nuevo los versículos, que merecen una segunda lectura:

> Se hallaban allí, mirando desde lejos, muchas mujeres que eran seguidoras de Jesús desde Galilea y lo habían asistido. Entre ellas estaban María la Magdalena, María la madre de Jacobo y José y la madre de los hijos de Zebedeo (Mt 27, 55-56).

La madre de los hijos de Zebedeo ya hemos establecido que es Salomé, aunque Mateo no la nombra por su nombre. Pero ¿quién es la otra María? No es María la de Jacobo, pues no tenía ningún hijo llamado José. ¿Saben qué María sí tenía dos hijos llamados así? ¡María, la madre de Jesús! El propio Mateo lo había dejado claro anteriormente (15, 55-56). ¿Estaba allí la Virgen? Marcos no lo dijo, y es raro que no lo hiciese de ser cierto. Lucas tampoco, o sí, como veremos. Pero Juan sí que lo hizo. Raro todo. O quizás es que el bueno de Mateo se hizo un lío con tanta María.

Sigamos con la subtrama de la sepultura de Jesús. Recuerden, según Marcos, estaban allí María Magdalena y María de Joseto; según Mateo, la Magdalena y la otra María. Lucas aumentó la apuesta:

> Y las mujeres que lo habían seguido, las que habían venido con él desde Galilea, vieron el sepulcro y cómo había sido colocado su cuerpo, y tras regresar, prepararon aromas y mirra. Y el sábado descansaron de acuerdo con el precepto (Lc 23, 55-56).

Sí, se trata de una clara referencia al episodio de Lc 8, 1-3 antes comentado. Lucas, al narrar la escena de la muerte de Jesús, dijo que allí estaban presentes, «a distancia, todos sus conocidos y las mujeres que le habían acompañado desde Galilea» (Lc 23, 49). Si se fijan, insistió en dejar claro que hubo testigos del enterramiento. Y poco después, al describir el descubrimiento del sepulcro vacío, por fin nos dio algunos nombres:

Eran María Magdalena, Juana, y María la de Jacobo, y también las demás que estaban con ellas. Dijeron esto a los apóstoles, pero estas palabras les parecieron un delirio y no las creyeron (Lc 24, 10-11).

¿No las creyeron? No, pero es que Marcos, la fuente básica de Lucas, dijo justo lo contrario, que no dijeron nada… Ahora volveremos con esto, porque tiene su miga, pero antes aclaremos algo: el cuarto evangelista, a diferencia de los sinópticos,[4] no situó a María Magdalena y/o a otras mujeres como testigos del enterramiento. ¿Por qué? Porque no le hizo falta para su narración ya que, para dar fe de aquello, puso a un personaje nuevo que no aparece en los demás evangelios: Nicodemo,

Evangelios de Rábula, un manuscrito siríaco del 586 en el que aparece la representación más antigua de la crucifixión que se conserva.

---

4 Marcos, Mateo y Lucas. Se les llama así, «sinópticos» (de los vocablos griegos *syn*, «junto», y *opsis*, «ver») porque podían leerse juntos en columnas horizontales, como planteó el estudioso Johann Jakob Griesbach en 1776, lo que evidencia sus enormes parecidos y sus llamativas diferencias.

que en esta ocasión acompañaba al bueno de José de Arimatea, un controvertido actor de la trama evangélica que entra en acción en un momento crucial. Esto también merece unas palabras.

Según Marcos, el primer evangelista, tras la muerte de Jesús, «José de Arimatea, un miembro destacado del Consejo, que también estaba esperando el reino de Dios» (Mc 15, 42), le pidió a Pilato el cuerpo de Jesús. Este se lo concedió, y José, «tras comprar un paño de lino, lo bajó, lo envolvió en el paño y lo depósito en un sepulcro que había tallado en la roca, e hizo rodar una piedra sobre la puerta» (15, 44-47). Y ya está. Marcos, que no había mencionado a este señor en ningún momento, lo introdujo en esta escena por un motivo claro: sabemos por la historia que los crucificados solían acabar en una fosa común. Era lo normal para los condenados a este tipo de muerte, generalmente por sedición o delitos de lesa majestad. Probablemente fue esto lo que pasó con Jesús. Y no lo digo yo: numerosos exégetas, incluido el maestro Antonio Piñero, lo ven posible. Por eso la tradición oral de la que bebió Marcos, o quizás el propio evangelista, introdujo a esta persona: un seguidor de Jesús con dineros e influencia. Claro, los apóstoles no podían ser porque no tenían este poderío y, sobre todo, ¡porque habían huido!

Esto no quiere decir que no existiese realmente este personaje. Unos estudiosos defienden que sí, pero que fue manipulado con fines evidentes; y otros consideran que no, que es un invento.

Tenía que ser alguien importante. Por eso Marcos dejó claro que era un «miembro destacado del Consejo». Se da por hecho que se refería al Sanedrín, pero, de ser así, ¿por qué no intervino durante el proceso contra Jesús? Si era miembro del alto tribunal judío, tuvo que estar informado de que andaban tras él y de que había sido traicionado; lo lógico, en este caso, es que le hubiera puesto sobre aviso. Pero no fue así, que sepamos.

Como siempre, para solucionar esta disonancia, estuvieron atentos los siguientes evangelistas. Mateo lo definió como «un hombre rico de Arimatea, llamado José, que era también discípulo de Jesús» (Mt 27, 57), además de explicitar que depositó el cadáver en «un sepulcro nuevo de su propiedad» (27, 59) —Marcos no dijo que fuese suyo—. Es decir, en esta versión corregida no se dice nada de que fuese miembro del Sanedrín, ni siquiera que fuese poderoso. Solo que era rico. Con eso bastaba.

Lucas solucionó el entuerto causado por Marcos de otro modo. Ojo:

> Y he aquí que un varón de nombre José, miembro del Consejo, hombre bueno y justo —él no había estado de acuerdo con su decisión y su actuación—, procedente de Arimatea, ciudad de los judíos, esperaba el reino de Dios. Este, presentándose a Pilato, pidió el cuerpo de Jesús, y tras haberlo bajado, lo envolvió en una sábana y lo depositó en un sepulcro excavado en la roca, en el que nadie había sido puesto aún (Lc 23, 50-53).

Es decir, miembro del Consejo sí, pero contrario a sus acciones contra Jesús, algo que había que dejar bien claro; pero rico no, ya que ni siquiera se dice que la tumba fuese de su propiedad.

Y el cuarto evangelista, siempre a lo suyo, cambió por completo la narración, al introducir a Nicodemo y eliminar a las mujeres, con la Magdalena a la cabeza, como testigos del entierro de Jesús. Según Juan, ni era rico ni era del Sanedrín, ni era el dueño de la tumba —que aquí está en un huerto cercano al lugar de la crucifixión—, ni enterró a Jesús solo, sino con la ayuda del tal Nicodemo. Y empleando nada más y nada menos que ¡34 kilos de una mezcla de mirra y áloe!, una auténtica barbaridad.

Lo cierto es que todos los evangelios coinciden en señalar que el misterioso José de Arimatea, un judío rico y bien posicionado, seguidor en la sombra de Jesús, consiguió que el prefecto romano le permitiese llevarse el cadáver de un tipo recién ejecutado en la cruz. Pero, piénsenlo, ¿por qué Pilato, con la mala leche que gastaba, le concedió a un judío que se llevase el cuerpo de un señor condenado a muerte? ¿Es mentira todo esto? Puede, pero la historia cumple varios de los criterios de historicidad: aparece en todos los evangelios y en multitud de apócrifos; además, que fuese un miembro del Sanedrín, como dijeron Marcos y Lucas, representaba tal dificultad para el cristianismo posterior que plantear que aquello era un embuste resulta bastante difícil. ¿Por qué iba a inventar Marcos algo tan delicado? Bueno, sus motivos tenía...

Ahora bien, según los Hechos de los Apóstoles, y de un *speech* de Pablo de Tarso, fueron los jefes de los judíos los que lo bajaron de la cruz y lo enterraron (Hch 13, 27-30). ¿Cómo es posible que en algo tan trascendental no se pusieran de acuerdo los distintos autores?

¿Acaso el autor de los Hechos no conocía lo que habían escrito los evangelistas? ¿No había quedado claro que se trataba también de Lucas?

El caso es que José de Arimatea acabó siendo un personaje importantísimo para la tradición apócrifa, que consideraba que era hermano de Joaquín, el padre de la Virgen María, y por lo tanto tío-abuelo de Jesús —por no hablar de las leyendas del Santo Grial, en las que se convertirá en el gran protagonista—.

Y AL TERCER DÍA...

Con matices, los evangelios coinciden al situar a la Magdalena y otras mujeres ante la cruz y frente a la tumba, y también en que fue ella quien encontró el sepulcro vacío y recibió información privilegiada sobre el paradero del cadáver de su amado maestro: había resucitado.

Mateo comentó que, junto a «la otra María», se presentó en la tumba el domingo, y nada más llegar, pasó lo siguiente:

> Pasado el sábado, al clarear el primer día de la semana, María la Magdalena fue a ver el sepulcro, acompañada por la otra María. De pronto tuvo lugar un gran terremoto, pues un ángel del Señor descendió del cielo, se acercó a la piedra, la hizo rodar y se instaló sobre ella. Tenía un aspecto fulgurante; su vestimenta era blanca como la nieve (Mt 28, 2).

Los guardias se quedaron patidifusos y paralizados. El ángel les dijo a las mujeres que aquel al que buscaban ya no estaba allí y que había resucitado. Además, les informó de que iba hacia Galilea y les instó a que se lo dijesen a los demás discípulos. «Allí le veréis. Ya os lo he dicho» (Mt 28, 6). Ellas, llenas de júbilo y alegría, fueron raudas y veloces a comentárselo a los demás, pero de pronto Jesús se les apareció, les dijo que no tuviesen miedo y les insistió en que pidiesen al resto que fuesen a Galilea, donde lo podrían ver.

Ojo, Mateo no dijo que las dos Marías fuesen a perfumar los restos mortales del finado, algo que no pudieron hacer el día de la muerte, pues se estaba poniendo el Sol y estaba a punto de comenzar el *sabbat*. Dijo que fueron «a ver» el sepulcro. ¿Qué tenían que ver?

Lucas sí que lo hizo:

> Y en el primer día de la semana, muy de mañana, fueron al sepulcro llevando los aromas que habían preparado. Pero hallaron corrida la losa del sepulcro, y al entrar no hallaron el cuerpo del señor Jesús. Y sucedió que, estando ellas desconcertadas por esto, se les presentaron dos hombres con vestiduras resplandecientes (Lc 24, 1-4).

Recuerden que, en la escena del enterramiento, Lucas comentó que las mujeres que lo habían seguido, tras presenciar el acto, prepararon aromas y mirra (Lc 23, 55-56). ¿Por qué Lucas habló de dos ángeles y no de uno como Mateo o Marcos? Ni idea. Quizás pretendía aclarar con esto que no se trataba de Jesús, como alguien podría haber pensado al leer los otros evangelios; por si no lo saben, en el Antiguo Testamento hay escritos en los que los ángeles, al aparecerse a los humanos, son una suerte de aparición de Yahvé con apariencia humana. Acto seguido, las mujeres comentaron el extraño suceso a los demás discípulos, pero «estas palabras les parecieron un delirio y no las creyeron» (Lc 24, 11). Pedro, en cambio, dudó, «se levantó y corrió al sepulcro, y al asomarse, vio solo los lienzos, y se volvió a su casa asombrado por lo sucedido» (Lc 24, 12). Sin embargo, en este texto, a diferencia de lo que vimos en Mateo, Jesús no se aparece a aquellas mujeres en primer lugar, sino que, en un giro de guion fascinante, se manifestó a dos discípulos anónimos que iban caminito de Emmaus. ¿A qué puede deberse esto? Quizás intentaba contrarrestar a los posibles críticos.

	Mujeres presentes	Quién se aparece	Transmisión a los apóstoles
Marcos	Magdalena, María Salomé y María de Clopás	Un joven con túnica blanca	No dicen nada por miedo
Mateo	Magdalena y «la otra María»	Un ángel, y al rato, Jesús	Comunican la noticia
Lucas	«Las mujeres», aunque luego matiza que con Magdalena, Juana, María de Clopás y otras	Dos ángeles	Comunican la noticia, pero no les creen
Juan	Magdalena	Dos ángeles, y al rato, Jesús	Comunica la noticia

Las versiones coinciden más o menos, pese a estas notables discrepancias. Lo curioso es que en el evangelio de Marcos, que estos dos, Lucas y Mateo, como bien saben ya, utilizaron como punto de partida, no se decía nada de esto...

Marcos no terminaba como termina en nuestras modernas Biblias, ya que los doce últimos versículos son un añadido tardío que no aparece en los manuscritos más antiguos[5]. Si los quitamos, tenemos un final abrupto, perturbador y sumamente misterioso, ¡pues no se menciona ninguna aparición de Jesús resucitado! Pero no se alarmen, resurrección hubo. Marcos cuenta que María Magdalena, María, la madre de Jacobo, y Salomé fueron al sepulcro el domingo de madrugada para perfumar el cadáver y ungirlo. Se encontraron el sepulcro vacío, y en su interior vieron a un joven vestido de blanco que les dijo que Jesús había resucitado y les ordenó que informasen a los apóstoles, «y a Pedro». Las mujeres salieron despavoridas de allí. Pero, curiosamente, «a nadie dijeron nada porque tenían miedo» (Mc 16, 8). Y aquí terminaba originalmente el texto.

¿De qué tenían miedo? Quizás de aquel joven vestido de blanco. Existen algunos casos en el Antiguo Testamento parecidos, como cuando a Daniel se le apareció un ángel y casi se queda allí tieso (Dn 10, 4-19). Y en general, en muchísimas ocasiones los humanos muestran temor al protagonizar encuentros con lo sagrado, y en otras tantas se les pide que no teman... O quizás temían contarle a los apóstoles lo que habían presenciado, pensando en que no las iban a creer. Lucas, de hecho, expresó que no las creyeron (Lc 24, 11).

Pero lo más grave es que ¡no informaron a los apóstoles! Esto debió dejar asombrados a muchos cristianos de la época y de las décadas siguientes, convencidos como estaban de que Jesús se había aparecido a muchas personas tras resucitar. El propio Pablo, un par de décadas antes, había ofrecido una amplia lista de afortunados. Pero Marcos, por algún motivo, no incluyó ninguna aparición de Jesús resucitado. Una de dos: o las tradiciones en las que se basó no decían nada al respecto, o las eliminó por motivos teológicos. Lo cierto es

---

5   Los versículos añadidos —introducidos de una forma de lo más tosca y burda, como pueden comprobar si tienen a mano un Nuevo Testamento— cuentan que Jesús se le apareció a la Magdalena, sin entrar en detalles, y que esta fue a decírselo a los demás que, como era de esperar, no la creyeron. Luego se narran otras apariciones.

que esto parece encajar con la teología del evangelista, más interesado en la parusía, la segunda venida de Jesús, que para él representaba la auténtica resurrección. De hecho, poco antes, puso en boca de Jesús un par de advertencias relacionadas con esto:

> Cuidad de que nadie os engañe. Muchos vendrán usurpando mi nombre diciendo «Yo soy», y engañarán a muchos (Mc 13, 5-6).

> Si alguno os dice entonces: «¡Mira, aquí está el Mesías! ¡Mira, está allí!», no le creáis. Porque surgirán falsos Mesías y falsos profetas, y harán señales y prodigios con el propósito de engañar, si fuera posible, a los mismos elegidos. ¡Tened cuidado! Os lo he advertido de antemano (Mc 13, 21-23).

¿Acaso con estos versículos pretendía denostar a otras comunidades cristianas contemporáneas a la suya, que contaban historias ficticias sobre Jesús resucitado? Podría ser. De ser así, sería bastante esclarecedor...

En definitiva, no me discutirán lo extraño y llamativo que es que el primer evangelio no incluyese ninguna escena de Jesús redivivo. Eso sí, en términos narrativos, el final es mucho mejor tal y como lo planteó el autor original. Los antiguos cristianos al leer este sorprendente desenlace debieron quedar llenos de curiosidad y de intriga por ver qué había pasado con el cuerpo de Jesús... Un *cliffhanger* de categoría.

Por eso Mateo y Lucas, que usaron su texto como andamiaje de los suyos, se encargaron de ofrecer un buen número de apariciones *post mortem* de Jesús, aunque ni siquiera en esto coincidieron.

LA EXTRAÑA VERSIÓN DE JUAN

Para más inri, el cuarto evangelista, Juan, en su línea, contó una historia totalmente distinta: según su evangelio, María Magdalena fue al sepulcro sola y se lo encontró abierto, con la piedra de entrada retirada. Pero no fue a perfumar su cadáver, pues eso ya lo habían hecho Nicodemo y José de Arimatea. ¿A qué fue entonces?

Alarmada, y sin entrar en ningún momento en el sepulcro —por lo que no pudo comprobar que estuviese vacío—, se marchó corriendo a decírselo a Pedro y «al otro discípulo, al que Jesús quería y les dijo: "Se llevaron al Señor del sepulcro y no sabemos dónde lo pusieron"» (Jn 20, 2). Nótese el uso del plural («no sabemos»). ¿No habíamos quedado en que había ido sola? Quizás esto sea un indicio de que en la fuente originaria que usó el cuarto evangelista había otras personas.

Una vez informados, los dos apóstoles fueron rápidamente a comprobarlo con sus propios ojos. Llegó primero el discípulo amado —sí, ya volveremos con este—, que no llegó a entrar, pero vio que las vendas de lino y el paño que habían colocado José de Arimatea y Nicodemo sobre la cabeza de Jesús estaban allí, en el suelo. Al rato llegó Pedro, que sí entró, y pudo comprobar que no estaba el cuerpo del finado. Por lo tanto, según Juan, los primeros en percatarse de que Jesús no estaba allí fueron estos dos; la Magdalena fue antes, pero, como no llegó a entrar, solo ofreció una conjetura: alguien se había llevado el cuerpo del maestro. Este detalle es más importante de lo que parece: la noticia no procedía de una mujer, sino de dos hombres...

La Magdalena, que había regresado con ellos al sepulcro, se quedó fuera, llorando, una vez que estos regresaron a Jerusalén para informar a los demás discípulos. Algunos exégetas destacan que se usó el participio griego *kláiousa*, que se puede traducir como «llorando», pero que parece más bien evocar al llanto ritual de las plañideras judías. Para llorar de pena, se solía emplear el verbo *dakrýo*. Además, en otra ocasión el cuarto evangelista usó la forma *kláiousa*: en la escena previa a la milagrosa resurrección de Lázaro, cuando Jesús vio a María de Betania llorando, como otros judíos presentes, por la muerte de su hermano (Jn 11, 33). Es más, en esa escena —solo narrada por Juan— podemos encontrar un paralelismo con esta que nos ocupa, pues Jesús, tras ver a María llorando, le preguntó: «¿Dónde lo habéis puesto?»...

Finalmente, ahora sí, la Magdalena decidió entrar al sepulcro, donde se encontró con dos ángeles blancos sentados que, en vez de informarle de que Jesús había resucitado, como en los sinópticos, le preguntaron por qué lloraba —¿por qué no se habían manifestado a Pedro y al discípulo amado?—. La Magdalena respondió: «Se llevaron a mi señor y no sé dónde lo pusieron» (Jn 20, 13). Ojo, como ven, aquí sí usó esta mujer el singular.

Y justo después, la Magdalena se volvió hacia atrás y vio a Jesús de pie, pero «no sabía que era Jesús» (Jn 20, 14). ¿Cómo? ¿No le reconoció? No solo eso: en un primer momento pensó que era un hortelano (*kepourós* en griego, que también se puede traducir como «jardinero»). Tampoco es raro. La tradición sinóptica incluía la famosa escena de la transfiguración (Mc 9, 2-10 y paralelos), en la que a Jesús le cambia la cara y su ropa se torna resplandeciente. La reacción de los allí presentes, Juan, Pedro y Jacobo, fue de puro terror... Como ven el paralelismo con las apariciones de los ángeles en los sinópticos es evidente. Quizás quería plantear este autor que Jesús renació con otro cuerpo, una suerte de cuerpo divino, como planteaba Pablo de Tarso.

Sigamos: la Magdalena, en cuanto se dio cuenta de que era él, se llenó de alegría y le llamó *rabbuni*, «maestro», aunque Jesús le dijo algo intrigante:

Noli me tangere, Tiziano, 1514.

No me retengas, pues aún no he subido al Padre, pero ve a mis hermanos y diles: «Subo a mi Padre y vuestro Padre, a mi Dios y vuestro Dios» (Jn 20, 17).

Se trata de la famosa escena del *noli me tangere*, algo que ha sido bastante malinterpretado por culpa de la traducción latina que hizo el bueno de Jerónimo de Estridón a finales del siglo IV, cuando el papa Damaso I le encargó convertir la Biblia al latín. Me explicó: el texto original griego decía *«mé moú háptou»*, que se puede traducir como «no me abraces» o «no me toques», pero también como algo extendido en el tiempo, algo así como «no me agarres» o, como hacen Piñero y sus colaboradores en la versión que he transcrito, «no me retengas».

Otra versión, en este caso de Fra Angélico y de 1440. Obsérvese cómo Jesús lleva una azadilla al hombro…

Jerónimo lo tradujo como «*noli me tangere*», «no me toques». Y no es correcto, aunque es cierto que ese matiz está implícito en el griego original. Así, quizás una traducción más adecuada y cercana a la realidad podría ser: «No me toques y no intentes retenerme».

Sea como fuere, esta escena es una de las más representadas de la epopeya cristiana, y casi siempre se suele mostrar a la Magdalena intentando tocar a Jesús, y a este apartándola.

Finalmente, según Juan, al contrario de lo que comentó Marcos, la Magdalena se fue y avisó a los apóstoles; y al rato, Jesús se manifestó ante ellos.

***

Lo mismo sucede con este último ejemplo, de Albert Durero (1511), en el que Jesús aparece caracterizado como un jardinero, aunque con una pala.

En resumidas cuentas, para los cuatro evangelistas, la Magdalena fue la primera en comprobar que la tumba estaba vacía, la que recibió la información de que había resucitado y a la que se le ordenó que informase a los discípulos. Al margen de que esto sea histórico o no, lo cierto es que la tradición lo asumió como real, lo que dotaba a María Magdalena de un papel esencial.

Sin embargo, Pablo de Tarso, cuyas siete cartas auténticas son anteriores a los evangelios, en un célebre párrafo de su Primera Epístola a los Corintios (1 Cor 5-19) en el que enumera una lista de las personas a las que se le apareció Jesús resucitado, ni siquiera la incluyó, pese a que aporta un listado más extenso que los que aparecen en los evangelios.

> Pues os transmití en primer lugar lo que recibí: que el Mesías murió por nuestros pecados según las Escrituras; que fue sepultado y que fue resucitado al tercer día, según las Escrituras; que se apareció a Cefas y luego a los Doce; después se apareció a más de quinientos hermanos a la vez, de los cuales todavía la mayor parte permanecen hasta ahora y otros durmieron. Luego se apareció a Jacobo; más tarde, a todos los apóstoles. Y en último lugar, se me apareció también a mí (1 Cor 15, 3-8).

¿Por qué Pablo no dijo nunca nada sobre ella, siendo, como hemos visto, testigo de la muerte de Jesús y de su resurrección (o del sepulcro vacío), algo en lo que coinciden todos los evangelistas? ¿Acaso no conocía esta parte de la historia? ¿Cómo es posible esto?

Tengan en cuenta, como acabo de comentar, que Pablo escribió aquellas cartas antes que las minibiografías evangélicas, todas influidas por su teología. Esto nos lleva a otra inquietante pregunta: ¿de dónde sacó Marcos, el primero, la idea de que María Magdalena y las demás mujeres estuvieron presentes durante la crucifixión y fueron las primeras que se percataron de que Jesús había vencido a la muerte?

El problema de la resurrección y las mujeres

Pensemos un poco mejor en todo este embrollo, pues es sumamente significativo que las personas presentes durante la crucifixión, el entierro y el hallazgo de la tumba vacía de Jesús, lo que venía a indicar que había resucitado, sean mujeres, con María Magdalena a la cabeza. Imagino que se preguntarán el motivo. En sencillo: porque los discípulos, como se dice expresamente, habían huido por miedo a que les atrapasen como a Jesús. Pero ellas no huyeron.

Fueron ellas las que le acompañaron durante su muerte y las que observaron la sepultura de Jesús en la tumba excavada en la roca de José de Arimatea. Era importante que alguien estuviese allí, y claro, no podían ser los apóstoles. Piñero lo explica a las mil maravillas:

> La descripción del entierro de Jesús era básica para la fe cristiana en la resurrección de Jesús, pues pronto comenzaron a correr noticias entre amigos y enemigos de los seguidores de Jesús de que este no había muerto de verdad o que los discípulos habían robado su cuerpo ya semivivo o muerto del todo. Es plausible, pues, que el relato premarcano de la pasión tuviera también noticias del enterramiento y de la tumba vacía. Es en verdad muy improbable históricamente que los romanos dejaran escapar vivos a tres sediciosos y menos en Judea (Piñero 2021, 594).

Y una vez más, fueron ellas las que encontraron el sepulcro vacío y comprobaron que Jesús había resucitado. Y en Mateo y Juan, la Magdalena, sola o con «la otra María», es la primera persona que lo ve tras vencer a la muerte.

No es asunto mío dilucidar si esto sucedió realmente, faltaría más. Pero sí me gustaría hacerme eco de una de las explicaciones racionalistas que se han aportado ante este extraordinario y esencial episodio: ¿y si se trataba de visiones? Es probable que algunos seguidores de Jesús, en pleno estado de *shock* tras la dolorosa muerte del que consideraban un ser divino, tuviesen visiones subjetivas y creyesen verlo resucitado, siendo su testimonio suficiente para convencer a otros de sus colegas de que realmente Jesús había regresado del mundo de los muertos.

Ya David Strauss, en su obra *Vida de Jesús* (1835), propuso que algunos discípulos, especialmente emocionales y predispuestos, sufrieron alucinaciones en las que vieron a su líder redivivo. Y un tiempo después, el mismísimo Ernest Renan, uno de los pioneros de la búsqueda del Jesús histórico, defendió esta teoría en su *Vida de Jesús* (1863), culpando en parte a la pobre María Magdalena, a la que, en cambio, le dio gran importancia:

> Para un historiador, la vida de Jesús termina con su último suspiro. Pero era tal la huella que había dejado en el corazón de sus discípulos y de algunas amigas devotas que, todavía durante unas semanas, él

fue para ellos un viviente y consolador. ¿Había sido robado su cuerpo, o bien el entusiasmo, siempre crédulo, hizo aparecer fuera de tiempo el conjunto de relatos mediante los cuales pretendieron establecer la fe en la resurrección? A falta de documentos, no lo sabremos nunca. Digamos, sin embargo, que la viva imaginación de María de Magdala desempeñó en esta circunstancia un papel capital. ¡Divino poder del amor! ¡Sagrados momentos en los que la pasión de una alucinada da al mundo un Dios resucitado! (Renan 1968, 290).

En muchos cultos, los creyentes tienen visiones provocadas por estados alterados de la conciencia, ya sea por la ingesta de alguna sustancia psicoactiva, por la privación de sueño o alimento o por una

El dolor de María Magdalena, Jules Joseph Lefebvre, 1903.

situación extrema de estrés emocional. No parece que estos factores estuviesen presentes en las apariciones de Jesús —quizás el último—, pero sí que lo estuvo otro factor importantísimo: la sugestión, fenómeno psicológico, aunque también social, mediante el cual una persona puede vivir como real algo que no lo es. Sería la introyección de una creencia y la aceptación de un espejismo por parte de individuos muy predispuestos y absolutamente convencidos de sus creencias.

Así, un deseo ferviente —que Jesús no hubiese muerto realmente—, en un estado de *shock* emocional —la escandalosa muerte en la cruz—, pudo hacer que un creyente irracional y fanatizado confundiese una experiencia subjetiva con una verdad empírica. Las apariciones marianas y otras hierofanías parecidas se mueven en esta dirección, y han demostrado que las alucinaciones sugestivas pueden ser contagiosas e, incluso, colectivas. Dirección que, además, ha sido utilizada y promovida por las religiones, que facilitan estos estados alterados mediante una alta carga ritual y otros inductores de la sugestión, como la repetición de sonidos rítmicos o, simplemente, el carisma y el magnetismo del gurú de turno.

Lo cierto es que ya a mediados del siglo II, Celso, en su *Discurso verdadero contra los cristianos*, planteó que las apariciones de Jesús resucitado se debían a una alucinación o a una farsa. Y claro, culpó a una mujer, a María Magdalena. Luego les hablaré de esto.

Pensémoslo mejor, que esta hipótesis igual es demasiado sencillota. Si las historias sobre las apariciones de Jesús resucitado se deben a unas cuantas visiones de algunos de sus discípulos, tenemos que explicar dónde estaba su cuerpo, ya que parece probable que, en efecto, la tumba la encontrasen vacía. De haber sido una invención o una simple visión extática, y de estar enterrado Jesús en una tumba localizable, los judíos, cuando comenzaron a surgir estas leyendas sobre el nazareno, lo hubiesen tenido muy fácil para demostrar que eran falsas: con ir a buscar el cuerpo hubiese sido bastante. En cambio, sabemos que en tiempos de Mateo la explicación que aportaban los paisanos de Jesús era otra… que alguien robó el cuerpo de Jesús, pero esa es otra historia de la que ya he hablado en alguna ocasión[6].

---

6   Por ejemplo, en *Eso no estaba en mi libro del Nuevo Testamento*, publicado por la editorial Almuzara en 2023.

Tomemos otra perspectiva.

Todos los apóstoles huyeron tras el arresto de Jesús. Por lo tanto, conocemos lo que sucedió durante la muerte, el enterramiento y la resurrección por las mujeres. Con esto no quiero decir que fuese realmente así. Marcos, al construir su relato de la pasión, tiró de tradiciones anteriores que circularon durante décadas de modo oral, y estas dejaron claro que todos los varones huyeron y que algunas mujeres presenciaron aquellos hechos cruciales que representan el núcleo mismo de la fe cristiana. O quizás se lo inventó. ¿Es posible?

La secuencia es muy simple: los apóstoles huyen, Pedro niega a Jesús, María Magdalena contempla la crucifixión y la sepultura, y al tercer día las mujeres se encuentran la tumba vacía.

Piénsenlo. El testimonio de aquellas mujeres, con la Magdalena a la cabeza, es lo que garantizaba a los cristianos que Jesús, en efecto, había muerto, que fue sepultado en una tumba —y no en una fosa común, como era lo normal—, y que resucitó al tercer día. Ninguno de los apóstoles estuvo allí.

Podría pensarse que el relato se construyó así para defenderse de la posible acusación de que todo esto era una mentira. En efecto, los cristianos no podían defenderse diciendo que los apóstoles fueron testigos, pero sí argumentando que otros seguidores de Jesús estaban allí, las mujeres.

Pero ¿por qué motivo pondrían a mujeres como testigos? Su testimonio podría ser fácilmente descartado por los enemigos de los cristianos. Piensen que en aquella época la opinión de las mujeres no importaba un pepino. El propio Celso usó ese argumento en el siglo II. ¡Y David Strauss, un historiador, en siglo XIX! Quizás por eso Juan introdujo al discípulo amado junto a la cruz y frente al sepulcro vacío.

Es más, como comenta Antonio Piñero en *Los libros del Nuevo Testamento* (2021), «Las mujeres no podían actuar como testigos en los tribunales rabínicos debido a la mentira de Sara, la esposa de Abrahán» (Piñero 2021, 1417). ¿Conocen esta historia? La resumo: Abrahán estaba casado con Sara, pero no podían tener hijos porque ella era estéril. Por eso le ofreció a su propia esclava, Agar, que no tardó en quedarse preñada, para consternación de Sara. Fruto de esto, nació Ismael, el primogénito de Abrahán. Pero, como los caminos de Dios son inescrutables, unos años después se marcó un detalle e hizo que Sara, que ya era una anciana a la que se «le había cesado ya la costumbre de las mujeres» (Gn 18, 11), se quedase embarazada milagrosamente. Pero un tiempo antes, cuando Abrahán fue informado por tres enviados divinos de que sería padre de nuevo, pero con su esposa, Sara pudo escuchar la buena nueva escondida tras una puerta, y la pobre señora no pudo evitar reírse: «¿Después de que he envejecido tendré deleite, siendo también mi señor ya viejo?» (Gn 18, 12). Dios, que se ve que no tenía un día bueno, se enfadó bastante. Y acto seguido: «Entonces Sara negó, diciendo: "No me reí; porque tuve miedo". Y él dijo: "No es así, sino que te has reído"» (Gn 18, 15).

Quizás la cosa, para los judíos, venía de antes, del momento mismo en el que Eva comió del árbol prohibido e incitó a Adán a hacerlo (Gn 3, 12). En un antiguo *midrash*[7], escrito supuestamente por el rabino Eliézer ben Hircano, del siglo II, al hablar de las consecuencias de este acto, dijo que Dios condenó a la mujer a padecer varias aflicciones (la menstruación, las molestias del embarazo, el dolor en el parto, la cría de hijos), a atender a su marido como una sierva y a que su testimonio no sea nunca creído (*Pirqé del Rabí Eliézer 14*, 5).

Por todo esto cuesta creer que un redactor que anduviese buscando testigos que verificasen estos sucesos tan importantes para la cristiandad, en vez de inventar testigos varones, usase mujeres. Como vimos, eso fue lo que hizo el cuarto evangelista, al introducir al discípulo amado entre los allí presentes.

Eso sí, quizás la mención de tres mujeres, como hizo Marcos, guarde relación con algo que aparece en el Deuteronomio (19, 15):

> No se tomará en cuenta a un solo testigo contra ninguno en cualquier delito ni en cualquier pecado, en relación con cualquiera ofensa cometida. Solo por el testimonio de dos o tres testigos se mantendrá la acusación.

Por lo tanto, una de dos: o esto es histórico o Marcos, el primer redactor, quiso que fueran precisamente mujeres. Esta segunda

---

7   Se denomina así a los textos que varios sabios judíos escribieron con sus particulares explicaciones de la Torá, los cinco primeros libros de la Biblia.

posibilidad tiene su lógica, pues Marcos no dudó en dejar mal parados a los varones en su relato, especialmente a los apóstoles, a los que una y otra vez mostró como cortos de entendederas. Jesús tiene que reprenderles en numerosas ocasiones porque no parecen enterarse ni de sus parábolas ni de su destino, ni siquiera de quién era él. En cambio, describió a las mujeres manteniéndose fieles hasta el final y observando los cruciales acontecimientos que, según las creencias cristianas, trajeron la salvación al mundo. Pero esa salvación implicaba una completa inversión de los valores: los últimos serán los primeros, sin diferencia de sexos. Y los últimos, junto a otros descastados, eran aquellas humildes mujeres de Galilea. Quizás por eso este evangelista pasó de incluir escenas de Jesús resucitado. Hubiese sido demasiado.

Pero hay una objeción: no solo lo afirmó Marcos, sino también Juan, que parece beber de otras fuentes, y el *Evangelio de Pedro*, un apócrifo del siglo I, parcialmente perdido. Además, aunque Marcos no lo hizo, los otros tres evangelios sí que afirmaron que María fue a informar a los apóstoles de que el sepulcro estaba vacío.

Por todo esto, cabe plantear como posiblemente histórico que María fue la primera que creyó descubrir la resurrección de Jesús y la proclamó a los demás, lo que la convierte, de algún modo, en la fundadora del cristianismo. ¿Por qué alguien inventaría que una mujer

Santa María Magdalena, la Virgen María y san Juan evangelista llorando a Cristo muerto, Lorenzo da Sanseverino, c. 1400.

de la que apenas se sabe nada fue la primera difusora de la buena nueva de la resurrección? Quizás fue verdad que se encontró aquella dichosa tumba vacía...

Ahora bien, ¿por qué Pablo no habló de ella cuando mencionó a todos los que vieron a Jesús resucitado (1 Cor 15, 5-8)? ¿Por qué no mencionó que el sepulcro vacío fue encontrado por mujeres? Es posible que no lo supiese, o que esos relatos orales en los que se pudo inspirar Marcos aún no existiesen.

Ya para terminar, veo preciso comentar lo que se afirmó en un anónimo texto del siglo XIII conocido como *Las lamentaciones de Mateo*:

> Como las mujeres son incapaces de guardar un secreto, Jesús sabía que era el mejor medio para que la nueva de su Resurrección se difundiera instantáneamente, era confiarla a las comadres charlatanas (Sánchez Morillas, 77).

Tela.

LAS *UNGIDORAS*

De este modo, María Magdalena terminó convirtiéndose en una pieza esencial de todo este puzle: fue ella la encargada de anunciar la resurrección, epicentro del cristianismo. Sin embargo, ninguno de los evangelistas aportó información sobre ella, excepto la breve mención de Lucas. Y eso que es la mujer cuyo nombre más veces se menciona en el Nuevo Testamento. Es más, ¿cómo puede ser que no se sepa nada de ella tras la muerte de Jesús en la cruz? Sí, hay leyendas y tradiciones cristianas tardías, pero ¿por qué no aparece en los Hechos de los Apóstoles? ¿Por qué no la mencionó Pablo?

Estas preguntas se las hicieron también los primeros padres de la Iglesia. Era un problemón. Y lo resolvieron a su manera, llegando a una asombrosa conclusión que permitía solucionar, en parte, lo poco que sabían sobre María Magdalena: aparecía en otras escenas, aunque con otro nombre. Pero esto solo condujo a enturbiar más su imagen...

Por un lado, la tradición concluyó que era la mujer pecadora que ungió con perfume los pies de Jesús mientras este disfrutaba de una buena comida en la casa de Simón el fariseo, una escena que aparece en el evangelio de Lucas, junto antes del episodio en el que se presenta a María Magdalena:

> Y resultó que había en la ciudad una mujer pecadora, y sabiendo que estaba en la casa del fariseo, trajo un frasco de alabastro con perfume; y colocándose detrás, junto a sus pies, llorando, comenzó a regarlos con sus lágrimas, y los enjugaba con los cabellos de su cabeza, besaba sus pies y los ungía de perfume. Y al verlo el fariseo que lo había invitado, dijo para sus adentros: «Si este fuera profeta, conocería qué mujer y de qué clase es la que lo toca, ya que es una pecadora» (Lc 7, 36-39).

Y Jesús, siempre al quite, salió en defensa de aquella misteriosa señora:

> ¿Ves a esta mujer? Entré en tu casa y no me diste agua para los pies, pero ella regó mis pies con sus lágrimas y los enjugó con sus cabellos; no me diste un beso, pero ella desde que entró no cesó de besarme los pies. No me ungiste la cabeza con óleo, pero ella ha ungido con perfume mis pies. Por esta razón te digo que se le perdona sus muchos pecados, porque ha amado mucho (Lc 7, 44-47).

De aquí proceden dos de los atributos simbólicos habituales en la iconografía de María Magdalena: la generosa cabellera y el frasco de alabastro, así como la extendida idea de que era una prostituta —que ya veremos cuándo se originó—. Pudo tratarse de un error, bastante desafortunado, de los primeros exégetas cristianos, que pensaron que la pecadora y la endemoniada eran la misma persona. O quizá fue una acción malintencionada con la intención de denigrarla. Además, no está claro que eso de «mujer pecadora» implique que era prostituta. Lucas empleó el vocablo griego *harmartolos*, que hace referencia a una persona que ha cometido un delito, en este caso contra la Ley judía, pero no implica que se tratase de prostitución. De hecho, los evangelistas no tuvieron demasiado reparo en hablar de prostitutas sin utilizar subterfugios[8].

---

8   Véase Mateo 21, 31 y 32, Lucas 15,30 y 1 Corintios 17,1.

Por si fuera poco, hay algo raro aquí, pues Lucas tomó esta escena de Marcos, aunque transformándola por completo. Seguro que serán capaces de captar las evidentes diferencias.

Estando él en Betania, recostado en casa de Simón el Leproso, vino una mujer que traía un frasquito de ungüento perfumado de nardo puro, carísimo. Tras romper el frasco de alabastro, lo vertió sobre su cabeza. Había algunos que, irritados, se decían entre sí: «¿Para qué este derroche de perfume? Pues este ungüento podría venderse por más de trescientos denarios y ser entregado a los pobres». Y se enfadaban con ella. Pero Jesús dijo: «¡Dejadla! ¿Por qué la molestáis? Hizo por mí una buena acción. Pues tenéis siempre pobres entre vosotros, y cuando queráis, podéis hacerles el bien, pero a mí no me tendréis siempre. Hizo lo que podía; se adelantó a ungir mi cuerpo para la sepultura. Pero os aseguro que, cuando se anuncie la buena noticia a todo el mundo, se hablará también de lo que hizo esta en recuerdo suyo» (Mc 14, 3-9).

Es decir, ni era una pecadora ni la escena se desarrollaba en Galilea, sino en Betania, en Judea, ni el motivo de la unción era un acto de penitencia de una arrepentida, sino que venía a ser más bien un vaticinio de la muerte de Jesús, un claro ejemplo de profecía *ex eventu*, de los muchos que podemos encontrar en los evangelios.

Mateo, a diferencia de Lucas, sí que transmitió esta escena prácticamente igual que aparece en Marcos, aunque la situó al final de la vida pública de Jesús, justo antes de la traición de Judas (Mt 26, 6-13). Y Juan, en su línea, ofreció otra historia, aunque guarda ciertos parecidos con la versión marcana. Además, le puso nombre a la enigmática mujer: se trata de María, la hermana de Marta y Lázaro de Betania, que también ha sido tradicionalmente identificada con María Magdalena.

Pero hizo algo raro, ya que la mencionó en el episodio 11, en el que narró la fascinante historia de la resurrección de Lázaro:

Había un enfermo, Lázaro de Betania, de la aldea de María y de su hermana Marta. (María, cuyo hermano Lázaro estaba enfermo, era la que ungió al Señor con perfume y enjugó sus pies con sus cabellos) (Jn 11, 1-2).

En primer lugar, llama la atención que se introduzca esta acotación en el capítulo 11, cuando la historia se cuenta en el siguiente, reproduciendo la misma escena de Marcos, aunque con varias diferencias: tuvo lugar en la casa de María, Marta y Lázaro, después de la resurrección de este, y además no dice que le ungiese la cabeza, sino que, al igual que sucedía con la pecadora de Lucas, «ungió los pies de Jesús y enjugó con sus cabellos sus pies» (Jn 12, 3). Además, en esta versión es Judas, al que se presenta como el tesorero del grupo, el que se queja del despilfarro del perfume.

Menudo lío, ¿no?

Según Marcos, la mujer no le secó a Jesús los pies con sus cabellos, sino que le ungió la cabeza. Pero en Lucas y en Juan sí que lo hizo. Juan mezcló las dos versiones y las situó en un contexto diferente y con una protagonista distinta: la mujer ya no es la anónima señora de Marcos y Mateo, ni es la pecadora de Lucas, sino que es María, la hermana de Marta y Lázaro.

Por si fuera poca la confusión, en otra parte de Lucas aparece una clara mención a las hermanas de Lázaro, aunque ni se nombra a este ni se dice nada de Betania. Lean con atención:

Unción de Jesús en Betania. Anónimo. C. 1480.

Yendo ellos de camino, entro él en una aldea. Y una mujer, de nombre Marta, lo recibió. Y esta tenía una hermana llamada María, la cual, sentada a los pies del Señor, escuchaba su palabra. Pero Marta estaba ocupada en muchos quehaceres del servicio; y acercándose, dijo: «Señor, ¿no te importa que mi hermana me deje sola en el servicio? Dile, pues, que me ayude». Y le respondió el Señor diciendo: «Marta, Marta, te preocupas y te agitas con muchas cosas. Solo hay necesidad de una cosa; María ha elegido la parte buena, que no se le quitará» (Lc 10, 38-42).

¿Por qué Lucas modificó esta historia y convirtió a esa mujer en pecadora, cuando en Marcos no se dice que lo fuese? Si se trataba de María de Betania, como propuso Marcos, ¿por qué Lucas no dijo directamente que era la misma persona de la que hablaba en el episodio 10, la tal María, hermana de Marta, la que no ayudaba a su hermana en las tareas de la casa para poder escuchar al Maestro? La respuesta es fácil: para Lucas no se trataba de la misma persona.

Todo este embrollo lo solucionó la tradición cristiana por las buenas: María Magdalena era la pecadora de Lucas y María de Betania. *C'est fini.*

La culpa de todo la tuvo el afamado papa Gregorio I (540-604), el Magno —uno de los cuatro padres de la Iglesia latina, junto a Jerónimo, Agustín y Ambrosio—, que en una homilía del 21 de septiembre del año 591 dijo lo siguiente:

> Ella, la cual Lucas llama la mujer pecadora, la cual Juan llama María, nosotros creemos que es María, de quien siete demonios fueron expulsados, según Marcos. ¿Y qué si no todos los vicios significan esos siete demonios? Pues como todo el tiempo se comprende en siete días, propiamente todas las cosas se significan por el número siete: por eso María, que tuvo todos los vicios, tuvo siete demonios. (Homilía XXXIII).

Este papa, el primer monje que lo fue, pretendía exponer que se trataba de un ejemplo extremo de pecado y redención, comparándola con Eva, la primera mujer, y atacando a los vicios que aquel señor pensaba que tenían todas las hembras, casi siempre relacionados con el sexo. Por eso la tradición acabó considerando que María Magdalena fue prostituta, pese a que en los evangelios no se percibe esa asociación entre posesión demoniaca y prostitución. Es más, ninguno de los críticos con el cristianismo, desde Celso al Talmud, usaron este argumento en contra.

Así, fue considerada como *beata peccatrix* a la vez que como *castísima meretrix*. Gregorio lo dejó claro en aquella homilía:

> Así pues, carísimos hermanos, volved la vista a vosotros mismos, e imitad el ejemplo de la mujer pecadora y penitente; llorad todos los pecados que os acordéis haber cometido, tanto en la adolescencia como en la juventud, y lavad con vuestras lágrimas las manchas que habéis contraído con vuestras costumbres y vuestras obras. (Homilía XXXIII).

Ese sería el simbólico papel que adquirió María Magdalena para estos misóginos y autocastrados hombres de la Iglesia: el ejemplo perfecto de pecador/a redimido/a por la gracia de Jesús/Dios.

Cristo en casa de Marta y María, Johannes Vermeer, 1655.

Y todo parece deberse a un error, pues no hay nada que indique que algunas de estas mujeres que ungieron a Jesús, la pecadora pública de Lucas o María de Betania, fuese María Magdalena. Pero se entiende. No tenía sentido que un personaje tan importante como la mujer que ungió a Jesús, anticipando su muerte, no estuviese luego presente a los pies de la cruz. Allí, como ya hemos comentado, estaba María Magdalena.

Sin embargo, algunos grandes sabios de la Iglesia anteriores, como Agustín de Hipona, Tertuliano, Ambrosio o Jerónimo de Estridón, mantuvieron la identificación entre la Magdalena y la pecadora de Lucas, pero dejaron al margen a María de Betania.

En conclusión, no hay nada que permita afirmar que la Magdalena fuese prostituta o una de las mujeres que ungieron a Jesús. A pesar de esto, se convirtió en la patrona de los centros de acogida para meretrices, más bien conventos, que fueron creados por diversas órdenes religiosas, como el de las *madelonnettes* de París —allí estuvo preso durante la Revolución francesa, curiosamente, el marqués de Sade— o la Orden de las penitentes de Santa María Magdalena, fundada por Rodolfo de Worms en Alemania en 1215. Incluso en el hospital de la Cinco Llagas de Sevilla, que acoge actualmente la sede de la Junta de Andalucía, hubo una sección con su nombre centrada en las enfermedades venéreas.

Hablando de esto, la Magdalena es patrona de un montón de cosas más: de los perfumeros, de los fabricantes de guantes —al parecer, porque durante la Edad Media se solían perfumar—, de los viticultores en algunas de zonas de Alemania, Austria e Italia, de los jardineros —por la escena de Juan…

Durante toda la Edad Media se mantuvo esta idea de la Magdalena una y trina, incluso en el Renacimiento. El filósofo y teólogo Jacques Lefèvre d'Étaples (1450-1527), padre del humanismo francés y uno de los sabios más importante de su época, publicó en 1517 una obra, *Maria Magdalena, et triduo Christi et ex tribus una Maria disceptatio*, en la que seguía defendiendo esta creencia. John Fisher (1469-1535), un obispo inglés célebre por negarse a la anulación del matrimonio del monarca Enrique VIII con la católica Catalina de Aragón —que supuso el nacimiento de la Iglesia anglicana—, intentó refutarle en su obra *De Unica Magdalena* (1519); propuesta que también defendió Noel Bédier (1470-1537), teólogo de la Universidad de la Sorbona de París. Desde España, se unió a la fiesta el dominico

Balthazar Sorió (1457-1557), que defendió la propuesta de los tres personajes en *Triplice Magdalena* (1521). Curiosamente, poco después, Lefèvre cambió de opinión y apartó a María de Betania, aunque continuó afirmando que era la pecadora de Lucas. Y por esto acabó siendo excomulgado.

A finales del siglo XVI, como consecuencia del desarrollo de la reforma de Lutero, que negaba el sacramento de la confesión y la penitencia, se ahondó en el rol de la Magdalena como santa penitente y ejemplo de redención y de sufrimiento expiatorio. Así, se mantuvo la identificación con la pecadora de Lucas, pero no tanto con María de Betania. Y de algún modo, se convirtió en musa de la Contrarreforma.

Ya a partir del siglo XVIII, con el comienzo del estudio científico de los evangelios, esta asociación se desmintió definitivamente como absurda. De haber sido así, ¿por qué los evangelistas iban a omitir que se trataba de María Magdalena? ¿Qué problema había?

Finalmente, en 1969, el papa Pablo VI (1897-1978) negó que fuese la pecadora de Lucas y una prostituta, aunque mantuvo la vinculación con María de Betania, reintrodujo en el calendario litúrgico la festividad de santa María Magdalena (el 22 de julio) y eliminó el apelativo de penitente que se le había adjudicado tradicionalmente, además de ordenar que no se emplease el texto de Lucas en el día de su celebración. Años después, en 1988, Juan Pablo II la volvió a nombrar *Apostola apostolorum* («apóstol de apóstoles»), tal y como aparece en los evangelios gnósticos, de los que les hablaré en un rato, además de señalar que, en la prueba más difícil de fe y fidelidad, la crucifixión, la Magdalena demostró ser más fuerte que sus compañeros masculinos, que salieron todos huyendo y despavoridos cobardemente. El actual papa, Francisco, ha dicho que se trata de un «ejemplo para el camino de la vida», ya que «en ocasiones, en la vida, los anteojos para ver a Jesús son las lágrimas»[9], mostrándola como una piadosa señora y sin decir nada del oscuro pasado que se le atribuyó.

Ya en la Antigüedad, Hipólito de Roma, el primer antipapa, la consideró apóstol de apóstoles y la relacionó con el texto bíblico el Cantar de los Cantares. Lo mismo hizo Tomás de Aquino.

---

9 *El papa Francisco propone a María Magdalena como modelo de vida* [en línea], 4 de abril de 2013. http://www.europapress.es/sociedad/noticia-papa-francisco-propone-maria-magdalena-modelo-vida-20130402164921.html [Consulta: 13/01/2024].

Es más, las Iglesias orientales la denominan *isapostolos*, que viene a significar «igual que un apóstol», y siempre tuvieron claras las diferencias entre estas tres mujeres, además de celebrar el culto a María de Betania y María Magdalena en días distintos. Según sus tradiciones hagiográficas, fue tres veces al sepulcro vacío: una primera junto a la «otra María», en la que se les apareció Jesús y les dijo: «¡Alegraos!» (la versión de Mateo); la segunda, porque dudaba de haber tenido una alucinación, y al regresar lo encontró de nuevo vacío; y la tercera, cuando regresó junto a Pedro y Juan (estas dos últimas, la versión del cuarto evangelio). Por eso creen también que fue tres veces apóstol de apóstoles.

Así, de prostituta y pecadora ha pasado a ser la discípula más importante, la elegida por Jesús para transmitir su mensaje, la que mediante sus lágrimas de dolor muestra el camino de la vida.

Tampoco hay que rasgarse las vestiduras por esto. Pedro, el primer papa según la tradición católica, llegó a negar a Jesús tres veces; y Pablo, el más importante de los apóstoles, aunque nos fijemos solo en la amplitud y número de sus conversiones, perseguía a los cristianos antes de su conversión. Todo se perdona. ¿Cómo no hacerlo con la Magdalena si hasta el propio Jesús lo hizo? Gregorio de Antioquía, en su *Oratio in Muilieres Unguentiferas* (XI), un precioso sermón que escribió sobre las *ungidoras*, también lo dejó claro:

> Sed las primeras maestras de los maestros. De tal manera que Pedro, que me negó, aprenda que también puedo escoger mujeres como apóstoles.

Pese a que es evidente que esta identificación no es correcta, muchos cristianos la siguen dando por válida, aunque solo sea por mantener la tradición. Fíjense en cómo lo expresa la propia web de la *grotte* de la Sainte-Baume, la cueva en la que, según la leyenda provenzal, pasó gran parte de su vida la Magdalena:

> Incluso si hay argumentos serios que lo apoyen, la unidad del carácter ciertamente puede ser discutida, pero acogeremos con agrado esta tradición inmemorial de recorrer juntos este viaje espiritual[10].

---

10   *¿Quién es Santa María Magdalena?* [en línea] https://www.saintebaume.org/sainte-marie-madeleine/ [Consulta: 20/12/2023].

Por si fuera poco, en el evangelio de Juan aparecen otras tres mujeres anónimas que algún atrevido ha relacionado con la Magdalena: la samaritana que da de beber a Jesús (4, 7-10), la mujer adúltera que Jesús salva de la lapidación (8, 3-7) y la novia de las bodas de Caná (2, 1-10). No merece la pena ni comentarlo.

SACERDOTISA

Y algunos autores, todavía más atrevidos, han planteado que tanto el episodio de la pecadora como el de la unción en Betania representan algún tipo de ritual en el que Jesús fue ungido —por si no lo saben, tanto la palabra *Mesías* como *Christós* (su traducción al griego) significan «el ungido»—. Se trataría de una especie de nombramiento simbólico, al modo en el que son proclamados los monarcas en la actualidad, aunque con una significación tanto religiosa como política, teniendo siempre en cuenta que ungir a un rey equivalía en el antiguo Israel a coronarlo. Por ejemplo, fue el profeta Samuel el que ungió al rey David: «Samuel tomó el cuerno del aceite y le ungió en presencia de sus hermanos. El espíritu del Señor entró en David a partir de aquel día» (1 Sam 16, 13).

La unción de Jesús vendría a significar su reconocimiento como el Mesías esperado, el legítimo aspirante de la casa de David cuya misión consistiría en liberar a Israel del yugo romano e instaurar el reino de Dios. No era *peccata minuta*. Por esto es lógico pensar que la persona que ofició esa unción debía de estar dotada de una autoridad especial, ya que, de lo contrario, ese acto no tendría realmente valor; y por esto se ha planteado que María Magdalena pudo ser una especie de sacerdotisa pagana, haciéndose eco de un antiguo rito llamado *hieros gamos*, o nupcias sagradas, en el que se buscaba la unión de lo masculino y lo femenino para formar un único ser que estaría íntimamente unido con lo divino[11].

---

11   De hecho, muchas religiones antiguas mostraban estas hierogamias, protagonizadas generalmente por altos sacerdotes y sacerdotisas que se unían tanto mística como carnalmente; por ejemplo, en el mundo greco-romano o en la antigua Mesopotamia. Por supuesto, como en el culto a Isis y Osiris o en el Ishtar y Tammuz, también se daba este matrimonio espiritual entre dioses.

Esto, además, estaba relacionado con la llamada prostitución sagrada: existieron en Oriente próximo y en la antigua Grecia una serie de servidoras del templo que practicaban lo que se conoce como *hieródula* (servicio sagrado), un rito en el que una sacerdotisa o una joven doncella, a través del sexo, otorgaba el conocimiento, la gnosis, a un varón como forma de alcanzar la plenitud espiritual mediante la unión sexual y simbólica con la divinidad. Ambas prácticas, el *hieros gamos* y la prostitución sagrada, venían a ser, en resumidas cuentas, una representación de la fertilidad, la vida y el culto a la Diosa Madre que, mediante el sexo ritual otorgaba al rey o al dios masculino la sabiduría.

Dicho esto, ¿puede verse la unción de Jesús como algo parecido? Algunos, amparándose en la equiparación con la gnosis o con la *sofía* que se hace en los evangelios gnósticos, así lo han propuesto:

> De manera que podemos considerar la unción efectuada por María Magdalena como las dos cosas que era: el anuncio de que había llegado la hora del sacrificio de Jesús y la selección ritual del rey sagrado, en virtud de su propia autoridad como sacerdotisa. Que esa función sea diametralmente opuesta a la que le ha asignado tradicionalmente la Iglesia, a estas alturas no sorprenderá mucho (Picknett y Prince 2006, 413).

Bien, pero es que, como hemos establecido, no parece cierto que la Magdalena realizase ninguna unción. Sin embargo, los cristianos gnósticos sí que la consideraron una suerte de consorte mística de Jesús, como pronto veremos...

Sería, en pocas palabras, una representación simbólica y ritual de un matrimonio sagrado. En el cristianismo se utilizó el simbolismo de Jesús y la Iglesia como esposo y esposa respectivamente. Y algo parecido vemos también en los matrimonios místicos protagonizados por santa Teresa de Jesús o san Juan de la Cruz.

Después...

LOS HECHOS DE FELIPE

Visto lo visto, hay algo que llama poderosamente la atención: pese a que el papel de María Magdalena, y el de otras de las mujeres que, según Lucas, proveían al movimiento de Jesús con sus bienes, fue esencial en los momentos cruciales de la historia de Jesús, su muerte en la cruz, su sepultura y el hallazgo de la tumba vacía, no existe la más mínima referencia a ninguna de ellas en los Hechos de los Apóstoles, obra que, como vimos, la tradición afirma que también fue escrita por Lucas. Y no, no vale eso tan genérico que se dice en el capítulo 1, tras narrar el ascenso de Jesús a los cielos:

> Entonces se volvieron a Jerusalén desde el monte llamado de los Olivos, que está cerca de Jerusalén, el camino permitido en sábado. Y cuando entraron, subieron al piso alto en el que estaban alojados Pedro, Juan, Jacobo y Andrés, Felipe y Tomás, Bartolomé y Jacobo de Alfeo, Simón el zelota y Judas el de Jacobo. Todos estos perseveraron unánimes en la oración con las mujeres y con María, la madre de Jesús y los hermanos de este (Hch 1, 12-14).

No sabemos a qué mujeres se refiere, aunque podría tratarse de las mujeres de los apóstoles casados. Por eso en algún manuscrito aparece después «e hijos». Quizás se trata de un argumento del autor de este texto contra las tendencias antimatrimoniales que ya existían en aquella época, finales del siglo I.

Por si fuera poco, lo mismo sucede en los *Hechos Apócrifos de los Apóstoles*, un conjunto heterogéneo de obras en las que se narra, a modo de novelillas, las aventuras y desventuras de Andrés, Juan

Pedro, Pablo y Tomás —los más importantes y antiguos, aunque existen unos cuantos más, tardíos y secundarios, en los que se recogen las andanzas de Felipe, Mateo, Tadeo, Santiago el menor o Bartolomé, que por algo son denominados Hechos Menores—. Esto resulta llamativo porque estas narraciones, con mucho contenido legendario y poco material que pueda considerarse histórico, son un resumen perfecto de la religiosidad cristiana popular de los siglos ii y iii. ¿Cómo es posible que no haya ni una sola palabra dedicada a María Magdalena?

Eso sí, hay quien defiende que en los *Hechos de Felipe* —cuyo título completo es *Hechos del Santo Apóstol y digno de alabanza Felipe*—, una extensa obra que, según se cree, fue redactada en el siglo iv, sí que hay una mención a nuestra protagonista. Pero no está claro.

La historia comienza con Jesús distribuyendo a los apóstoles por distintas regiones para que se entregasen a una ardua labor misionera y proselitista. A Felipe le tocó «la tierra de los griegos», algo que al parecer no fue del agrado de este.

> Pero su hermana Mariamne, que era la que preparaba el pan y la sal para la fracción del pan, mientras que Marta era la que servía a la gente y se afanaba en gran manera, al ver a su hermano tan apenado por la suerte que le había tocado y que por ello estaba llorando, se acercó a Jesús y le dijo.
>
> —Señor mío Jesucristo, ¿no ves a mi hermano Felipe lo triste que está a causa del país de los griegos.
>
> El Salvador le contestó:
>
> —Lo sé, excelentísima, lo sé. Pero vete con tu hermano a todo lugar a donde vaya y procura darle ánimos. Pues sé que es un hombre audaz e irascible, y lo dejamos solo, creará muchos problemas a la gente. Mira, voy a enviar también a aquella ciudad a Bartolomé y a Juan para que soporten juntamente los trabajos por la gran maldad de sus habitantes. Pues aquellos hombres adoran a la Víbora, madre de las serpientes, pero tú, Mariamne, cambia tu apariencia y todo tu aspecto femenino, y marcha con Felipe.
>
> (HchFlp 94-95)

«Aquella ciudad» es Hierápolis, una antiquísima ciudad helena ubicada en el oeste de la actual Turquía, hoy en ruinas. Hasta allí se dirigieron Felipe, Bartolomé y Mariamne. Formaban un curioso trío, pues, además de practicar el vegetarianismo y el celibato extremo, desarrollaban una curiosa variación de la eucaristía, a lo vegano, con cereales y agua. Sí.

Tras protagonizar varias aventuras —por ejemplo, se enfrentaron a un terrible dragón, que vencieron gracias a unos rayos de luz que bajaron desde el cielo y le cegaron (HchFlp 106), y sobrevivieron a un terremoto (108)— y tras realizar algún que otro milagro, terminaron siendo detenidos y conducidos ante el procónsul local, que se mostró de lo más contundente con ellos, ya que los consideraba una especie de magos:

> Mandó que trajeran correas de cuero crudo y golpearan a Felipe, a Bartolomé y a Mariamne. Y después de azotarlos con correas, ordenó que les ataran los pies y los arrastraran por las calles de la ciudad hasta la puerta de su templo. Se reunió mucha gente, tanta que apenas quedó alguien en su casa. Todos los admiraban por su paciencia al verlos arrastrados de forma tan violenta e inhumana (HchFlp 121, 1-2).

Después, el procónsul, no satisfecho, ordenó que fueran encerrados en el templo de la Víbora, mientras pensaba cómo acabar con sus vidas. Una vez tomada la decisión, ordenó que desnudasen a Felipe para ver si así podían encontrar «el misterio de su magia» (125, 1), y después hicieron lo propio con Bartolomé y Mariamne:

> Desnudémosla para que todos vean cómo, siendo una mujer, va detrás de unos hombres. Es ella principalmente la que está engañando a todas las mujeres (151, 2).

Acto seguido colgaron a Felipe y a Bartolomé cabeza abajo, delante del templo, tras perforarles los tobillos con garfios de hierro. Pero con Mariamne sucedió algo alucinante:

> Mas, cuando desnudaron a Mariamne, se transformó de repente la apariencia de su cuerpo en presencia de todos, y al punto apareció a los ojos de todos una nube de fuego, de forma que no pudieron en absoluto seguir mirando el lugar en donde se encontraba la santa Mariamne, por lo que todos huyeron de allí (126, 1).

La historia continúa con la llegada de Juan, que intentó por todos los medios rescatar a sus compañeros mientras seguían siendo torturados. Pero al final la solución llegó de manos de Felipe, que lanzó una durísima maldición contra aquellas gentes de Hierápolis.

> Y he aquí que de repente se abrió el abismo y se tragó todo el lugar en donde estaba el procónsul, el templo entero, la Víbora a la que veneraban, y mucha gente, y los sacerdotes de la Víbora, como unos siete mil hombres, sin contar a las mujeres ni los niños. Solamente el sitio en donde estaban los apóstoles quedó intacto (133, 1).

Aquello no le hizo gracia a Jesús, que se apareció para regañarle por dejarse seducir por el lado oscuro y pagar mal con mal. Eso sí, la regañina quedó en nada, pues acto seguido le comentó que tras su martirio, que será en la cruz, como sucedería también con Bartolomé, ascenderá a los cielos. Pero ojo a lo que dice del destino de la mujer: «Mariamne depositará su cuerpo en el río Jordán» (137, 2).

La alusión a una hermana llamada Marta podría avalar la identificación de la tal Mariamne con la Magdalena, aunque desconcierta

Icono oriental en el que se representa a Mariamne, la *hermana* de Felipe.

que fuesen también hermanas de Felipe. Su hermano, según la tradición, fue Lázaro. En realidad no se trataba de algo literal, sino más bien simbólico. Estas palabras de Felipe, poco antes de morir, lo avalan:

> Bartolomé, hermano mío en el Señor, ya que sabes que el Señor te envió conmigo a esta ciudad; has participado conmigo en todos los peligros en compañía de nuestra hermana Mariamne. Pero debes conocer que tu partida del cuerpo ha sido fijada en Licaonia, y que Mariamne debe abandonar su cuerpo en el río Jordán (146, 1-2).

Y así, tras la muerte de Felipe, termina la historia, con sus dos compañeros dirigiéndose hacia sus destinos finales.

¿Se trata de María Magdalena? No lo sabemos, pero es sugerente pensarlo. Eso defendió en un primer momento uno de los descubridores de este texto, el teólogo François Bovon (1938-2013), profesor de la Divinity School de la Universidad de Harvard, que centró sus investigaciones tanto en el evangelio de Lucas como en los textos apócrifos.

El hallazgo lo realizó junto a Bertrand Bouvier, colega de la Universidad de Ginebra. En 1974, andaban rebuscando entre los miles de legajos del impresionante monasterio griego de Xenofonte, uno de los veinte, ortodoxos todos, que se encuentran en el griego Monte Athos, la Montaña Sagrada, en los que, según un edicto de 1060 del emperador Constantino Manomachos, aún en vigor, no pueden entrar ni mujeres ni las hembras de los animales domésticos... Y de pronto dieron con la copia más completa de este texto, copiado en el siglo xiv, pero escrito en el siglo iv, y recogiendo tradiciones anteriores.

Veinticinco años después, en 1996, publicaron una edición crítica de esta y de otras obras relacionadas con Felipe, en la que, entre otras cosas, afirmaron que se trata de una producción de una comunidad herética del siglo iv que se caracterizaba por su ascetismo, por no comer carne ni ingerir vino, por abstenerse de tener relaciones sexuales y por usar siempre, para ambos sexos, ropa masculina. Además, dentro de aquella comunidad, tanto mujeres como hombres servían a todos los niveles, como demuestran las listas de diáconos y diaconisas que encontró Bovon, así como presbíteros y presbíteras

—está práctica se prohibió oficialmente en el Concilio de Laodicea, en el siglo IV, donde se dejó claro que «las mujeres no deben acercarse al altar»—. Sea como fuere, Bovon afirmó que la tal Mariamne era María Magdalena —en un artículo que publicó en 1984 en *New Testament Studies*— y que sirvió como modelo ideal para las mujeres de aquel grupo.

De hecho, para apuntalar esta idea, Bovon argumentó que Orígenes de Alejandría, por ejemplo, cuando mencionó a la Magdalena, la llamaba de un modo muy parecido: Mariamme. Es más, en los *Salmos de Heraclides*, un texto maniqueo compuesto por el tal Heraclides, discípulo directo de Mani, en el siglo III, se la nombra así:

> Mariamme, Mariamme, conóceme; no me toques[12]. Detén las lágrimas de tus ojos y conoce que soy el Maestro. Pero no me toques porque aún no he visto la faz de mi padre... (Salmo II).

En efecto, según los *Hechos de Felipe*, era la encargada de bautizar y convertir a las mujeres, se la muestra con una fe y una entrega casi mayor que la de sus hermanos, viste ropa de hombre y ejerce somo sacerdotisa y diaconisa. Claro que también se percibe cierto regusto gnóstico en el texto, así que tampoco sería de extrañar. Además, de no ser ella, ¿quién sería entonces?

Nunca sabremos si la Mariamne de los *Hechos de Felipe* era María Magdalena, aunque resulta posible y encaja con la idea que tenían de ella los gnósticos, de los que luego hablaremos. Así que bien podría tratarse de ella.

A modo de curiosidad, me gustaría comentar que el estudioso almeriense Eduardo Sánchez Fernández, en su libro *Felipe, María Magdalena y la comunidad de Hierápolis* (2023), defiende que estos dos formaron allí una comunidad cristiana que prosperó y que de ella terminaría emanando el cuarto evangelio, el mal llamado, según su criterio, grupo joánico. Por lo tanto, el discípulo amado, responsable de una primigenia tradición oral que se acabaría manifestando en este texto, sería el apóstol Felipe. Bien, pero, me pregunto, ya puestos, ¿por qué no pudo ser María Magdalena? También llegaremos a esto...

---

12   Por si no lo han pillado, se trata de una clara referencia a la famosa escena del *Noli me tangere* del cuarto evangelio.

Por cierto, ya para terminar, esa diosa llamada Víbora es en realidad Equidna (del griego *Ejidna*, que significa «víbora»), una ninfa que forma parte de las Fórcides, un conjunto de diosas serpentinas. Según Hesíodo, fue la madre, junto con Tifón, de los principales monstruos griegos, entre los que cabe destacar a Cerbero (el perro de tres cabezas que custodia la entrada al Hades) o el dragón que vigilaba el vellocino de oro. Tenía torso de mujer, pero cuerpo de bicha. De ahí que se le relacione con la Lilith de las leyendas hebreas y con la Astarté babilónica.

CELSO Y LA MAGDALENA

En otro orden de cosas, la primera referencia extracristiana de María Magdalena procede de un personaje tan desconocido como singular e importante: Celso, un filósofo griego que vivió en el siglo II y que hacia el año 180, a finales del reinado de Marco Aurelio, escribió una obra titulada *Logos Alēthēs*, o *Discurso verdadero*, centrada en atacar con contundencia al recién nacido cristianismo.

Por desgracia, no se conserva, pero la conocemos gracias a que el bueno de Orígenes de Alejandría, unos setenta años después (hacia el año 250), escribió un texto con el que pretendía refutar sus afirmaciones, *Contra Celsum*, en el que introdujo extensas citas del *Discurso verdadero*[13].

Así, sabemos que Celso pensaba que el cristianismo era un credo pueril, infantil e irracional, y muy peligroso para el Imperio romano, pues tenía especial éxito entre las clases bajas y sin educación, que, al cristianizarse, se alejaban del culto oficial al emperador y al Estado romano —se negaban a participar en los actos y sacrificios en su honor y se reunían en secreto para practicar sus ritos— y de la trabajada filosofía grecorromana. Su intención era refutar la validez del cristianismo punto por punto, negando, por ejemplo, la virginidad de María y acusándola de ser adúltera y de liarse con un soldado romano; defendiendo que los milagros de Jesús eran trucos de magia, pero considerando también que Jesús manipuló a su antojo el pensamiento de

---

13   Lo hizo porque su mecenas, un rico cristiano llamado Ambrosio, de Cesarea, le instó a hacerlo, después de que Orígenes le recondujera por el buen camino tras su pasado gnóstico.

Platón, sobre todo en su vertiente ética y moral; o declarando como ridícula la idea de que fuese el hijo de Dios. Además, denostaba a los cristianos por su poca unidad, criticando que hubiese una miríada de grupos con creencias diferentes, argumento que empleó para mostrar que era gente problemática, ya que ni siquiera eran capaces de unirse entre ellos. En esto tenía razón. En aquella época, y mucho antes, había varios cristianismos engrescados.

En cualquier caso, Celso demostró poseer amplios conocimientos sobre el Antiguo y el Nuevo Testamento, sobre la historia judía y sobre la breve existencia de esta nueva religión. Sabía de qué hablaba.

Orígenes, en su apología, intentó refutar todo esto, argumentando que el cristianismo sí tenía una base racional. De hecho, llegó a argumentar que no era incompatible con la filosofía griega, y mucho menos con Platón, al que consideraba su maestro. Su principal intención era demostrar que era falsa la idea, defendida por Celso, de que ningún filosofo serio y respetuoso con el pensamiento del sabio de

Orígenes enseñando a sus estudiantes. Ilustración de Jan Luyken (1700).

Atenas podría ser tan estúpido como para hacerse cristiano. Y en parte lo consiguió, pues *Contra Celsum* es sin duda todo un derroche de filosofía platónica bien construida y argumentada. Por algo es una de las obras más importantes de la apologética cristiana. Lo curioso es que, como platónicos, estaban de acuerdo en muchos puntos... De camino, Orígenes, al refutar a Celso, atacaba a otros cristianos que consideraba mal informados, en especial a los gnósticos.

Volviendo al tema que nos ocupa, la referencia a la Magdalena aparece en la parte en la que Celso pretende refutar la resurrección de Jesús, uno de los puntos más débiles e irracionales, pensaba, del cristianismo. Así lo expresó en una conversación ficticia con un cristiano que no me resisto a transcribir íntegra:

¿Qué razón, a fin de cuentas, os persuade a creer en él? ¿Es porque predijo que después de muerto resucitaría? Pues bien, sea, admitamos que hubiera dicho eso. ¡Cuántos otros esparcen también maravillosas fanfarronadas para abusar y explotar la credulidad popular! Zamolxis de Citia, esclavo de Pitágoras, hizo otro tanto, según se dice, y el propio Pitágoras en Italia; y Rampsonit de Egipto, de quien se cuenta que jugó a los dados en el Hades con Deméter y que volvió a la tierra con un velo que la diosa le había dado. Y Orfeo entre los Odrises, y Protesilao en Tesalia, y Hércules, y Teseo en Tenares. Convendría previamente examinar si alguna vez alguien, realmente muerto, resucitó con el mismo cuerpo. ¿Por qué tratan las aventuras de los demás como fábulas sin verosimilitud, como si el desenlace de vuestra tragedia tuviese un buen mejor aspecto y fuese más creíble que el grito que vuestro Jesús soltó al expirar, o el temblor de tierra y las tinieblas? En vida, nada puede hacer por sí mismo; muerto, decís, resucitó y mostró los estigmas de su suplicio, las heridas de sus manos. Pero ¿quién vio todo eso? Una mujer en éxtasis, según vosotros mismos reconocéis, y algún otro hechizado por el mismo estilo, siguiendo los simulacros de lo que había soñado o lo que le sugería su espíritu perturbado; o bien porque su imaginación iluminada había dado cuerpo a sus deseos, como acontece tantas veces; o bien porque había preferido impresionar el espíritu de los hombres con una narración tan maravillosa, y por el precio de tal impostura, suministrar materia a sus cofrades de charlatanismo y filibustería[14]. En su

---

14   Los subrayados son míos.

tumba se presentan dos ángeles, según unos, un ángel, según otros, para comunicar que él resucitó; porque el Hijo de Dios, según parece, no tenía fuerza para abrir él solo su tumba; tenía necesidad de que alguien viniese a remover la losa...

Si Jesús quería hacer resplandecer realmente su cualidad de Dios, era preciso que se mostrase a sus enemigos, al juez que lo había condenado, a toda la gente. Porque, dado que había pasado por la muerte, y además era Dios, como vosotros pretendéis, nada tenía que temer de nadie; y solo aparentemente había sido enviado para esconder su propia identidad.

En caso de necesidad, para exponer su divinidad en plena luz, habría debido desaparecer súbitamente de la cima de la cruz. ¿Qué mensajero es el que se vio escondiéndose, en vez de exponer el objeto de su misión? ¿Sería porque abrigaba dudas de que él hubiera venido acá abajo en carne y hueso, a la vez que estaba persuadido de su resurrección?, y así, cuando está vivo él se prodiga y se deja ver por doquier, pero una vez muerto, ¿solo se deja ver por una mujercita y algunos comparsas? Su suplicio tuvo innumerables testimonios; su resurrección apenas tuvo una. Es justamente lo contrario lo que tendría que haber sucedido.

Si quería permanecer ignorado, ¿por qué una voz divina proclama en alto que él es el Hijo de Dios? Si quería ser conocido, ¿por qué se dejó arrastrar al suplicio y por qué murió? Si quería con su ejemplo enseñar a todos los hombres a despreciar la muerte, ¿por qué ocultó su resurrección al mayor número de hombres? ¿Por qué no reunió multitudes en derredor de sí, después de su resurrección, como hizo antes de morir, y así exponer públicamente con qué fin había venido a la tierra?

(Celso, 28)

Sí, no la nombra por su nombre, pero se refiere a ella. Y lo hace en términos parecidos a los que, como ya vimos, planteó dieciséis siglos después el estudioso Ernest Renan: «La viva imaginación de María de Magdala desempeñó en esta circunstancia un papel capital. ¡Divino poder del amor! ¡Sagrados momentos en los que la pasión de una alucinada da al mundo un Dios resucitado!» (Renan 1968, 290).

Celso consideró que fue la auténtica fundadora de esta nueva religión. De hecho, como hemos visto, así la veían también los evangelistas, y así la ven casi todos los cristianos. La apóstol de apóstoles.

ENCRATISMO

También era bastante misógino Celso, y también criticó el papel de las mujeres en las comunidades cristianas de su época, en muchas ocasiones dirigidas por ellas, considerando que esto mismo demostraba su bajeza intelectual y filosófica. Para él, era una religión femenina. Pero esta crítica del carácter femenino de aquellas primitivas asambleas de mediados del siglo ii estaba mucho más extendida, incluso entre los cristianos varones, que pronto comenzaron a defender la idea de que había que separarse en dos planos: el oficial, dirigido por los sacerdotes y obispos, hombres; y el privado, doméstico, más propio de las mujeres.

Esta evolución se puede ver en el Nuevo Testamento: Pablo de Tarso, en algunas de sus cartas, señaló el importante papel que tenían las mujeres en las comunidades que fundó. En la epístola a los Filipenses mencionó a Evodia y Síntique, dos señoras que habían divulgado su evangelio a su vera. En Romanos citó hasta nueve, elogiando de forma especial a una tal Febe, que era diaconisa, y a Priscila, esposa de Áquila, que le acompañó durante gran parte de sus viajes misioneros. Además, argumentó que debían gozar de plena igualdad:

> En efecto, todos los bautizados en el Mesías os habéis revestido del Mesías. No hay judío ni griego; no hay esclavo ni libre; ni hombre ni mujer, puesto que todos vosotros sois uno en el Mesías, Jesús (Gál 3, 27-28).

Sin embargo, en ocasiones, como se puede ver en la primera epístola a los Corintios, parece mostrar lo contrario:

> Quiero, sin embargo, que sepáis que la cabeza de todo varón es el Mesías; y la cabeza de la mujer es el varón; y la cabeza del Mesías es Dios. Todo varón que ora y profetiza con la cabeza cubierta afrenta a su cabeza. Y toda mujer que ora o profetiza con la cabeza descubierta afrenta a su

cabeza; es como si estuviera rapada. Pues, si una mujer no se cubre la cabeza, que se corte el pelo. Y si es vergonzoso para una mujer cortarse el pelo o raparse, ¡que se cubra! Pues el varón no debe cubrirse la cabeza, pues es imagen y gloria de Dios; pero la mujer es gloria del hombre. Pues no procede el varón de la mujer, sino la mujer del varón.

Ni fue creado el varón por razón de la mujer, sino la mujer por razón del varón. He aquí por qué debe llevar la mujer sobre la cabeza una señal de sujeción por razón de los ángeles. Por lo demás, en el Señor, ni mujer sin varón, ni varón sin mujer. Pues como la mujer procede del varón, el varón, a su vez, nace mediante la mujer, y todo proviene de Dios. Juzgad vosotros mismos: ¿es decente que la mujer ore a Dios con la cabeza descubierta? ¿No os enseña la naturaleza misma que un varón que se deje crecer la cabellera es una deshonra para sí mismo, mientras que por el contrario si una mujer deja crecer su cabellera es una gloria para ella? Porque la cabellera le ha sido dado a modo de velo. (1 Cor 11, 3-15).

Esto merece una explicación —sí, ya sé que este es un libro sobre María Magdalena, pero sin estos desvíos yo no sería yo—. Pablo, denso a veces como pocos, en todas sus cartas, acostumbraba a regañar por escrito a las comunidades que él mismo había fundado cuando consideraba que por algún motivo se habían desviado. Por lo tanto, esto parece responder a una práctica que se daba entre los corintios: los varones cubrían su cabeza con un manto y las mujeres soltaban su pelo. Para Pablo, esto era una mala costumbre típica de los griegos y defendía justo lo contrario —sobra decir que los corintios eran griegos—. Así, en su argumentación, apela en primer lugar al que se consideraba que era el orden natural de las cosas: hombres, pelo corto; mujeres, pelo largo. Además, apela al Génesis, donde la creación de la mujer es un acto secundario, ya saben.

Pero también consideraba que hacía funciones de velo, «una señal de sujeción por razón de los ángeles». ¿Qué quiere decir esto? Pues que Pablo creía que los ángeles estaban presentes, aunque no los viesen, en sus asambleas. Andaban entre ellos, como se entrevé en Romanos 1, 7. Por ese motivo, por respeto a los ángeles, las mujeres debían mostrar sumisión ocultando su belleza más propia, que es gloria del varón, su marido. Esto se entiende mejor si partimos de que la mujer era una tentación carnal para los ángeles, según se deja claro también en el Génesis:

Aconteció que cuando comenzaron los hombres a multiplicarse sobre la faz de la tierra, y les nacieron hijas, que viendo los hijos de Dios que las hijas de los hombres eran hermosas, tomaron para sí mujeres, escogiendo entre todas (Gn 6, 1-2).

En esa misma epístola a los Corintios podemos encontrar unos versículos que han hecho correr ríos de tinta por su supuesta misoginia:

Como en todas las iglesias de los santos, las mujeres cállense en las asambleas, pues no les está permitido hablar; estén sumisas como también dice la Ley. Y si quieren aprender algo, pregúntenlo a sus propios maridos en casa; pues es indecoroso para la mujer hablar en la asamblea (1 Cor 14, 33-35).

Tremendo, pero con casi total seguridad se trata de una interpolación posterior pero muy antigua, como defienden la mayoría de estudiosos, pese a que ese encuentra en todos los manuscritos (aunque no en el mismo lugar). La evidencia la encontramos en los párrafos anteriores, donde Pablo deja claro que las mujeres oraban y profetizaban en las asambleas (1 Cor 11, 5). Además, este fragmento interpolado guarda bastante semejanza con algo que podemos ver en las llamadas cartas pastorales, sobre todo en la primera epístola a Timoteo, atribuida sin razón a Pablo, probablemente del primer tercio del siglo II:

En cuanto a las mujeres, que se vistan con decoro, que se atavíen con pudor y moderación; nada de trenzas, de bruñidos dorados, de perlas, nada de vestidos suntuosos, antes bien lo adecuado a mujeres que profesan piedad y lo manifiestan con buenas obras. La mujer, que aprenda en silencio, totalmente sumisa. A la mujer no le consiento enseñar ni arrogarse autoridad sobre el varón, sino que debe mantenerse en silencio. Sabido es que Adán fue formado en primer lugar, Eva después. Es más, no fue Adán el que fue engañado, sino que la mujer, engañada, vino a ser envuelta en la transgresión. Ahora bien se salvará pariendo hijos, con el fin de perseverar en fe, en amor y en pura moderación (1 Tim 2, 9-15).

En otras palabras: solo se salvarán siendo madres, teniendo fe y moderando sus impulsos.

El autor de esta misiva, haciéndose pasar por Pablo, muestra unas concepciones bien diferentes a las del auténtico apóstol, y evidencia que la actitud de los cristianos ante las mujeres ya había empezado a cambiar en esa época.

Es más, en la segunda epístola a Timoteo se ahonda en estas ideas, en lo que parece una clara alusión a los primigenios movimientos gnósticos, donde las mujeres sí mantuvieron un estatus de relativa igualdad en el culto:

> De esta calaña son los tipos que se cuelan en las familias y captan a mujerzuelas cargadas de vicios y arrastradas por todo jaez de antojos, esas que, a vueltas con sus pretendidas ganas de aprender, son incapaces de alcanzar el conocimiento de la verdad (2 Tim 3, 6-7).

Esto indica claramente que a comienzos del siglo II, cuando se redactó esta tardía carta, había movimientos cristianos en los que las mujeres tenían un papel destacado, y no solo heréticos —para la ortodoxia— como los gnósticos o los montanistas, sino algunos que estaban cerca de las iglesias paulinas, como la comunidad en la que escribió el libro conocido como los *Hechos de Pablo y Tecla*, un apócrifo de esta época que narra en realidad la vida de Tecla de Iconio, compañera misionera del de Tarso, en el que, entre otras cosas, se exalta la virginidad y la castidad en las mujeres —algo que contradice claramente lo visto en 1 Tim—. No en vano, este texto fue usado por algunos cristianos, como los citados montanistas, para reivindicar que las mujeres bautizaran y enseñaran.

Mas, en los *Hechos apócrifos de Felipe* podemos ver una clara evidencia de estas ideas en la actividad de la tal Mariamne, que quizás sea María Magdalena. Es ella la encargada de predicar entre las mujeres y de bautizarlas. Pero en este libro, como en otros hechos apócrifos (los de Pablo, Juan y Pedro), podemos encontrar ramalazos de una herejía muy curiosa que surgió entre algunos grupos gnósticos y ascéticos de los siglos II y III: el *encratismo*, una práctica radical que consistía, entre otras cosas, en oponerse por completo al matrimonio y al fornicio, además de prohibir el consumo de carne y vino. El motivo era sencillo: tenían una visión dualista del mundo y consideraban la materia como obra del maligno demiurgo. Por lo tanto, había que evitar la propagación de la carne para no colaborar con el hacedor del mundo físico. Muy cátaro todo...

Por eso fueron atacados desde un primer momento por grandes de la Iglesia como Ireneo, Tertuliano, Epifanio o el citado Orígenes, que consideraban un terrible pecado eso de abolir al género humano. Por algo fueron condenados por herejes en el famoso Concilio de Nicea.

Que Orígenes se mostrase en contra de los *encratitas* resulta sorprendente, sobre todo si es cierto algo que contó el ínclito Eusebio de Cesarea (263-339), su principal biógrafo, que habló largo y tendido sobre él en su *Historia de la Iglesia*. Eusebio afirmó que Orígenes, cuando era joven, se convenció de que había que hacer caso de forma literal a lo que Jesús expresó en Mateo 19, 12:

> Pues hay eunucos que salieron así del vientre de su madre, hay eunucos castros por los hombres, y hay eunucos que se castraron a sí mismos por el reino de los cielos. El que pueda entender, que entienda.

Miniatura anónima del siglo xv en la que se representa a Orígenes autocastrándose.

De este modo, según Eusebio, Orígenes fue en secreto a un médico para que le castrase, convencido como estaba de que para poder predicar con coherencia el evangelio tenía que ser eunuco. Pero no parece cierto, en parte porque el propio Orígenes, en su *Comentario sobre el evangelio de Mateo*, dijo explícitamente que no se debía tomar ese pasaje de forma literal. Ahora bien, ¿por qué Eusebio, que se reconocía admirador de Orígenes, inventó esto? Quizás no sea mentira y, simplemente, fue algo de lo que se arrepintió años después, ya adulto. No lo sabemos, pero esta historia llegó a ser muy conocida en la antigüedad, como demuestra esta representación del siglo XV:

LA MAGDALENA EN LOS APÓCRIFOS DE LA INFANCIA

Siguiendo con el tema que nos ocupa, María Magdalena tampoco aparece en los evangelios apócrifos no heréticos, que forman parte de la tradición cristiana, pero no del Nuevo Testamento. Eso sí, en uno de ellos hay una referencia secundaria muy interesante.

En el *Evangelio árabe de la infancia*, un texto tardío, seguramente del siglo VI, se cuenta que ocho días después del nacimiento de Jesús tuvo lugar la circuncisión, como era normal entre los judíos —esto también aparece en Lucas (2, 21)—. Pero ojo a lo que se dice en esta obra:

> Y al llegar el tiempo de la circuncisión, esto es, el día octavo, el niño hubo de someterse a esta prescripción de la Ley. La ceremonia tuvo lugar en la misma cueva. Y sucedió que la anciana hebrea tomó la partecita de piel circuncidada (otros dicen que fue el cordón umbilical) y la introdujo en una redomita de bálsamo añejo de nardo. Tenía ella un hijo perfumista y se la entregó, haciéndole con todo encarecimiento esta recomendación: «Ten sumo cuidado de no vender a nadie esta redoma de ungüento de nardo, por más que te ofrezcan por ella hasta trescientos denarios». Y esta es aquella redoma que compró María, la pecadora, y que derramó sobre la cabeza y pies de Nuestro Señor Jesucristo, enjugándolos luego con sus propios cabellos (V, 1).

Aquí, claro está, se mezclan dos tradiciones distintas que ya hemos visto: la escena de la pecadora de Lucas (7, 36-50), que ungió sus pies con un perfume que llevaba en una jarra de alabastro y que fue perdonada de todos sus pecados por el nazareno, y el episodio de la unción en Betania del que habló Mateo (26, 6-13) —esta misma anécdota se narra en Marcos (14, 3-9)—, que también tuvo lugar en casa de un Simón, «el leproso», aunque el perfume no lo derrama en sus pies, sino sobre su cabeza.

En cualquier caso, no me negarán lo fascinante que resulta que el Santo Prepucio de Jesús acabase depositado en aquel frasco de perfume... Por cierto, ¿saben que existen varias reliquias de este trocito de piel peneano? Sí, han leído bien, varias...

La tradición cristiana cuenta que un ángel se lo entregó a Gregorio I —recuerden, el responsable de identificar a la Magdalena con las otras dos—. Unos siglos después, la noche de Navidad del año 800, Carlomagno se lo regaló al papa León III, cuando fue coronado como emperador del Sacro Imperio Germánico —no se explica cómo lo consiguió el monarca—. Fue depositado en un bonito relicario en época del papa Pascual I (que ejerció entre 817 y 824). Pero fue robado en 1527 (durante el llamado Saco de Roma, por los lansquenetes, bajo órdenes de Carlos I de España), pasando a la parroquia de la localidad italiana de Calcata, gracias a un prisionero lansquenete que la conservó en secreto, y ahí se encontraba hasta hace poco. Claro que, como suele pasar con las reliquias, otros templos aseguran tener el auténtico: la abadía de Charroux (donde se llegó a crear la Cofradía del Santo Prepucio), la de Coulombs (ambas en Francia), la basílica de San Juan de Letrán en Roma o, incluso, la de Santiago de Compostela. Y es que a la curiosa reliquia se le prestó una veneración especial, especialmente entre las embarazadas y las que deseaban estarlo.

Su culto fue derogado en 1900, aunque la fe popular, que a menudo va por libre, continuó adorando el Santo Prepucio en algunos lugares, como en Calcata, donde hasta 1983 se sacaba en procesión con su relicario el 1 de enero (festividad de la circuncisión). Y acabó en 1983 porque la preciada reliquia fue robada, dejando al pueblo desolado.

Curiosamente, la leyenda local de Calcata defiende que esta reliquia fue entregada por la Virgen a María Magdalena en un vaso lleno de aceite de nardos, lo que, inexcusablemente, nos remite a lo narrado en el *Evangelio árabe de la infancia*.

Qué cosas...

LA MAGDALENA DE JEAN D'OUTREMEUSE

Pero hay más, ya que en el capítulo XXIV del *Evangelio árabe de la infancia* se incluyó algo que parece guardar relación con el dichoso bálsamo de la pecadora de Lucas:

> Desde allí [Jesús y sus padres] se dirigieron hacia aquel sicomoro, que ahora se llama Matarieh. El señor Jesús hizo brotar una fuente en la que María lavó la túnica de Jesús. Y del sudor del señor Jesús, que ella esparció por allí, se produjo un bálsamo por toda la región.

Queda claro que debió existir una tradición muy antigua que de algún modo relacionaba el perfume de nardos con el cuerpo físico de Jesús, en estos casos con su prepucio y con su sudor.

Ahora, si les parece, demos un salto en el tiempo.

Jean d'Outremeuse (1338-1400), un cronista de Lieja del que poco se conoce, fue el autor de una monumental obra en varias partes titulada *Ly myreur des histors* (que se puede traducir como *El misterio de los historiadores*), en la que ofreció una historia del mundo, contada a su manera, desde el diluvio hasta su época. Esto incluía toda la trama evangélica, que el autor reescribió tomando elementos de tradiciones apócrifas y populares. Lo guapo para el tema de este libro es que le dio mucha importancia a María Magdalena. Y claro, hizo también una referencia al sagrado bálsamo, situándola también en la epopeya de la huida a Egipto, en una escena que aparece, aunque de otra forma, en el capítulo XIII del *Evangelio árabe de la infancia*, donde se cuenta que la sagrada familia se topó con unos ladrones que habían secuestrado a un grupo de caminantes. Al verles llegar, «escucharon un gran alboroto, similar a la aclamación que se produce al paso del séquito de un rey», así que huyeron asustados. Los cautivos, intrigados por lo sucedido, le preguntaron a José y María: «¿Dónde está el rey cuyo séquito y clamores habían escuchado los asaltantes, dejándonos y liberándonos después?». José les dijo: «Vendrá tras nosotros».

D'Outremeuse reconstruyó esta historia a su manera, indicando que se trataba de doce ladrones capitaneados por un tal Dismas, «quien posteriormente fue crucificado a la diestra de Cristo». Ya saben, el buen ladrón, que la tradición posterior identificó con el nombre de Dimas. Pues bien, según este relato, Dismas intentó robar a la familia y matar a José, que se lanzó a defender a su esposa y su hijo, pero Jesús intervino y dijo: «Si Dios quiere a mi padre, no le hará ningún daño». El ladrón, contrariado, se llevó a los tres a su casa y organizó una gran fiesta en su honor. Y entonces sucedió algo maravilloso:

> Dismas tenía una fuente en su jardín, donde Nuestra Señora bañaba a su niño vestido. Aquí es donde Jesús realizó uno de sus primeros milagros. De hecho, cuando lo sacaron del agua, las gotas que caían de su ropa en el suelo hicieron que brotasen en la tierra flores de todo tipo: rosas, azucenas, gladiolos, violetas y otros.

> Este Dismas tenía una madre leprosa; ella había estado allí durante mucho tiempo, siete años. Cuando llegó a la fuente, fue sanada inmediatamente.

> En este jardín, Nuestra Señora tomó y recogió las flores y hierbas que hizo el perfume con el que María Magdalena ungió los pies de Nuestro Señor.

Estuvieron tres días allí. Al marchar, la Virgen María le dio a la esposa de Dismas una caja con el ungüento, y le dijo: «Tómalo y guárdalo bien, puede que lo necesites». En efecto, un tiempo después, aquel matrimonio tuvo una mala racha económica, así que se dirigieron a Jerusalén para vender aquel milagroso perfume, «donde lo compró María Magdalena», concluyó D'Outremeuse.

OTROS APÓCRIFOS

En otro apócrifo tardío, el *Evangelio armenio de la infancia*, también del siglo VI, podemos encontrar una curiosa referencia a María de Betania y sus hermanos, Marta y Lázaro: durante la huida a Egipto, la sagrada familia fue hospedada por un hombre de origen judío, un tal Eléazar, que resulta ser el padre de aquellos tres:

> Marta y María recibieron a la Virgen y al niño en su casa, con una caridad perfecta, como si no hubiesen tenido más que un corazón

y un alma. Marta cuidaba especialmente de su hermano Lázaro, y María, que era de la misma edad que Jesús, acariciaba a este, como si fuese su propio hermano (XV, 26).

Pero hay más: en un apócrifo etíope aún más reciente, *Los milagros de Jesús* (como mínimo del siglo VIII), se cuenta la historia de cómo una prostituta llamada María, tras enterarse de que Jesús estaba en casa de Simón, tomó trescientos denarios de oro y marchó en busca de un comerciante de perfumes llamado Hadnok, de la tribu de Rubén. Acto seguido, le preguntó si tenía algún aceite apto para reyes. Y sí, resulta que tenía un cuerno de oro que, al parecer, había estado en el interior del Arca de la Alianza y que contenía un preciado aceite que Dios le entregó a Moisés para que los judíos, desde entonces, ungiesen con él a sus reyes. El tal Hadnok pasaba de venderlo, más que nada porque le embriagaba el olor que desprendía. Pero los trescientos denarios hicieron su magia y acabó vendiéndoselo.

Por último, María Magdalena también aparece en el perdido *Evangelio de Pedro*, muy antiguo, en torno al año 130, que fue descubierto en 1887 en la tumba de un monje egipcio de la antigua Panópolis. Su existencia ya era conocida, ya que Orígenes y Eusebio de Cesarea lo mencionaron brevemente, aunque rechazándolo como canónico. Algunos estudiosos estadounidenses, en cambio, lo consideran una fuente independiente, aunque parece evidente su dependencia de los cuatro evangelios. Sea como fuere, en un fragmento de este texto se la menciona al hablar del hallazgo del sepulcro vacío, y se le da especial protagonismo, aunque la secuencia es muy parecida a la del evangelio de Marcos:

> En la mañana del domingo, María Magdalena, discípula del Señor —temerosa por causa de los judíos, pues estaban inflamados de ira—, no había hecho en el sepulcro del Señor lo que acostumbran a hacer las mujeres con los difuntos y con sus seres queridos. Tomando consigo a sus amigas, fue al sepulcro donde Jesús había sido enterrado. Tenían miedo de que las vieran los judíos, y decían: «Aunque no pudimos llorar y lamentarnos en aquel día que fue crucificado, hagámoslo al menos ahora junto a su sepulcro. Pero ¿quién nos correrá la piedra, colocada ante la puerta de la sepultura, para que podamos entrar, sentarnos junto a él y hacer lo que es debido. Porque la piedra era grande y tenemos miedo de que

nos vea alguien. Pero si no podemos, dejemos aunque sea junto a la puerta lo que traemos para memoria suya; luego lloramos y nos lamentamos hasta que regresemos a nuestra casa».

Marcharon, pues, y encontraron abierto el sepulcro. Se acercaron a echar allí una ojeada. Y ven allí un joven sentado en medio del sepulcro, hermoso y revestido con ropa brillantísima, el cual les dijo: «¿A qué habéis venido? ¿A quién buscáis? ¿Acaso a aquel que fue crucificado? Ha resucitado y se ha ido. Y si no lo creéis, asomaos y ved que no está en el lugar donde yacía. Pues ha resucitado y se ha marchado allí de donde fue enviado». Entonces las mujeres, llenas de temor, huyeron (EvPedro 50-57).

Y poco más.

Aparte de las menciones breves de algunos padres de la Iglesia de los siglos II, III y IV, y de aquella del papa Gregorio I (segunda mitad del siglo VI) que ya vimos, la primera vez que apareció la Magdalena en una obra sobre santos fue en la *Martirología* de Beda el Venerable, escrita hacia el año 720, en la que escribió lo siguiente: «22 de julio. Cumpleaños de María Magdalena»[15].

Se trata de la primera referencia a su festividad. ¿Por qué esa fecha? Ni idea, aunque hay quien lo relaciona con la canícula veraniega. Vete tú a saber. La verdad es que antes era el 19 de enero, y tampoco está muy claro el motivo.

Unos años después, en un martirologio anglosajón de la época del rey Alfredo el Grande, de Wessex (Inglaterra), que gobernó entre el 871 y 886, al contar su historia, se incluyó que tras la ascensión de Jesús se retiró a vivir en un desierto, sin comida ni bebida, desde donde era elevada al cielo siete veces al día por unos ángeles. A los treinta años, un sacerdote se la encontró en el desierto, la llevó a su iglesia y le administró la comunión, justo antes de morir. Termina indicando que su tumba se convirtió en un lugar milagrero, aunque no indica el lugar…

Quédense con esto. Tendrá su importancia dentro de un montón de páginas.

---

15   La homilía 33 de Gregorio el Magno, junto al sermón atribuido a Odón de Cluny (879-92) *Sermo in veneratione sanctae Mariae Magdalenae*, constituirán las lecturas primordiales utilizadas en la festividad.

Un nombre esquivo

Ya hemos establecido que María Magdalena, pese a que es mostrada de forma esquiva en los evangelios, casi como murmurando, tuvo que ser una discípula especialmente destacada de Jesús. Por eso llama la atención que ni siquiera sepamos muy bien por qué motivo se le llamaba así, ¿qué es eso de Magdalena?

Un gentilicio, podrían decir. Pero las cosas hay que demostrarlas con evidencia. Y hay que estar bien informado. Pongamos que es así y que se trata de un gentilicio. ¿Por qué se llamaba así? Lo normal en aquellos tiempos era relacionar a las mujeres con sus padres, sus maridos o sus hijos. Recuerden todos los casos que hemos visto hasta ahora: María de Clopás, María, la madre de los Zebedeo, Juana, la mujer de Cusa. Era lo común. Pero no en el caso de la Magdalena. Otro misterio más para la lista. O quizás no.

Su nombre, en cambio, sí era común. Hasta seis Marías aparecen en los evangelios, cifra significativa, ya que en total aparecen mencionadas por su nombre dieciséis mujeres. Era normal. María, como Salomé, se puso de moda desde la época de los macabeos y con un claro fin identitario: así se llamaba la hermana de Moisés y Aarón, Miriam.

Marcos, Mateo y Juan la denominan como *Maria e Magdalene* («María la Magdalena»), mientras que Lucas (8, 2) lo escribió así: *Maria kalouméne Magdalene* («María la llamada Magdalena»). Y esto resulta significativo: ya que no lo explicó, se sobreentiende que los lectores potenciales del texto de Lucas sabían el motivo.

Es decir, parece claro que para todos eso de *Magdalene* era un apodo. Y la cristiandad, desde muy antiguo, ha tenido claro que se trataba de un gentilicio.

Resulta que a orillas del mar de Tiberíades, el mar de Galilea de toda la vida, donde se desarrolló buena parte de la vida predicativa y milagrera de Jesús, unos kilómetros al sur de Cafarnaúm y al ladito de la actual Nazaret, existe un pueblo llamado Migdal, que no pasa de los mil habitantes —casi todos descendientes de emigrantes judíos sionistas venidos de Rusia en la década de 1910, bajo la batuta del activista Joseph Trumpeldor, un héroe nacional para el moderno Israel— y que, dicen los cristianos, se levantó sobre Al-Majdal, una supuesta población, aún más pequeña, de la que, consideran, procedía María Magdalena.

¿Es posible esto? Sí, en efecto, aún se conservan algunas ruinas de lo que, se dice, fue la antigua Al-Majdal, custodiadas desde hace más de un siglo por los franciscanos —como casi todos los lugares bajo dominio católico de Tierra Santa, desde que en 1342 el papa Clemente VI les otorgase mediante dos bulas «la custodia de los Santos Lugares»—. De hecho, los arqueólogos franciscanos han podido demostrar que se trataba de un importante núcleo urbano en tiempos de Herodes Antipas, ya que se han encontrado restos romanos del siglo I, que quedó prácticamente destruido tras la primera guerra judía, aunque permaneció habitado durante un tiempo.

Se cree también que Flavio Josefo hizo varias referencias a esta localidad, cuando narró en *La guerra de los judíos* (del año 79) una batalla entre sus fuerzas, judías, y las de Vespasiano, durante la primera guerra judeo-romana, aunque no la nombró como Magdala sino como Tariqueae, que sería supuestamente su nombre griego. No dio muchos datos más, aparte de que disponía de una fuerte industria pesquera: solo escribió que estaba a unos cinco kilómetros de Tiberíades (aunque no indica si hacia el norte o hacia el sur), y que se encontraba a los pies de una montaña, en un llanura ubicada en la orilla oeste del mar de Galilea.

¿Se trata de la misma localidad? En efecto, la identificación con la ciudad de Magdala viene de antiguo. Se conservan algunos testimonios de peregrinos cristianos que afirmaron haber visitado la casa y la iglesia de María Magdalena en aquella localidad hacia el siglo VI. De hecho, en un texto anónimo llamado *Vida de Constantino*, se dice que la construcción de aquella iglesia fue cosa de Helena, la madre de aquel emperador, en el siglo IV, y que se edificó sobre el lugar en el que había vivido María Magdalena. Pero también es cierto que los peregrinos de la época de las cruzadas no mencionaron ninguna iglesia en aquel sitio.

Incluso en el Talmud se cita esta localidad como Magdala Nunayya, pero esta obra, en su versión más antigua (el Talmud de Jerusalén), se terminó de redactar hacia el año 400. Eso sí, se indica además que era una ciudad rica, pero inmoral y llena de gentiles.

La mayoría de estudios dan por hecho esta identificación. Pero no todos. Algunos dudan porque Plinio el Viejo, que también mencionó a Tariqueae en su *Historia natural*, la situó al sur del lago. Además, en las distintas excavaciones que se han realizado allí no se ha encontrado evidencia de destrucciones provocadas por una guerra o de fortificaciones. De ahí que algunos hayan planteado diversas localizaciones del sur: Ard-el-Malahha, las ruinas de un poblado fortificado que se encuentran cerca de la ciudad de Sennabris, o Khirbet Kerak, un *tell* (un montículo arqueológico) habitado desde el 3000 a. C., ubicado en el nacimiento del río Jordán.

Por lo tanto, con Magdala pasa como con Nazaret. Como tal, nadie, que sepamos, la menciona antes del siglo IV. Así que quizá lo de Magdalena no sea un gentilicio.

En Siria y Palestina eran habituales los apellidos Majdal y Majdalani, que significan «de Majdal». *Majdal* significa «torre» en

Al-Majdal en 1900.

árabe, al igual que la palabra hebrea *migh-dál*. Así, podríamos elucubrar que María de Magdala significada «María de la Torre». Ya Jerónimo de Estridón estableció esta relación, dando por hecho que se refería a un castillo de su propiedad.

No hace demasiado tiempo, durante un prolongado periodo de sequía, el mar de Tiberíades bajó tanto de nivel que permitió que saliesen a la luz los cimientos de una antigua torre, lo que llevó a que algunos arqueólogos, siempre deseosos de encontrarse con alguno de los santos lugares evangélicos, planteasen que podría tratarse de la torre que dio nombre a la ciudad y a la santa, y que podría ser un faro.

Por cierto, Magdala Nunayya, el nombre talmúdico de la ciudad, significa «Torre de Pescado…», lo cual nos retrotrae directamente a la Tariqueae de la que habló Flavio Josefo, que significa, atención, «pescado en salazón»… Bien bueno que está.

Todo perfecto, pero, hay un problema que no podemos olvidar: de haber existido una ciudad importante en el siglo I, según dicen los arqueólogos, bajo la actual aldea de Al-Majdal, ¿cómo puede ser que en los relatos evangélicos no se la mencione por su nombre?

Sea como fuere, aquella torre sumergida no sería el último descubrimiento en la zona de la antigua Al-Majdal.

EL MAGDALA CENTER

En el año 2005, el sacerdote mexicano Juan Solana, miembro destacado de los Legionarios de Cristo —una congregación religiosa clerical fundada en 1941 por el sacerdote mexicano Marcial Maciel Degollado (1920-2008)— y encargado del Instituto Pontificio Notre-Dame de Jerusalén —un centro ecuménico controlado por esta misma congregación religiosa—, decidió crear un lugar de retiro para peregrinos en Galilea, a orillas del mar de Tiberíades. Según explicó el propio Solana, sentía una especial devoción por santa María Magdalena, pero, tras visitar Galilea en el año 2004, se mostró sorprendido por no encontrar nada que rindiese el merecido homenaje a su discípula favorita. Así, inspirado por la divinidad, según dijo, se hizo con unas tierras cercanas al actual municipio israelí de Migdal.

Este fue el origen de algo que terminaría llamándose The Magdala Center, un centro dirigido por Juan Solana y el sacerdote Eamon Kelly, ambos Legionarios de Cristo, con la intención de realizar congresos, seminarios y eventos varios, así como «desarrollar un centro cultural para las mujeres en la ciudad natal de María Magdalena», tal y como afirman en su página web (www.magdala.org). La construcción comenzó el 11 de mayo de 2009, fecha en la que el fallecido papa emérito Benedicto XVI bendijo la primera piedra, durante su histórica visita a Tierra Santa.

Lo curioso es que, unos meses después, el 1 de septiembre, la Autoridad de Antigüedades de Israel dio a conocer que, durante las excavaciones arqueológicas obligatorias previas a la construcción de la casa de huéspedes del Magdala Center, se descubrieron los restos de una sinagoga del siglo I, una de las siete encontradas en Israel de ese periodo, «donde seguramente Jesús enseñó», tal y como proponen de manera algo atrevida los que organizan esto, así como parte de las ruinas de la supuesta Al-Majdal.

La Piedra de Magdala. Piedra caliza, 60 cm de longitud por 50 de anchura y 40 de altura. Se conserva en la actualidad en el Museo Rockefeller, aunque en el Magdala Center hay dos réplicas.

«La Divina Providencia reservó semejante descubrimiento en Magdala para este momento histórico. Tal vez Dios estaba esperando el momento de hablar a la gente de nuestro tiempo mediante este hallazgo», dicen. Es más, la Divina Providencia debe estar detrás de otro hallazgo interesante: la llamada «Piedra de Magdala», una réplica en miniatura del Segundo Templo de Jerusalén que hacía las funciones de altar y que sería la primera representación artística del desaparecido centro neurálgico de la religiosidad judía. De hecho, en uno de los laterales aparece la imagen más antigua encontrada de la menorá, el candelabro de siete brazos que se alojaba en el templo.

Todo esto se puede visitar, previo pago, en el parque arqueológico del Magdala Center, cuya apertura estaba prevista para el 12 de diciembre del año 2011, aunque se terminó retrasando hasta el 28 de mayo de 2014. Cinco años después, en noviembre de 2019, se inauguró una casa de huéspedes con capacidad para más de trescientos peregrinos, así como un centro de espiritualidad donde los cristianos pueden meditar y rezar mientras disfrutan del paisaje. A día de hoy (finales de 2023), además del parque arqueológico y el centro para peregrinos, se puede visitar la iglesia, llamada Duc in Altum, y un restaurante de primer nivel. Todo lo necesario para que los viajeros cristianos tengan la oportunidad de «visitar un sitio donde Jesús caminó y enseñó, y de revivir la experiencia de los primeros seguidores de Jesús entre los cuales se contaba, de manera especial, a María de Magdala», como afirman los propietarios en su web.

No les ha ido mal. Según TripAdvisor, es una de las cinco atracciones turísticas más populares de Israel…

Por otro lado, el Magdala Center da cobijo al Magdalene Institute, una organización de los Legionarios de Cristo centrada en promulgar «la igualdad en la dignidad de hombres y mujeres, respetando sus diferencias y cualidades complementarias»[16], tomando el ejemplo de la Magdalena.

Hay algo tremendamente paradójico y cínico en todo esto. The Magdala Center, como ya hemos visto, es, en definitiva, un centro de espiritualidad de la Congregación de los Legionarios de Cristo.

---

16   *Magdalena Institute* [en línea]. https://www.magdala.org/magdalena-institute/ [Consulta: 03/01/2024].

De hecho, la mayor parte de los currantes que trabajan y han trabajado allí son voluntarios de este colectivo. Pero resulta que el fundador de esta congregación radical y fundamentalista, el sacerdote mexicano Marcial Maciel Degollado, fue un pederasta y un abusador reconocido por la Iglesia, aunque nunca fue juzgado por las autoridades civiles. Murió impune, aunque apartado de sus honores sacerdotales. Por este motivo llama la atención que el padre Juan Solana, director del Magdala Center, haya tenido la osadía de comparar al pedófilo este, que dejó la dirección de la Congregación en 2004, con María Magdalena, en un texto titulado *Magdalena: Dios ama realmente a las mujeres*, publicado en 2014 para promocionar el centro:

> Las iniciales de Marcial Maciel eran también MM, justo como María Magdalena… Ella tenía un pasado problemático antes de su conversión, por eso existe un paralelismo. Nuestro mundo tiene estándares dobles cuando se habla de moral. Algunas personas tienen una imagen formal, pública y luego su verdadera vida se encuentra detrás de la escena… Pero cuando acusamos a alguien más y nos apuramos a apedrearlo, debemos recordar que todos tenemos problemas y defectos. Con las comunicaciones modernas fuera de control, es fácil matar la reputación de alguien sin siquiera investigar la verdad. Nosotros deberíamos ser más tranquilos y condenar menos[17].

Grave comparación, sobre todo si tenemos en cuenta que Juan Solana realizó estas declaraciones después de que la congregación reconociese en 2010 que aquel señor infame había tenido varios hijos ilegítimos con feligresas, fecundados durante su época de sacerdote, y que había abusado sexualmente de decenas de menores seminaristas. Quizá Solana quería relativizar los graves delitos y pecados por los que fue expulsado del sacerdocio por Benedicto XVI unos años antes (en 2006). Sí, acabó pidiendo perdón, pero lo hizo después de recibir un tirón de orejas de John Connor, superior territorial para Estados Unidos de la congregación, que también pidió disculpas en su nombre.

---

17 *Legionarios de Cristo comparan a Maciel con María Magdalena* [en línea]. https://infovaticana.com/2014/09/01/legionarios-de-cristo-comparan-a-maciel-con-maria-magdalena/ [Consulta: 03/12/2023].

También es verdad que desde los años setenta han surgido varios movimientos feministas cristianos que han tomado como ejemplo a la Magdalena, que se convierte en patrona de sus reivindicaciones, como sucedió con el movimiento estadounidense de los Feminist Biblical Studies, presente en muchas facultades de teología de universidades del país, Harvard incluida, centrado en poner de relieve el papel de las mujeres tanto en los evangelios como en la cristiandad. Esto es especialmente latente dentro de los católicos, por su renuncia a la ordenación de mujeres *sacerdotas*; así, por ejemplo, el colectivo católico Future Church, también estadounidense, lleva años realizando actos con este fin, tomando una vez más a la Magdalena como ejemplo. Proyectos similares se pueden encontrar en Alemania, Francia, Italia y España.

Dejando a un lado todo esto, no puedo dejar este breve capítulo dedicado al apellido de nuestra protagonista sin hacer otro pequeño viaje: en Egipto, según algunos pasajes del Antiguo Testamento (Ex 14, 2 y Nm 33, 7), hubo una ciudad llamada Migdol o Migdal en la que acamparon los israelitas justo antes de cruzar el mar Rojo, durante el famoso éxodo del pueblo hebreo rumbo a la tierra prometida. Como ya hemos visto, *migh-dál* en hebreo significa «torre», de ahí que algunos eruditos hayan planteado que el Midgal egipcio podría hacer referencia a algún tipo de atalaya defensiva situada en la frontera egipcia. Además, podría tratarse de un lugar mencionado por Ezequiel, cuando predijo la devastación que sobrevendría sobre Egipto. Sea como fuere, no sabemos dónde estuvo esta torre o esta localidad, ya que tampoco conocemos la ubicación de los otros lugares citados en esos versículos del Antiguo Testamento (como Pi Hajirot y Baal-Safón).

La cuestión es la siguiente: ¿es posible que María Magdalena procediese en realidad de esta misteriosa y aún perdida ciudad? Algunos han planteado la posibilidad, pero no parece probable, por sugerente que pueda parecernos la idea de que la santa fuera egipcia.

Como tampoco veo posible que fuese oriunda de una remota aldea fortificada situada en una meseta del centro de Etiopía que, si bien hoy se llama Amba Mariam, en la antigüedad fue conocida como Makdala. Aun así, algunos imaginativos autores, como Lynn Picknett en *Mary Magdalene (La verdadera historia de María*

Magdalena y Jesús: amante, esposa, discípula y sucesora, 2008), han construido a partir de esto la posibilidad de que la Magdalena fuese negra...

A modo de conclusión: no tenemos ni idea de por qué la llamaban Magdalena.

O quizás sí...

¿Y SI MARÍA MAGDALENA FUE LA MADRE DE JESÚS?

Esta misma pregunta se la planteó hace unos años el historiador y estudioso del cristianismo Thierry Murcia, relacionado con la Universidad de Marsella. Este señor, sorprendido ante la ausencia de la madre de Jesús en la cruz, en la sepultura y en el hallazgo del sepulcro vacío en los evangelios sinópticos, plantea que por algún motivo se había omitido. No ve otra explicación.

La Magdalena aparece en algunas pinturas junto al niño Jesús y la Virgen María, algo totalmente anacrónico pero muy curioso. Y en ocasiones, con Juan el Bautista. Este es un ejemplo. *La Virgen y el Niño con santos y un donante*, Jacopo Negretti, 1519.

Así, comienza su argumentación con la escena del evangelio de Juan en la que sí estaba presente. Recuerden: «Estaban junto a la cruz de Jesús su madre y la hermana de su madre, María la de Clopás y María Magdalena» (Jn 19, 25). En efecto, hay varias cosas raras en este versículo, pero este autor destaca que nuestra protagonista, a diferencia de las otras apariciones, aquí aparece al final del listado de mujeres presentes, y que se trata de la única ocasión en todos los evangelios en la que se habla de una hermana de la madre de Jesús. Además, no está claro si se trata de tres o de cuatro mujeres... o de dos, que es lo que propone Murcia: «Estaban junto a la cruz de Jesús su madre (A) y la hermana de su madre (B), María la de Clopás (B) y María Magdalena (A)». Claro, de ser así, el esposo de María sería Clopás, no José, como afirman los sinópticos.

Por lo tanto, de darse esta identificación, la madre de Jesús sí que estaría presente en todas estas escenas clave. Pero ¿por qué motivo la llamaban «la Magdalena»? Murcia niega que se trate de un gentilicio y propone una etimología distinta: como vimos, *magdal* significa «torre» en hebreo, ya sea en sentido físico o figurado, y también en arameo (*magdela*). Murcia plantea la posibilidad de que realmente fuese *megaddela*, en arameo local, que vendría a significar «bien considerada», «elevada», «exaltada». Es más, ambas palabras aludirían a su altura simbólica. De hecho, en el Talmud babilónico se nombra a la madre de Jesús como Miriam Megaddela. Incluso en *La leyenda dorada* de Jacobo de la Vorágine se la nombra así.

¿Por qué solo aparece eso de Magdalena, excepto en la mención lucana, en las escenas pascuales? Porque quizás fue en ese momento cuando se le atribuyó. Y cuando se escribieron los evangelios, argumenta Murcia, se habría perdido su significado real. De ser esto cierto, habría que explicar lo de los siete demonios. ¿No sabía Lucas que se trataba de la madre de Jesús?

Por otro lado, es verdad que existe una tradición antigua, bastante extendida en las iglesias orientales, que afirma que la madre de Jesús estuvo presente en la cruz.

Es más, Efrén de Siria (306-373), uno de los padres de la Iglesia griega, llegó a identificarla con la Magdalena, haciéndose también eco de la versión de Juan:

María se apresuró a sustituir a los apóstoles para cumplir las órdenes del Señor. Sin embargo, su papel no era el de dar consejos, mandar o impedir la palabra de Jesús; por eso la reprendió, porque se había apresurado: «No ha llegado mi hora» (Juan 2, 4); pedirán vino, todos verán que falta vino, y entonces ocurrirá la señal milagrosa. Entonces, cuando su madre lo vio, después de su victoria sobre el inframundo, quiso acariciarlo maternalmente [recuerden aquello del *Noli me tangere* de Juan 20, 17]. Pero María, que lo había seguido hasta la cruz, se había encomendado a Juan aquel día, con estas palabras: «Mujer, he aquí a tu hijo; Joven, aquí está ahora tu madre» (Jn 19, 26-27). Además, después de la resurrección, le impidió volver a acercarse a él, porque, dijo, desde entonces Juan es tu hijo. [...] Sin embargo, así como María estuvo allí para el primer milagro [Caná], así tuvo las primicias de la salida del infierno. Así que, aunque no lo tocó, se sintió consolada.

Esto aparece en su *Comentario al Diatessaron*, su análisis de una curiosa propuesta que se marcó Taciano en el siglo ii (hacia el año 170), al combinar a su manera los cuatro evangelios de forma más o menos coherente. Este texto fue leído en la Iglesia siria al menos hasta el siglo v.

Capilla dedicada a la Magdalena en el pueblo troglodita de La Madeleine (al fondo). A la derecha se puede ver el abrigo que dio nombre a la cultura Magdaleniense.

Aunque se trate de una propuesta sugerente —pueden ahondar en ella si buscan su libro *Marie-Madeleine: L'insoupçonnable vérité ou pourquoi Marie-Madeleine ne peut pas avoir été la femme de Jésus* (2017)—, Murcia no explica con evidencia suficiente por qué se silenció esta movida.

Por cierto, una última curiosidad: ¿han oído hablar alguna vez de la cultura Magdaleniense? No tiene nada que ver con el tema que nos ocupa, o sí... Se trata de una cultura lítica del Paleolítico superior europeo que duró entre el 15.000 a. C. y el 10.000 a. C. y que se extendió por buena parte de Europa occidental, incluida la cornisa cantábrica. Lo interesante es que se llama así por el abrigo de La Madelaine, ubicado en la Dordoña francesa, en la comarca del Périgord Noir, donde el geólogo francés Édouard Lartet, entre 1863 y 1865, encontró numerosos objetos tallados —entre los que destaca una pieza de marfil de mamut con un grabado de este animal, que sirvió para demostrar que los humanos cohabitaron con esta especie—.

Pues bien, el abrigo —por si no lo saben, una cueva no demasiado profunda—, se llama así porque allí, además de un pequeño poblado medieval troglodita, había una capilla rupestre del siglo XIV dedicada a la Magdalena.

Gnósticos

Para los católicos, la Magdalena fue apóstol de apóstoles. Para las Iglesias orientales, fue *isapostolos*, «igual que un apóstol». En ambos casos, la causa está en que fue la testigo de excepción de su resurrección. Lo curioso es que para los cristianos gnósticos también fue una apóstol especial, pero por otros motivos. Como veremos a continuación, no solo la consideraban la discípula favorita de Jesús, sino que a menudo aparece en sus textos como receptora en exclusiva de sus revelaciones sobre cómo conseguir la salvación, lo que, una vez más, la convierte en apóstol de apóstoles.

Un ejemplo:

> Pedro dijo: «Mariam, hermana, nosotros sabemos que el Salvador te amaba más que a las demás mujeres. Danos cuenta de las palabras del Salvador que recuerdes, que tú conoces y nosotros no, que nosotros no hemos escuchado». Mariam respondió diciendo: «Lo que está escondido para vosotros os lo anunciaré» (Berolinensis Codex 8052, 1).

Este texto pertenece al *Evangelio de María*, un documento gnóstico datado en el siglo II, del que solo se conservan tres fragmentos papiráceos, donde se evidencia otro lugar común del gnosticismo: un pique entre la Magdalena y Pedro, aunque esto hay que entenderlo simbólicamente. Pedro, en este y en otros textos gnósticos, representa a la Iglesia de Roma, al cristianismo paulino; y María simboliza a los elegidos por la divinidad que conocen el verdadero y secreto camino que conduce a la salvación: la gnosis.

Seguro que alguna vez han leído o escuchado algo sobre esta gente que tenía en tan alta estima a la Magdalena. Para poder entender en toda su dimensión esto me van a permitir que me desvíe un ratico para explicar quiénes fueron y en qué creían, que tiene su miga.

EL GNOSTICISMO CRISTIANO

Esto de los gnósticos se ha convertido en un lugar común en la literatura sobre los enigmas del cristianismo, como los templarios o los cátaros, pese a que en muchos casos se habla desde la ignorancia atrevida y el desconocimiento metódico. Su éxito —que tampoco es tanto— radica en que muchas personas empatizan con las ideas gnósticas sobre lo que realmente somos y la realidad en general, pero siempre de un modo superficial, sin ahondar ni siquiera un poquito en las verdades de este complejo sistema de creencias, verdades que para los no iniciados resultan casi siempre incomprensibles. Y es que no es fácil entender en toda su dimensión qué es el gnosticismo. Sus textos, cargados de simbolismo y densos como pocos, son impenetrables y complejísimos de entender si no se tienen unas nociones previas bien trabajadas. Por eso, ese acercamiento superficial y habitual del que hablaba, algo que se aprecia en toda su magnitud cuando se habla de su relación con María Magdalena, suele llevar a afirmaciones equívocas e infundadas.

Tampoco es cuestión de entrar en detalle en este tema, pero sí creo necesario esbozar de forma resumida las principales ideas de este movimiento. Solo así es posible entender por qué los gnósticos le dieron tanta importancia a nuestra protagonista. Y de camino, separaremos la paja del trigo.

La idea clave es que lo que realmente somos nosotros, ustedes y yo, dejando de lado el envoltorio corpóreo que nos retiene en este mundo material, está en nuestro interior y procede de otro mundo. Sí, somos extraterrestres. Nuestra presencia aquí se debe a una suerte de encarcelamiento. Lo que somos, nuestra esencia espiritual, es totalmente ajena a la carne, la sangre y la materia. Somos unos enajenados, en el sentido literal de la palabra. Somos seres divinos y fuimos apartados del lugar al que pertenecemos; lugar al que debemos volver por todos los medios. *This is the way...*

En esto no hay demasiada diferencia respecto a los otros cristianismos, pero sí en la manera de escapar de esta cárcel carnal en la que están atrapadas nuestras almas. Los cristianos *normales*, siguiendo a Pablo, creen que la autopista hacia el cielo se abre gracias a la fe en la muerte redentora de Jesús, que venció al pecado, y en su resurrección, que venció a la muerte, y cumpliendo una serie de normas morales. Ya saben. Los gnósticos no creían en esto, y en sus textos, que son muchos, lo explicaron.

El problema es que no es nada fácil entender el numeroso material que nos legaron. Y eso que disponemos de bastantes obras, sobre todo desde el extraordinario hallazgo que se produjo en diciembre de 1945 en el desierto egipcio, cuando un joven campesino árabe llamado Muhammad Alí al-Samman, junto a dos de sus hermanos y cuatro colegas de su pueblo, Al Qasr wa al-Sayyad (la antigua Quenoboskion), encontró en un macizo montañoso cercano a Nag Hammadi una jarra de cerámica, de un metro de alto, sellada. En un primer momento, según comentó, tuvo miedo de que en su interior se alojara un *djinn*, un genio maligno, pero finalmente la codicia se impuso y decidió romperla por si había un tesoro en su interior. Lo había, pero no se trataba de oro ni de piedras preciosas, sino de trece códices de papiro escritos en copto y encuadernados en piel.

Los códices se fueron vendiendo a varios coleccionistas y estudiosos, aunque la mayor parte llegaron al Museo Copto de El Cairo. Finalmente, en 1977, se publicó por primera vez una traducción al inglés de los textos.

Se trataba de una biblioteca que bien pudo pertenecer a un individuo aislado o, como parece más posible, a alguna comunidad

Códices de Nag Hammadi.

gnóstica desaparecida. Aunque los libros que la componen han sido datados hacia el año 350, se sabe que eran copias coptas de originales griegos muy anteriores. Los trece códices incluían 52 obras de muy diverso tipo, desde una versión de *La República* de Platón a unos treinta escritos gnósticos. En resumidas cuentas, fue un hallazgo importantísimo, solo a la altura de los manuscritos del mar Muerto, encontrados tres años después, especialmente porque aportaron mucha información sobre estos cristianos que acabaron siendo exterminados por la ortodoxia tras la alianza entre la Iglesia y el Imperio romano.

Gracias a este tremendo hallazgo —aunque ya se habían encontrado varios textos en las décadas anteriores—, podemos saber mucho sobre los gnósticos, aunque no todo, en parte porque ni siquiera el colectivo académico se pone de acuerdo en casi nada —algo que, por desgracia o por fortuna, pasa casi siempre—. Tanto es así que no tenemos claro cuándo surgió el gnosticismo, ni si es una ramificación del cristianismo o provenía del judaísmo e influyó en el propio mensaje de Jesús. Por si fuera poco, no todos creían en lo mismo y hubo grupos claramente diferenciados.

Por mi parte, considero que se trata de la evolución de una serie de creencias místicas judías anteriores que se mezcló, posiblemente en el norte de Egipto —en Alejandría había una importante y culta colonia judía—y a partir de la segunda mitad del siglo I, con el neoplatonismo y el cristianismo.

Para los gnósticos, la salvación, la huida de este mundo, se conseguía mediante un conocimiento (*gnosis* en griego, de ahí el nombre) secreto que fue revelado por Jesús, fuese este quien fuere, a unos pocos elegidos: sus discípulos. Para eso vino, aunque no en carne y hueso. Claro, para entender esto, se hace necesario conocer cómo llegamos hasta aquí. Y algunos de los textos de Nag Hammadi lo explicaban —por ejemplo, el *Evangelio de Judas*, el *Libro secreto de Juan* o *Sobre el origen del mundo*—, aunque en el resto de libros se daba por hecho que los lectores conocían la mitología central de este movimiento, aunque, insisto, esta varía en mayor o menor grado en los distintos gnosticismos que se conocen.

Voy a resumir con brevedad la versión más extendida, la del llamado gnosticismo setiano. Esto viene de Set, el tercer hijo de Adán y Eva, engendrado tras aquella terrible tragedia familiar que se produjo cuando el envidioso de Caín mató a Abel. Para estos gnósticos, Set llegó a convertirse en una suerte de ser divino que ya existía desde antes de *bajar* y que hizo esto precisamente para revelar a la humanidad dónde se encontraba la autopista hacia el cielo. Fue el portador de la gnosis.

Todo comenzó con un desastre cósmico. Esta es la historia:

Dios no es uno, sino trino. Está compuesto por tres entidades, por llamarlas de alguna manera: el Gran Espíritu Invisible (el Padre), Barbeló (la Madre) y el Autogenerado (Autógenes, el Hijo). Durante mucho tiempo —no se aclará cuándo se creó el tiempo, y mucho menos el espacio-tiempo einsteiniano—, el Gran Espíritu y Barbeló, que venía a ser una emanación del primero, su Pensamiento, estuvieron en absoluta soledad en medio del vasto y vacío universo. Pero un mal día, el Gran Espíritu, en connivencia con su pareja celestial, su Pensamiento, «pensó en manifestarse y comunicarse hacia el exterior», como explica magníficamente Piñero (2006, 126). Surgieron así los eones («existentes»), que son —cómo decirlo— una especie de entidades divinas, organizadas también por pares, que en realidad son manifestaciones de la propia pareja divina. La suma de estos eones forma el Pleroma, que sería la plenitud total de la divinidad en su conjunto.

Todo iba bien, hasta que un día hubo un fallo. Una eón llamada Sabiduría se apartó del Pleroma, por motivos que no vienen al caso, y tras un montón de avatares, que tampoco tienen mayor importancia, terminó creando la materia con la colaboración de una divinidad inferior que ella misma creó: el Demiurgo, el Hacedor.

Es decir, no fue la sagrada pareja la responsable, en última instancia, de que tengan este libro en sus manos, sino la Sabiduría y su altanero diosecillo, el Demiurgo. Fue este, con la ayuda inestimable de un montón de ángeles —que también creó él mismo—, quien, a la vez que construyó el universo físico, con todas sus cosas, dio forma al primer humano, Adán. Pero este ser de nuevo cuño también era complejo: su cuerpo fue cosa del Hacedor, pero en su interior portaba un cachito de la divinidad, que se encargó de insuflar la Sabiduría. Luego vino Eva... y después, los demás.

Por lo tanto, para los gnósticos, el Demiurgo sería... ¡el dios del Antiguo Testamento! Queda establecido así el marcado dualismo que defendían estas gentes: existen dos realidades, la de la materia, decadente, corrupta y efímera, y la del espíritu, eterna y perfecta.

Como estamos aquí por un error cósmico, el objetivo es liberar de las cadenas materiales a nuestra esencia divina, procedente de aquella eón, Sabiduría, y regresar al Pleroma, nuestra verdadera casa. Aunque, eso sí, quizás no todos lo hagamos, ya que los gnósticos pensaban que había tres grados distintos de *presencia* divina, y que algunos, los *hílicos* («materiales»), no tenían nada, eran meros trozos de carne con patas. Estos, por desgracia, desaparecerán. Pero el resto, los llamados psíquicos y pneumáticos[18], conseguirán salvarse gracias a la gracia del Pleroma, que, conmovido por nuestra situación, envió un salvador, un ser divino (el Autógenes según los gnósticos setianos) que bajó hasta la Tierra para informarnos de quiénes somos realmente. Ese conocimiento, que somos seres espirituales y divinos —repito, no todos—, nos llevará a despertar y a tomar conciencia de que nuestro único objetivo es escapar y volver a casa.

El Salvador, tras pasar por los seis cielos inferiores, en los que habitan diversos seres divinos, vino para informarnos, para darnos la gnosis, el conocimiento, y marcar el camino de salvación, que pasaba, como es lógico, por renunciar por completo a este mundo, desprendiéndonos de lo carnal y dejando de lado todo lo material. Ascesis y celibato, en dos palabras. Nuestro reino no es de este mundo, así que vayámonos. Eso es lo que vino a enseñarnos el Salvador, que, por supuesto, no se encarnó: el cuerpo humano es obra del maligno Demiurgo. Piensen en las consecuencias que tiene esta creencia: si Jesús no tuvo cuerpo físico, como defendían los gnósticos, no pudo ser hijo de una virgen, ni morir en la cruz, ni resucitar...

Ojo, que hay algo más. Allí arriba, en el Pleroma, existe una contrapartida de cada uno de nosotros, una pareja divina, un gemelo cósmico, que allí nos aguarda y con el que nos uniremos por siempre jamás una vez que cumplamos con éxito con nuestra misión. Todo va aquí por pares, como pueden ver.

---

18   Los «psíquicos» tienen la mitad de la sustancia. Tienen lo que se conoce como sustancia psíquica o anímica (*psýche* significa «alma» en griego). Los «pneumáticos» se encuentran en la cúspide de esta jerarquía, al tener *pneuma* («espíritu»), al cien por cien. Los primeros, que venían a ser los cristianos no gnósticos, si tienen una vida recta y justa ascenderán al cielo, pero no al Pleroma, lugar reservado solo para los pneumáticos.

GNOSTICISMO EN EL NT

El gnosticismo, aunque de una forma muy primigenia, está presente en el Nuevo Testamento. En algunas cartas de Pablo de Tarso, como en la primera que escribió a la Iglesia de Corinto, se muestra muy crítico con lo que parecen cristianos gnósticos de dicha comunidad, que negaban que se fuese a producir una resurrección total en cuerpo y alma, como Pablo defendía, ya que pensaban, en coherencia con su fe, que solo esta última vencería a la muerte. En la epístola a los Colosenses, falsamente atribuida a Pablo, se habla en términos claramente gnósticos, aunque en contra de ellos:

> Él es la imagen del Dios invisible, primogénito de toda criatura, porque en él fueron creadas todas las cosas en los cielos y sobre la tierra, las visibles y la invisibles, ya sean los tronos, las dominaciones, los principados o las potestades; todo fue creado por él y para él. Él existe antes de todas las cosas, y todo subsiste en él. Él es la cabeza del cuerpo, que es la iglesia. Es el principio, el primogénito de los muertos, de modo que es el primero en todo. Porque fue del agrado de Dios que en él habitara toda la plenitud, y quiso que por él se reconciliaran consigo todas las cosas, pacificando por la sangre de su cruz tanto las cosas de la tierra como las de los cielos (Col 1, 15-20).

El autor de esta misiva, que no fue Pablo, insisto, pretendía denunciar como falsa la creencia en aquella supuesta dualidad entre el mundo material y el mundo de los cielos, que según los gnósticos fueron creados por deidades distintas. De hecho, cuando se habla de «plenitud», en realidad se refiere al Pleroma. Poco después, en la misma, carta, se ahonda en esta idea:

> Mirad que nadie os embauque con la filosofía y vanos engaños según la tradición de los hombres, según los elementos del mundo y no según Cristo. Porque en él habita corporalmente toda la plenitud de la divinidad, y vosotros alcanzáis la plenitud en él, que es la cabeza de todo principado y potestad (Col 2, 8-9).

Nótese cómo se hace hincapié en esto de «corporalmente».

Algo parecido podemos ver en las llamadas epístolas pastorales, también atribuidas a Pablo (primera y segunda a Timoteo, y la de Tito), donde se ataca a las ideas gnósticas por erróneas y perniciosas. En 1 Tim 6, 20, por ejemplo, se alerta ante «el mal llamado conocimiento»; en 2 Tim 2, 18 se critica a los que creen que la resurrección ya ha tenido lugar —los gnósticos creían que, una vez conseguida la gnosis, la salvación se conseguía inmediatamente tras la muerte—; y en Tito 2, 4 se critica su renuncia a la procreación —no todos practicaban la castidad, pero era lógico que lo hiciesen, ya que rechazaban la materia y la carne.

Lo curioso es que, a la vez que se ve esta clara oposición al gnosticismo primigenio de la segunda mitad del siglo I y la primera del II, podemos encontrar algunos conceptos claramente gnósticos en algunas obras del Nuevo Testamento, lo cual resulta, cuanto menos, significativo. Pablo, por ejemplo, defiende también en 1 Corintios la existencia de dos tipos de hombres, los psíquicos y los espirituales, siendo estos últimos los únicos capaces de comprender «el misterio de Cristo» (2, 6-7), pues en ellos mora el espíritu. Es más, usó en varias de sus cartas esa idea de la unión mística *post mortem* con la divinidad, con la que terminaremos formando un solo cuerpo. Pero, donde podemos encontrar más material gnóstico, por sorprendente que pueda parecer, es en el cuarto evangelio, el atribuido a Juan, sobre todo en algunos discursos de Jesús. Por ejemplo, la constante alusión a un dualismo entre la luz y las tinieblas o arriba y abajo, la unidad entre el enviado divino (Jesús) y sus seguidores con Dios, la salvación a partir del conocimiento (gnosis) transmitido por la palabra de Jesús y, sobre todo, la convicción de que el Salvador era un ser preexistente, el logos divino, eso sí, hecho carne.

EL *EVANGELIO DE MARÍA*

Dicho esto, sigamos con la Magdalena. Como vimos, en el *Evangelio de María*, datado a mediados del siglo II, es mostrada como la discípula favorita de Jesús y, lo que es más interesante, como la depositaria de algunas revelaciones especiales que le entregó el Salvador: «Lo que está escondido para vosotros os lo anunciaré» (Berolinensis Codex 8052, 1). Esto es algo que se daba a menudo en los textos gnósticos: mensajes que Jesús, desde el más allá, mandaba a alguno de sus discípulos. Es lo que se conoce como «diálogos de revelación». El *Evangelio de Felipe*, del que luego hablaremos, es un claro ejemplo. Pero hay dos que, al contrario, incluyen revelaciones que Jesús transmitió en vida: el *Evangelio de Judas* y este de María. Curioso este detalle, pues, si se fijan, se trata de dos personajes evangélicos controvertidos. Uno, Judas, el traidor; la otra, la Magdalena, que no formaba parte de los doce.

Así, el *Evangelio de María*, cuya versión más completa, escrita en copto, fue descubierta en Egipto en 1896 (faltan las seis primeras páginas, y unas cuantas más del resto)[19], comienza con Jesús mostrando a sus discípulos que este mundo de la materia no es el que importa, la enseñanza clave del gnosticismo. Pero en ese momento desaparece y todos los allí presentes se quedan perplejos. María, en cambio, se muestra segura y se propone tranquilizarles. Es en ese momento cuando Pedro la insta a que les cuente lo que Jesús le había revelado en *petit comité*.

> Pedro dijo: «Mariam, hermana, nosotros sabemos que el Salvador te amaba más que a las demás mujeres. Danos cuenta de las palabras del Salvador que recuerdes, que tú conoces y nosotros no, que nosotros no hemos escuchado» (Berolinensis Codex 8052, 1).

Ella acepta y procede a contarles lo que había visto en una visión, pero, por desgracia, faltan también las páginas que siguen. El texto continúa con María explicando que, cuando el alma humana se hace con el conocimiento, puede trascender el mundo material y regresar a su casa celestial. Esto no parece sentar bien a algunos de los discípulos, como a Andrés, que considera que «esas doctrinas son bien extrañas» (17, 10-15), y Pedro, que no duda en quejarse y en dudar de que el Salvador le hubiese entregado esa preciada información a una mujer. Menos mal que el apóstol Leví entra en acción e insta a sus compañeros para que hagan suyas las palabras de María y prediquen su evangelio; y todos aceptan.

---

19   Curiosamente, este libro no estaba en la pequeña biblioteca gnóstica de Nag Hammadi, pero también procede de Egipto: el manuscrito de 1896 fue encontrado por el erudito alemán Carl Reinhardt en un mercado de antigüedades de El Cairo. Fue llevado al museo egipcio de Berlín, por eso tiene ese título: Berolinensis Codex 8052. Iba a ser publicado en 1912, pero la imprenta en la que estaba siendo preparado sufrió una inundación por una rotura de una tubería y se fastidió por completo la primera edición. Luego llegó la Primera Guerra Mundial, y la cosa se complicó. Y cuando parecía que iba a ser publicado, llegó la segunda… Así, vio la luz por primera vez en 1955.

Pedro dice: «¿Pero es que, preguntado el Señor por estas cuestiones, iba a hablar a una mujer ocultamente y en secreto para que todos la escucháramos? ¿Acaso iba a querer presentarla como más digna que nosotros? [Perdido] del Salvador?». Leví dice a Pedro: «Siempre tienes la cólera a tu lado, y ahora mismo discutes con la mujer enfrentándote con ella. Si el Salvador la ha juzgado digna, ¿quién eres tú para despreciarla? De todas maneras, Él, al verla, la ha amado sin duda. Avergoncémonos más bien, y, revestidos del hombre perfecto, cumplamos aquello que nos fue mandado. Prediquemos el evangelio sin restringir ni legislar, como dijo el Salvador». Una vez que hubo terminado Leví estas palabras, se marchó y se puso a predicar el Evangelio según María (Pap. Rylands III 463).

En realidad, de este evangelio se deduce que la Magdalena no hablaba de algo sucedido en el pasado, en vida de Jesús, sino de una revelación que recibió mediante una visión. De ahí que Pedro y Andrés, en otro pasaje anterior, duden de la autenticidad de esa experiencia. ¿Cómo es posible que Jesús se comunique con una mujer en

Fragmento del *Evangelio de María*.

vez de hacerlo con ellos? La idea es potente: según este texto, María fue la custodia del conocimiento, solo para iniciados, que Cristo le legó. De ahí la manifiesta animadversión por parte de los demás apóstoles, especialmente de Pedro, que no podían comprender por qué ellos no han sido premiados con ese privilegio.

Aparte del códice de Berlín, el que he citado, el más completo, se han encontrado dos fragmentos más de este texto: en 1917, el llamado Papyrus Rylands 462, hallado en Oxirrinco (Egipto); y una tercera versión, encontrada en esta misma localidad. No se puede obviar la importancia de esto: no es habitual encontrar tantas copias de un texto de este tipo. No sucede con otros textos gnósticos, y esto parece indicar que se trata de un libro que tuvo una difusión extraordinaria. La conclusión es obvia: aunque fuese de forma simbólica, estos cristianos tenían en gran consideración a la Magdalena como receptora de las revelaciones de Jesús que conducen a la salvación. Y de camino, denostaban a Pedro, símbolo del cristianismo paulino, por defender un camino que en realidad no conducía a nada.

TOMÁS

Esta animadversión de Pedro hacia María, que sin duda nos remite al papel de las mujeres en el cristianismo primitivo, es aún más marcada en otros textos apócrifos, como el *Evangelio de Tomás*, uno de los encontrados en Nag Hammadi —aunque entre 1897 y 1093 se habían encontrado tres papiros fragmentados de este mismo texto en Oxirrinco—, que ha sido datado en torno al siglo IV (aunque parece proceder de una versión anterior de mediados del siglo I, por lo que sería contemporáneo de los cuatro evangelios canónicos). Atención:

> Simón Pedro les dijo: «Que María salga de entre nosotros porque las mujeres no son dignas de la vida». Jesús dijo: «Mirad, yo la impulsaré para hacerla varón, a fin de que llegue a ser también un espíritu viviente semejante a vosotros los varones, porque cualquier mujer que se haga varón entrará en el reino de los cielos» (114).

¿Hacerla varón? ¿Cómo? Esto tiene su miga. Para entenderlo, hay que entender las creencias dualistas de los gnósticos: se trata en realidad de una defensa de la Magdalena, pues pensaban que las mujeres, por el mero hecho de ser dadoras de vida, estaban alejadas de la vida espiritual. Hacerla varón consistiría en depurar todo lo de humano y físico que tuviese, convirtiéndola en un ser puramente espiritual. Lo femenino, por lo tanto, sería símbolo de lo imperfecto. Así, todos, hombres y mujeres, eran femeninos hasta que alcanzaban la gnosis. Claro está, en esto había mucho de machismo. Lo normal en la época. Hasta en la filosofía más elevada se pueden hallar ramalazos machistas. Aristóteles, por citar uno, consideraba que las mujeres nacían sin estar plenamente desarrolladas, a diferencia de los hombres, y que tenían un alma de segunda.

Algo parecido podemos apreciar en otras obras gnósticas, de nuevo con María Magdalena presente. Por ejemplo, en el *Primer Apocalipsis de Santiago*, de finales del siglo III, en el que el depositario de sus enseñanzas reveladas es su hermano Santiago (Jacobo), se dice lo siguiente:

> Dijo el Señor: «[Santi]go te alabo… si manifiestas a otros esta revelación, da ánimos a estas cuatro: Salomé, María, Marta y Arsinoe… Lo corruptible ha ascendido hacia lo incorruptible y el elemento de la feminidad ha alcanzado a su elemento de masculinidad» (40,22-26).

Además, en este *Evangelio de Tomás* podemos encontrar otra referencia a la Magdalena, en el *logion* 21:

> Dijo María a Jesús: «¿A quién se parecen tus discípulos?» Jesús respondió: «Son semejantes a niños pequeños instalados en un campo que no es suyo. Cuando vengan los dueños del campo, dirán: "Dejadnos nuestro campo". Ellos se desnudan en su presencia para dejárselo y devolverles el campo».

Raruno esto, ¿no? Bueno, no tanto. Si lo interpretamos en clave gnóstica resulta más claro el significado: los discípulos de Jesús, los apóstoles, eran niños simbólicos porque aún no habían alcanzado la gnosis perfecta y se encontraban en el campo de la Iglesia, que no es el suyo. Esto terminará cuando los dueños de ese campo simbólico, los gnósticos, reclamen para sí la verdadera Iglesia, la suya, la de los que conocen la doctrina que el verdadero Jesús les reveló. Por eso, al final, los discípulos, desnudos de conocimiento, se marchan.

En un *logion* posterior, el 24, se ahonda en estas ideas. Lo transcribo para que se entienda mejor esta movida:

> Jesús vio a unos pequeños que mamaban. Dijo a sus discípulos: «Estos pequeños que maman son semejantes a los que entran en el Reino». Le dijeron: «Entonces, ¿haciéndonos pequeños entraremos en el Reino». Jesús les dijo: «Cuando hagáis de los dos uno y hagáis lo de dentro como lo de fuera y de lo de fuera como lo de dentro, y lo de arriba como lo de abajo, de modo que hagáis lo masculino y lo femenino uno solo, a fin de que lo masculino no sea masculino ni lo femenino sea femenino; cuando hagáis ojos en lugar de un ojo y una mano en lugar de una mano y un pie en lugar de un pie, una imagen en lugar de una imagen, entonces entraréis».

Más claro, ¿no? Lo cierto es que estos versículos dejan claro el rollete *encratita* de esta gente —¿recuerdan qué es esto?, lo vimos en el capítulo anterior—.

OTROS

María Magdalena aparece en otros textos gnósticos, aunque sea de forma meramente presencial. En la *Sabiduría de Jesucristo*, del siglo III, lo hace en dos ocasiones para hacerle preguntas a Jesús, como es habitual en estos escritos. Le interroga sobre la diferencia entre lo corruptible y lo incorruptible y sobre el futuro que les espera a los que sigan su verdadero mensaje.

En el *Diálogo del Salvador*, otro de los textos de Nag Hammadi, quizás del siglo II, también aparece como interlocutora de Jesús, junto a Mateo y Judas, y lo hace hasta en trece ocasiones (sus colegas diez y dieciséis veces, lo que implica un trato semejante). Una de ellas es especialmente significativa:

> María dijo: «Dime, Señor, ¿para qué he venido a este lugar? ¿Para obtener algún provecho o para sufrir detrimento?». Dijo el Señor: «Tu manifiestas la abundancia del revelador» (60-61).

Esto evidencia, una vez más, que los gnósticos creían que Jesús consideraba a la Magdalena como una de sus discípulas preferidas, por encima incluso de muchos varones. Es más, en varias ocasiones, ante preguntas de María relacionadas con parábolas y enseñanzas de Jesús, este la define «como mujer que ha comprendido completamente».

Aquí podemos ver de nuevo ese regusto *encratita*, aunque los versículos en cuestión se han interpretado como misóginos:

> Dijo el Señor: «Orad en el lugar en el que no haya mujer». Mateo dijo: «Nos dijo: "Orad en el lugar en el que haya mujer", lo que significa: aniquilad las obas de la feminidad, no porque haya otra manera de engendrar, sino para que cese la generación». María dijo: «¿No serán eliminadas jamás?» (144)

En realidad, a lo que se refiere es al anhelo gnóstico, coherente con su dualismo, de acabar con la procreación y, por lo tanto, con la prisión de las almas en lo corpóreo.

Por otro lado, en el *Evangelio de Felipe*, también encontrado en Nag Hammadi, y del siglo III, se dice algo que ha llevado a plantear que había una relación especial entre Jesús y María Magdalena:

> La sabiduría denominada «estéril» es la madre [de los] ángeles, y la compañera del [Salvador es] María Magdalena. El [Salvador] la amaba más que a todos los discípulos y la besaba frecuentemente en [...] (63,30)

Realmente, la Magdalena representa en esta obra a la sabiduría, la Sofía, el conocimiento celeste, en contraposición al Jesús terreno, expresión del Logos eterno. Serían los miembros de una pareja mística entre lo humano y lo divino, gracias a la cual se superaría la dualidad sexual, símbolo de imperfección para los gnósticos. Aun así, luego veremos cómo se ha malinterpretado esta frase...

Por último, en el *Pistis Sophia* (de finales del siglo III, aunque descubierto en 1773) se resalta el papel especial de nuestra protagonista como receptora de la sabiduría de salvación, ya que lanza más preguntas a Jesús que ninguno de sus compañeros (de un total de 115, María realiza 67). Es más, en varias ocasiones se muestra a Jesús exaltando sus virtudes y su posición privilegiada dentro del grupo de discípulos. Sirvan estos ejemplos:

Sucedió que cuando terminó de decir estas palabras, el Salvador quedó muy sorprendido por las respuestas que ofreció, porque se había hecho un espíritu limpio. Jesús respondió y le dijo: «Excelente, María, eres una espiritual limpia» (199, 20; 200, 3).

Jesús, el misericordioso, respondió y dijo a María: «María, eres bienaventurada, te completaré en todos los misterios. Habla abiertamente, pues eres entre todos tus hermanos la que tienes el corazón más orientado hacia el reino de los cielos» (27, 15-19).

Acerca de esto os he dicho una vez: «En el lugar en donde estaré, allí estarán conmigo mis doce servidores. Pero María Magdalena y Juan, el que es virgen, serán superiores a todos mis discípulos» (232, 25; 233, 2).

Por todo esto, no es de extrañar que también en el *Pistis Sophia* se muestre el rencor que Pedro, que una y otra vez viene a simbolizar la versión ortodoxa del cristianismo que deploraban los gnósticos, sentía hacia ella.

Pedro saltó hacia adelante y dijo a Jesús: «Señor mío, no podemos soportar a esta mujer que acapara nuestras oportunidades y no nos deja hablar a ninguno de nosotros. Ella, en cambio, habla a menudo» (58, 11-14).

Tanto es así que un poco después la Magdalena advierte que tiene miedo de Pedro, porque suele amenazarla y porque odia a las mujeres (162, 13-25). No en vano, Magdalena, para los gnósticos, también representaba el derecho de las mujeres para acceder al sacerdocio por su especial espiritualidad. Así se entienden mejor las palabras que el bueno de Tertuliano (c. 160-200), un padre de la Iglesia del siglo II, el único que no fue canonizado —por su relación con una secta herética, los montanistas[20]—, dijo en su obra *De Praescriptione haereticorum* (41. 5): «Las mujeres de esos herejes, ¡qué desenfrenadas

---

20   Poco de herético tenía esto, la verdad. Se trata de un movimiento que llegó a estar bastante extendido a partir de la segunda mitad del siglo II y que gira en torno a las profecías que lanzó un tal Montano, junto a dos mujeres, Prisca y Maximila, en torno a la inminencia del fin del mundo y la segunda venida de Jesús. Fueron condenados por no creer en la Trinidad y por considerar que su mensaje era más valido que el de los propios apóstoles.

son! Tienen la osadía de enseñar, discutir, exorcizar, curar, y aun bautizar». La diferencia de trato que recibían las mujeres gnósticas en relación con las actividades religiosas dentro del mundo judío o entre los cristianos paulinos es abrumadora. De ahí el empeño en mostrar a un Pedro quejoso y pidiendo voz para los varones. Otro ejemplo del *Pistis Sophia*:

> Pedro dijo: «Señor mío, haz que las mujeres dejen de preguntar para que también nosotros podamos hacerlo». Jesús dijo a María y a las mujeres: «Dejad lugar a los varones, vuestros hermanos, para que también puedan preguntar» (377, 14-17).

En definitiva, todos estos textos muestran que, para los gnósticos cristianos, María Magdalena había jugado un papel mucho más importante de lo que la creciente ortodoxia católica y romana (representada por Pedro) le reconocía y atribuía desde finales del siglo I. Para ellos, fue la receptora de las revelaciones privadas y secretas. de Jesús, lo que le enfrentó, simbólicamente hablando, con los varones. Además, puede servir para plantear que hubo dos concepciones enfrentadas por el rol que las mujeres debían ocupar en el culto..., y ya sabemos cuál triunfó, la Iglesia de Pedro y Pablo, dirigida por hombres... y con las mujeres a un lado.

Una santa muy artística

Recuerden. María Magdalena es una santa. Es curioso, pero parece que su papel ha sido descubierto por los cristianos *new age* gracias al fenómeno de *El código da Vinci*, la afamada novela de Dan Brown. En estos tiempos que corren, es más fácil comprender y creer en un Jesús humano, padre y esposo, mortal y de carne —no como defendían los caprichosos gnósticos—, pero siempre divino. Y María Magdalena fue rescatada, más que merecidamente, de las tinieblas del patriarcado. O no. Yo qué sé.

Lo cierto es que las concepciones sobre quién fue fueron evolucionando. Y no hay mejor forma de evidenciarlo que poniendo el foco

Mural de las mujeres ante la tumba de Dura-Europos. Hoy en día se conserva en la galería de arte de la Universidad de Yale.

en sus representaciones artísticas, fruto, como todo lo humano, de un contexto concreto espacial y temporal.

En un primer momento, se destacó su papel como testigo de la crucifixión y la sepultura, y como *mirófora*. Con ese palabro se conoce en las Iglesias orientales a los personajes, hombres y mujeres, que de algún modo colaboraron con el entierro de Jesús, ya sea en primer momento, como sucede con José de Arimatea, encargado de la sepultura, y Nicodemo; o después, al tercer día, en las escenas ya comentadas del hallazgo del sepulcro vacío, protagonizadas por María Magdalena y varias mujeres más que fueron hasta allí para perfumar el cadáver. Todos estos llevan el nombre de *myrophorae* (*miróforos*, «portadores de la mirra»).

Por eso la primera representación que se conoce de María Magdalena es como *mirófora*.

Apareció en 1932, durante las excavaciones que se realizaron en Dura-Europos, al este de la actual Siria, en las ruinas de la que se considera la iglesia más antigua encontrada hasta la época —ha sido datada en el año 245—. En concreto, se encontraron varias pinturas murales en el baptisterio, con representaciones del Buen Pastor llevando un carnero a los hombros, de Juan y Pedro, de la curación del paralítico, y la que nos interesa: una escena en la se puede apreciar a dos mujeres con antorchas en una mano y un recipiente en la otra, junto a una tumba.

Esta representación será muy habitual en las iglesias orientales, en las que, como vimos, no se produjo la identificación con María de Betania y la pecadora de Lucas. Siempre se mostrará a la Magdalena asociada a la pasión y resurrección de Jesús, y el tarro que tradicionalmente le acompañará, a diferencia de lo que sucede en las representaciones occidentales, hará alusión al embalsamamiento y no a las distintas unciones. Por eso mismo en Oriente nunca se la mostró como penitente. No tenía motivo para hacer penitencia.

LOS HUEVOS ROJOS

Sin embargo, allí se dio un motivo iconográfico muy extraño que merece unas palabras: la Magdalena y los huevos rojos, una movida que procede de una curiosa tradición apócrifa oriental. O de varias...

Se cuenta que la joven, tras ver a Jesús resucitado, mientras iba a contárselo a los apóstoles, se encontró con Poncio Pilato, y no dudó en contarle lo sucedido. Este, contrariado, le pidió alguna evidencia. Justo en ese instante pasaba por allí una mujer con una cesta de huevos. La Magdalena cogió uno y, mientras miraba fijamente al romano, el huevo se volvió de color rojo. Pilato, desde entonces, creyó…

Según otra versión, la santa, con un huevo en la mano, fue a ver al emperador Tiberio para anunciarle lo sucedido. Este, receloso, le dijo que eso era tan imposible como que aquel huevo se volviera rojo. Dicho y hecho. El emperador, convencido, ordenó ejecutar a los sumos sacerdotes judíos, Anam y Caifás, y le pidió explicaciones a Pilato, que también acabó muriendo.

Incluso hay otra leyenda que afirma que la mañana del domingo, la Magdalena, precavida, se llevó una cesta de huevos cocidos para compartir con las colegas mientras perfumaban el cadáver, pero, al retirar la tapa, todos se habían vuelto rojos.

Icono ortodoxo de María Magdalena con el huevo rojo.

En realidad, esto se debe a que el huevo, de toda la vida, ha sido considerado un símbolo de la renovación y el renacer. Los cristianos orientales lo asociaron con la resurrección. Por eso en las iglesias ortodoxas eslavas es tradición regalar huevos rojos o de otros colores, a veces adornados y tallados, el día de la Pascua de Resurrección. Reciben el nombre de *pisanka* (ruso) y se asocian también con simbolismos extracristianos, como la fertilidad de la tierra durante el comienzo de la primavera. Curiosamente, esto acabó transformándose en la tradición occidental de los huevos de Pascua, muy extendida por el centro de Europa desde finales del siglo XVIII.

OCCIDENTE ES OTRA COSA

En Occidente, como sí fue identificada con la pecadora de Lucas y María de Betania, más o menos a partir del siglo v, su imagen siguió otros derroteros. Y de algún modo, se adaptó a las necesidades y ansias teológicas del medievo occidental.

Es más, el auge de su culto, favorecido en gran medida por los dominicos, como veremos, fue en paralelo al desarrollo de la devoción mariana, potenciado especialmente por la Orden del Císter, benedictina, con Bernardo de Claraval a la cabeza de su propagación. Ambas permitieron saciar las ansias de los hombres y mujeres del medievo, antes satisfechas por las antiguas divinidades femeninas, aunque con unas marcadas diferencias. Por un lado, la Virgen María representaría a la diosa madre, venerada por el ser humano desde tiempos inmemoriales y protagonista de sus primeras manifestaciones religiosas, aunque castrada y alejada de la sexualidad, de la que voluntariamente renegaba. Ese camino, el camino de la virginidad sin pecado, se veía como el más noble y puro para la cristiandad de la Edad Media, y era, como saben, el que elegían las monjas... y los monjes.

En cambio, María Magdalena, identificada ya con la pecadora de Lucas, ocupaba otro papel, que, curiosamente, podía servir como modelo de conducta a seguir por las mujeres de aquella misma época, que del padre pasaban al marido, y que para nada cumplía la Virgen María por su perfección inmaculada. Era, como ya expresó el papa Gregorio, la nueva Eva, otra expresión de las antiguas diosas, en la que sí se exaltaba la sexualidad, aunque siempre desde la perspectiva del pecado que se acaba redimiendo. Y ese era el gancho: la Magdalena representaba a la pecadora perdonada que, siempre penitente, acabó convirtiéndose en la principal seguidora de Jesús. Hasta en esto castraron a la diosa los cristianos, pero esta idea triunfó en aquella época. ¿Quién no había sido pecador?

El arquetipo de la pecadora redimida se aderezó con rumores e historietas, procedentes de distintas fuentes, y pronto comenzaron a aparecer vidas de María Magdalena en las que se narraba qué fue de ella tras la muerte de Jesús, como la que se incluyó en *La leyenda dorada*, de Jacobo de la Vorágine, la más extendida, que, como pronto veremos, narraba el éxodo de la Magdalena, junto a

Algunas imágenes mostraron la transición vital de la Magdalena, como esta de Charles le Brun, *La Magdalena arrepentida*. Ojo al detalle de las joyas que tiene a sus pies, claro símbolo de su alejamiento instantáneo de su vida anterior tras su conversión.

Lázaro y Marta, y varios personajes más, y su llegada a las costas de la Provenza francesa, donde, tras predicar un tiempo, se terminaría retirando a una cueva para vivir en penitencia, como ermitaña, hasta el fin de sus días. Allí, cerca de Marsella, en un bello pueblo llamado Saint-Maximin-la-Sainte-Baume, dicen que están sus reliquias...

Así, la Magdalena se convirtió en epítome[21] de lo que debían ser los cristianos: pecadores todos, pero perdonados si hay arrepentimiento y penitencia por la gracia divina. Y una vez limpios, sin mácula, a mantenerse hasta que llegue la muerte. Por eso la Magdalena, según las leyendas francesas, se echó al monte en soledad.

De hecho, hubo mujeres en el medievo que imitaron el ejemplo vital de la Magdalena redimida (la *imitatio Magdalenae*), haciendo ayunos prolongados y sometiéndose a torturas físicas en busca de éxtasis místicos. La famosa santa Catalina de Siena (1347-1380), que durante sus primeros años como novicia se sometió al cilicio y a ayunos en los que solo se alimentaba con hostias consagradas, justo antes de comenzar a tener sus desvaríos extáticos, siempre reconoció admirar e imitar a la Magdalena.

Magdalena penitente. Giovanni Lanfranco, s. XVII.

---

21   Me encanta esta palabra.

Aquella imagen resultó poderosísima durante la Edad Media, sobre todo a partir del siglo XI, en un contexto en el que los cristianos se sentían fascinados con las historias de santos y santas eremitas, como santa María la Egipciaca, de la que ya hablaremos, o san Antonio Abad, un monje cristiano nacido en el Alto Egipto, en el 251, que con veinte años decidió vender todas sus posesiones, entregó todo el dinero a los pobres y se convirtió en un asceta. Además, ayudó y guio a otros que, como él, decidieron emprender el camino de los eremitas; por eso se le considera uno de los fundadores de la tradición monacal cristiana. Piensen que por aquel entonces irrumpieron y triunfaron los cátaros, cristianos también, muy gnósticos, pero con ideas similares en cuanto a la abstinencia, el desapego y la renuncia a lo material. Y lo hicieron en el sur de Francia, muy cerca de la zona en la que según la tradición provenzal vivió la Magdalena. Su éxito evidencia lo que decía, el afán de penitencia y constricción para conseguir la salvación que se vivía en la época.

María Magdalena, Jan van Scorel, 1530. Este pintor holandés nos dejó aquí un ejemplo perfecto de lo que comentaba en el punto anterior.

De este modo, proliferaron las representaciones artísticas inspiradas en esta nueva perspectiva de la Magdalena expecadora y penitente, y sus tres atributos se fueron estandarizando: el jarro del ungüento o de perfume, alusión a su papel como *mirófora*, pero también a la pecadora de Lucas o a las unciones en Betania; la larga cabellera suelta, que suele ser rubia o pelirroja, de nuevo en relación con las unciones y el pecado, ya que se asociaba con la sexualidad —de ahí el énfasis tanto de judíos como cristianos y musulmanes por cubrir las cabezas de las mujeres—; y el color rojo de sus vestidos y de pelo, señal de sacrificio y símbolo del amor, aunque esto iría cambiando con el tiempo, y se empezaría a asociar al verde —el rojo, por cierto, también se asocia a Juan el apóstol—. Además, se convirtió en algo habitual representarla desnuda, aunque esto se debe a algo que quiero guardarme para después.

A partir del siglo XIII, tras la exitosa publicación de *La leyenda dorada*, se le comenzará a representar desnuda y penitente en su cueva, pero también como la joven adinerada que, según esta hagiografía,

En este cuadro de Caravaggio, *Marta y María Magdalena* (1598),
se muestra a la primera con unas vestimentas pobres y humildes,
mientas que a la segunda la vemos como ejemplo de vanidad: nótese
el peine de marfil, el cuenco con maquillaje y el espejo.

fue en su vida anterior, aunque casi siempre con ropajes de la época, como si se tratase de una cortesana. Existen varias pinturas en las que incluso se le muestra tocando algún tipo de instrumento musical, casi siempre un laúd, un claro guiño a su época pasada de opulencia.

Más adelante, durante la Contrarreforma, pese a lo dictado en Trento —dejar de lado las representaciones artísticas basadas en el leyendas no canónicas—, la representación de la Magdalena como penitente continuó, aunque con ciertos cambios. Por un lado, se le mostró como una mujer vanidosa, antes de su conversación, en muchas ocasiones oponiéndole a Marta de Betania, su supuesta hermana, que representaba lo contrario, el recato y el trabajo.

Marta reprendiendo a María por su vanidad, Guido Cagnacci (1660). En la parte inferior podemos apreciar a las dos hermanas hablando; María, desnuda y tendida en el suelo, y Marta, sentada, vestida; entre ambas, un tarro vacío. De nuevo esta característica oposición, y de nuevo la identificación con María de Betania. Les acompañan dos pares de personajes: un ángel castigando a un diablo, que de nuevo representa la virtud frente al pecado; a la derecha, dos sirvientas que vuelven a mostrar la misma dicotomía.

La Magdalena penitente, Il Guercino (1649). En ocasiones, también se le representó junto a algunos instrumentos de penitencia; en este caso, con un látigo.

María Magdalena en la gruta, Jules Joseph Lefevre (1876).

Se mantuvieron los desnudos más o menos amplios, incluso con menos pudor que en los siglos anteriores. Y también la ubicación en la cueva. Esa imagen terminó convirtiéndose en un icono devocional casi estandarizado y muy popular a partir del siglo xvi, con sus múltiples variaciones según los atributos presentes. Además, comenzó a asociársele con otros símbolos: la calavera de la *vanitas*, que simboliza lo efímero de la vida y lo inevitable de la muerte y la necesidad de ser humilde y sin apegos materiales excesivos —por eso se trata de un elemento muy común en los santos ermitaños—; el crucifijo, por general de madera y bastante rústico —como hecho sin medios, a lo pobre—; y un libro, generalmente la Biblia o un breviario, con lo que se pretendía mostrar su vida entregada a la oración y las lecturas.

Magdalena llevada por un ángel, Guido Cagnacci (1663).

Y también a partir de entonces, y sobre todo en el barroco, se le mostrará sufriendo, o gozando, un trance místico, siendo arrebatada hacia el cielo, con los ojos vueltos. En estas representaciones suelen aparecer amorcillos, pequeños ángeles, en alusión a la leyenda que contaba que durante su vida de eremita, en aquella cueva de la Provenza, era llevada a los cielos para recibir alimento espiritual.

Pero también hay pinturas que la muestran en estado de trance, en pleno éxtasis místico, siempre mirando al cielo.

Sobra decir que María Magdalena aparece casi siempre en las representaciones de la crucifixión y la sepultura de Jesús, con su tradicional iconografía (pelo suelto, vestido rojo) y con grandes gestos de dolor, con las manos al cielo, implorando, o en posición de rezo, de rodillas y con torsiones muy exageradas y marcadas. También era común mostrarla abrazando la cruz, y en ocasiones tocando a Jesús, especialmente al representar el descendimiento. Y a veces, de espalda al espectador, como en este cuadro.

Magdalena penitente, Caravaggio, 1606.

Sin olvidar las cientos de representaciones del *Noli me tangere* —recuerden, la escena de Juan 20, 11-18—. Como vimos, esto se tradujo como «no me toques», en vez de «no me retengas», la traducción más correcta. Así, aunque no se le muestre a menudo tocando a Jesús, aunque sí intentándolo, hay algunas pinturas en las que él es quien la toca en la frente, apartándola, siguiendo la idea defendida en las tradiciones provenzales de las reliquias de Saint-Maximin.

Crucifixión, Masaccio, 1426.

Con la Ilustración y el comienzo de la separación entre la Iglesia y el Estado, nunca concluida, vuelve a abandonarse el concepto de pecadora, ya que el concepto de pecado estaba entrando en quiebra, y se retoma su imagen de mujer libre y sensual. Se la comienza a ver como una amante que se realiza, más que en la posesión del amor, en la renuncia. «Llorar como una Magdalena» se convierte en el arquetipo del desconsuelo supremo, de la tristeza y el dolor. El típico dramatismo del Romanticismo.

Noli me tangere, Alonso Cano, 1650.

Finalmente, desde mediados del siglo xx se destacará su faceta como apóstol y como símbolo de un nuevo cristianismo en el que las mujeres tienen mucho que decir, y ya en el siglo xxi, gracias al boom de *El código da Vinci*, se la verá como la amante/esposa de un Jesús humanizado, aceptándose de forma incontestable que los primeros cristianos y los evangelistas, por algún extraño motivo (o no tan extraño, simple machismo), ningunearon el papel real de la Magdalena. Si de verdad estuvo presente en los momentos claves de

Meditación de la Magdalena, Francisco de Zurbarán, 1645-1650. Nótese cómo, en este caso, se la muestra vestida de luto y tremendamente sobria.

la vida de Jesús, como ya hemos establecido, su importancia dentro del grupo tuvo que ser mayor de lo que nos han contado. En eso estamos todos de acuerdo. Pero muchos consideran que el motivo es que era su pareja o su esposa. Si esto fue así, ¿por qué omitieron los evangelistas que eran pareja? Es más: ¿por qué no existe ningún evangelio apócrifo, esos que tanto traen a colación los que defienden esta idea, que hable de este supuesto matrimonio?

María Magdalena penitente. Francesco Hayez, 1825.

¿Se casaron?

EL CÓDIGO DA VINCI

Como era de esperar, en un libro sobre María Magdalena, tarde o temprano y sin más remedio, tenía que hacerme eco de un tema que, desde hace ya un par de décadas, se ha convertido en un lugar común en el espeso mundillo de los enigmas del cristianismo: el matrimonio entre Jesús y la Magdalena y su posible descendencia.

La culpa de todo la tuvo una de las novelas más exitosas de todos los tiempos: *El código Da Vinci*, del bueno de Dan Brown, que arrasó en las listas de ventas desde el primer momento que se puso en las estanterías de las librerías, allá por 2003. Lo avalan las ochenta millones de copias vendidas —no voy a negarlo, para mí las quisiera— y las decenas de libros que brotaron siguiendo su estela —incluido alguno mío, por ejemplo este...

Supongo que la habrán leído, pero, por si acaso no es así, les resumo brevemente la trama: Jacques Saunière, conservador del Louvre, aparece muerto en el museo, al lado del cuadro *La virgen de las rocas*, de Da Vinci. La policía parisina se pone en contacto con Robert Langdon, un profesor de Harvard experto en simbolismo, ya que el cuerpo del finado tenía una pentáculo en el pecho que el propio Saunière hizo con su sangre antes de morir, además de dejar un texto codificado, escrito con tinta invisible, en el suelo. Poco después entra en acción la nieta de Saunière, Sophie Neveu, agente del departamento de criptología, que se presenta en el museo para avisar a Langdon. Sin entrar en muchos detalles, ambos se terminan convirtiendo en sospechosos y se lanzan a una trepidante huida de la policía.

Pronto se descubre que el asesino es un monje albino del Opus Dei llamado Silas que cumple órdenes de alguien al que llama «el Maestro», y que también se une a la persecución.

Langdon y Sophie, en su hégira, van poco a poco descubriendo las claves del enigma: Saunière era el gran maestre de una antiquísima sociedad secreta, el Priorato de Sion, nacida en tiempos de las cruzadas y encargada de gestionar un linaje también secreto: la descendencia de Jesús y María Magdalena, que se había mantenido en la clandestinidad durante siglos para protegerla de la Iglesia católica. ¿Por qué? Porque esto demostraría que Jesús fue un simple mortal y que toda la teología católica era una fraude. Por eso el Opus estaba detrás del asesinato de Saunière. Aquello ponía en jaque el negocio.

El propio Da Vinci fue, según se cuenta en la novela, uno de los grandes maestres del Priorato de Sion. Por eso en algunos de sus cuadros, especialmente en *La última cena*, dejó algunas pistas de este secreto importantísimo: entre otras, que el personaje que aparece a la derecha de Jesús no es Juan, el discípulo amado, sino una mujer, la Magdalena, un indicio de que en realidad había sido su esposa. Además, el Santo Grial no sería el cáliz de la última cena, sino la propia Magdalena, el recipiente en el que estuvo la sangre real de Jesús: su hijo.

Y hasta aquí puedo leer. Si quieren saber más, ya saben.

Lo importante es que muchos consideraron que, aunque se trataba de una novela de ficción, el fondo era real: Jesús y María Magdalena tuvieron descendencia y esta se acabó mezclando con varias casas reales y nobles de Francia, siempre con el amparo del Priorato de Sion. Luego volveremos con esto, pero por ahora es importante dejar claro que esta supuesta relación amorosa no la inventó Dan Brown. Ni siquiera lo hicieron los autores de *El enigma sagrado*, Michael Baigent, Richard Leigh y Henry Lincoln, una obra clave de esta historia, publicada en 1982, que sirvió de inspiración al novelista estadounidense.

Unos años antes, en 1970, el erudito y estudioso bíblico norteamericano William E. Phipps ya se planteó el tema en su libro *Was Jesus married? The distortion of sexuality in the Christian tradition?*, sugiriendo que Jesús y María Magdalena se casaron cuando aquel tenía entre veinte y treinta años —tampoco concretó demasiado—. Claro que también insinuó, sin fundamento alguno, que esta le fue infiel y que Jesús la perdonó, mostrándole con fuerza su amor y consiguiendo que ella finalmente se arrepintiese.

En 1972, el periodista australiano Donovan Joyce en su obra *The Jesus Scroll* (*El pergamino de Jesús*), además de afirmar que el Nazareno falleció a la edad de ochenta años durante el terrible asedio a la fortaleza de Masada —que protagonizaron los romanos en su lucha contra los zelotas, tras la caída de Jerusalén y la destrucción del Templo, hacia el año 72—, propuso que María Magdalena había sido su esposa y que tuvieron una niña llamada Sara. ¿De dónde sacó esto el tal Joyce? De un manuscrito que afirmó haber visto en 1964 en las excavaciones arqueológicas de Masada y que contenía un escrito autobiográfico firmado por alguien llamado Yeshua ben Ya'akob ben Gennesareth (Jesús de Genesaret, hijo de Jacob), que decía tener ochenta años y afirmaba ser el último de los reyes legítimos de Israel. El problema, como suele ser habitual, es que el manuscrito no ha podido ser estudiado, ya que Joyce afirmó que, pese a que le ofrecieron sacarlo clandestinamente de Israel, se negó, aunque le dio tiempo a verlo, y a traducirlo... Lamentablemente, según indica en el libro, el viejo pergamino fue robado y terminó en la antigua URSS, para desaparecer por completo de la historia. ¡Qué faena! Lo de que la supuesta hija se llame Sara procede de otra senda...

En la propia página web oficial de la basílica de Saint-Maximin, donde se cree que se conservan los restos mortales de la Magdalena, se deja entrever la posibilidad:

> Si uno se compromete en hacer un retrato justo de María Magdalena, hay una pregunta que no se puede evitar: ¿Cuál fue exactamente la naturaleza del sentimiento que le unía a Cristo? Desde la perspectiva de los afectos humanos, ¿qué es lo que nos sugiere? A menos que hagamos de Cristo un personaje totalmente abstracto y de María Magdalena una mujer construida de una piedra fría, la pregunta no puede pasar sin plantearse. Sabemos que, aun siendo Dios, Cristo era un hombre concreto, vivo, un hombre de verdad; y que María Magdalena era una mujer[22].

---

22   Traducción del autor: *Un amour, jusqu'où?* [en línea]. http://www.mariemadeleine.fr/index.php/amourjusquou.html [Consulta: 23/09/2034.]

Eso sí, sugieren que era Magdalena la que estaba enamorada de Jesús, que tan bueno y justo había sido con ella, pecadora, que inevitablemente comenzó a sentir una cierta atracción física, que manifestó con una sensualidad que hasta en los evangelios se muestra claramente. Jesús también sintió afecto hacia ella, pero a su manera, ya que era para él el ejemplo perfecto de amor y redención. Pero ambos se querían en realidad, según estos, de una forma contemplativa, espiritual, no carnal, por lo que nunca pudieron estar casados. Es decir, se querían, pero de sexo nada.

Además, la cultura popular, mucho antes de Dan Brown, ya aceptaba esta idea. El cine, por ejemplo, nos ha dejado varias muestras, como *Jesucristo Superstar*, una cinta de 1973, dirigida por Norman Jewison y basada en la obra musical de Andrew Lloyd Webber y Tim Rice, en la que se muestra el profundo amor que la Magdalena sentía por Jesús, aunque también se la describe como prostituta; o *The Last Temptation of Christ* (*La última tentación de Cristo*), una impresionante cinta de Martin Scorsese estrenada con mucha polémica en 1988, con Willem Dafoe como Jesús y Barbara Hershey como nuestra santa, que se inspiró en la novela homónima del escritor griego Nikos Kazantzakis.

Pero el éxito de *El código da Vinci* fue lo que provocó en realidad que muchísimas personas asumiesen como cierto el matrimonio sagrado. Un ejemplo: a comienzos de 2006 se hizo una encuesta en Francia (el Instituto ISPSOS) a mil personas. El 48,3% estaban convencidos. De estos, el 84% había leído la novela.

El drama es que, si nos retrotraemos aún más en el tiempo, no encontramos prácticamente ninguna referencia sobre este supuesto matrimonio, al menos hasta comienzos del siglo xx. En cambio, muchos investigadores, sobre todo a partir de los años setenta, han planteado que existió una antigua tradición herética, basada en esta creencia, que fue perseguida duramente por la Iglesia de Roma y que fue adoptada por muchos de los movimientos religiosos heterodoxos del medievo, también condenados como herejes. Cátaros y templarios, y, posteriormente, rosacruces y masones, fueron, según esta perspectiva, conocedores de este gran secreto, que tampoco era tan secreto, pues, visto esto, debía estar bastante extendido.

Ahora bien, ¿tenemos alguna evidencia de ello? ¿Existe alguna fuente documental que permita demostrar que en la Edad Media o en el Renacimiento o la Ilustración hubo personas que defendían esta creencia? Ahora lo veremos pero, antes de ello, permítanme una reflexión de lo más apropiada en este preciso momento: que alguien crea algo no quiere decir que ese algo exista. Aplicándolo a este caso, es necesario entender que el hecho de que gentes del pasado hayan creído en esto del matrimonio de Jesús no demuestra que realmente haya existido, sino que, simplemente, había personas que así lo creían. Puede parecer una perogrullada, pero en muchas ocasiones se cae en esta falacia y se considera que, por el mero hecho de que alguien crea en el algo, ese algo existe.

Realmente, ese movimiento herético no llegó a estar tan extendido, si es que alguna vez existió. O al menos eso indica la escasez de referencias que tenemos de algo parecido.

Pero alguna hay…

LOS CÁTAROS

En algunas obras, tan sensacionalistas como exitosas, que han abordado el tema del supuesto matrimonio entre Jesús y María Magdalena —como la citada *El enigma sagrado*, o *María Magdalena y el Santo Grial*, de Margaret Starbird (1993), o *La revelación de los templarios*, de Lynn Picknett y Clive Prince (1997), por citar solo tres especialmente conocidas y anteriores a Brown— se ha afirmado, a partir de fuentes bastante dudosas, que esa tradición secreta de la que hablaba existió realmente. Lo curioso es que en casi ninguna de ellas, ni en otras que brotaron como consecuencia del terremoto que produjo la novela, se aporta ninguna evidencia documental que avale esta idea. Claro, como era secreto…

Pues bien, a todos estos supuestos investigadores hay que lanzarles una buena regañina por vagos, pues sí que existe una referencia muy antigua, y para nada difícil de encontrar, siempre y cuando se moleste uno en leer las fuentes primigenias, cosa que no se suele hacer. He de reconocer que para mí fue toda una sorpresa este hallazgo, con el que di durante el proceso de investigación de mi primer libro, *Prohibido excavar en este pueblo*, centrado en el famoso misterio de Rennes-le-Château y publicado en 2013. Mientras buscaba información sobre el catarismo —de la que nació mi *Eso no estaba en mi libro de historia de los cátaros*, editado por Almuzara en 2022— me topé sin querer con algo alucinante…

Me explico.

El 6 de marzo de 1208, el papa Inocencio III proclamó una cruzada contra los cátaros occitanos y contra los nobles locales que los defendían, con Raimundo VI, conde Toulouse, a la cabeza. Al frente de aquel movimiento puso a su legado Arnaud Amalric, que llevaba varios años intentando reconducir a los herejes al redil, sin éxito. Tras convencer a un buen número de nobles normandos, entre los que estaba el que acabaría convirtiéndose en héroe y líder de la cruzada, el sanguinario Simón de Montfort, las huestes francesas —en aquel momento, Occitania no pertenecía al reino de Francia— se lanzaron a la invasión, que es lo que en la práctica fue aquello.

El primer enfrentamiento se produjo en la hermosa localidad de Béziers, controlada por uno de los nobles occitanos que apoyaba a la Iglesia cátara, Raimon Roger de Trencavel (vizconde también de Albi y Carcasona), a donde llegaron las tropas norteñas el 20 de julio de 1209.

«¿Cómo podremos distinguir a los buenos fieles de los herejes?», preguntó el 22 de julio, día de María Magdalena, uno de los señores norteños a Arnaud Amalric frente a las murallas de Béziers. La respuesta pasó a la historia y mostró con contundencia las intenciones y las maneras del legado papal: «¡Mátenlos a todos, Dios reconocerá a los suyos!».

Fue una auténtica carnicería. Los cruzados entraron a sangre y fuego en la ciudad. Ni siquiera respetaron a los que se refugiaron en los templos cristianos. Por algo este terrible crimen es conocido en occitano como *la gran masèl*, la «gran carnicería». No está muy claro cuántas personas murieron, pero seguro que se cuentan por miles.

Esto lo sabemos gracias a un monje cisterciense llamado Pierre des Vaux-de-Cernay, sobrino de Guy des Vaux-de-Cernay, un prestigioso predicador que había estado en la cuarta cruzada y que se encargó de predicar la cruzada anticátara junto a Amalric entre los nobles franceses de Normandía. Pierre escribió entre 1211 y 1218 una obra titulada *Historia Albigensis*, en la que narró, desde el punto de vista de los invasores y según lo que él mismo presenció, cómo se desarrollaron los primeros años de la contienda.

Observen lo que comentó en este párrafo que aparece en la introducción de la obra:

> Decían [los cátaros] también en sus reuniones clandestinas que el Cristo que nació en Belén y era terrestre y visible, y fue crucificado en Jerusalén,

era «malo» y que María Magdalena era su concubina y era la adúltera de la que hablaba el Evangelio. Porque, según ellos, el «buen» Cristo nunca comió ni bebió ni se encarnó ni estuvo en este mundo, más que espiritualmente en la figura de Pablo. Si he dicho «Belén terrestre y visible» es porque los herejes creían que existe otra tierra invisible que es donde según ellos nació y fue crucificado el buen Cristo (11).

Y este otro, posterior, en el que se habla de lo que sucedió durante la toma de Béziers.

Fue tomada esta ciudad el día de Santa María Magdalena. ¡Oh, justísima disposición divina! Como dijimos al principio de este libro, los herejes decían que Santa María Magdalena era la concubina de Cristo. Además, en la iglesia que le estaba dedicada en la ciudad, como ya hemos dicho, los burgueses de Béziers asesinaron a su señor y le partieron los dientes a su obispo[23]; así, merecidamente, fueron conquistados y destruidos estos perros desvergonzados el día de la festividad de la santa a la que habían ultrajado (91).

Iglesia de Santa María Magdalena, Béziers. Foto del autor.

---

23 Esto es una alusión a algo que sucedió un tiempo antes: el 15 de octubre de 1167, durante un motín popular, Raimon I Trencavel, vizconde de Béziers y Carcasona fue asesinado en dicha iglesia. El obispo desdentado era Bernart IV. ¿El motivo? Su lucha contra los cátaros de la localidad…

Es decir, según este cronista, los cátaros de Béziers creían en dos Cristos distintos: uno terrestre, corpóreo y maligno, el que estuvo con la Magdalena; y otro bueno, inmaterial y celestial. Esto es raro, pues para nada encaja en las creencias cátaras. Sí que creían que había dos deidades: un dios creador del mundo, al modo del demiurgo de los gnósticos, que identificaban con el dios del Antiguo Testamento, y el dios bueno, creador del cielo y de nuestras almas. Pero no creían que hubiese dos Cristos. Solo hubo uno para ellos, aunque, en coherencia con sus ideas, pensaban que no se encarnó, y al no encarnarse, no pudo nacer de una virgen, ni instaurar la eucaristía, ni morir en la cruz, ni resucitar al tercer día...

Así que solo nos quedan dos opciones: o este señor mintió para justificar la matanza que realizaron los cruzados o no estaba del todo bien informado de las creencias cátaras, o quizás ambas cosas, como parece demostrar el hecho de que, aunque aseguraba ser testigo de los hechos que narró, en este caso faltó a la verdad, pues este pasaje lo tomó de otra obra, aunque retocándolo con fines claramente propagandísticos...

Y es que resulta que hacia 1213, Ermengaud de Béziers, miembro de otro movimiento herético, los valdenses[24], que curiosamente estaba enfrentado tanto a los cátaros como a la Iglesia romana, escribió lo siguiente en su obra *Contra haereticus*:

Además, ellos enseñan en sus reuniones secretas que María Magdalena fue la esposa de Cristo. Ella fue la mujer samaritana a la que Él dijo: «Llama a tu marido» [Jn 4, 16]. Ella fue la mujer atrapada cometiendo adulterio, a la que Cristo dejó en libertad cuando los judíos querían lapidarla [Jn 8, 2], y ella estuvo con Él en tres lugares,

---

24   Movimiento de origen desconocido, aunque tradicionalmente se ha dicho que surgió hacia 1170 bajo la dirección de un francés de Lyon llamado Pierre Valdo. Eran conocidos como los Pobres de Lyon, dado que practicaban un desprendimiento total de las posesiones materiales, y vienen a ser los precursores de la Reforma protestante porque osaron traducir al francés la Biblia, algo totalmente prohibido, y renegaban de la aristocracia y jerarquía clerical, predicaban la comunicación directa con Dios, rechazaban la veneración de imágenes, el culto a María y los santos, y las indulgencias papales. Además, como los cátaros, se consideraban los representantes de la verdadera Iglesia de Jesús. Por ello fueron duramente perseguidos por la Iglesia católica, encontrando refugio en Occitania y en la zona de los Alpes.

en el templo, en el pozo y en el jardín. Después de la resurrección, Él se le apareció por primera vez a ella.

Como vemos, ambos testimonios —los únicos que disponemos de la época medieval sobre este tema— se parecen bastante. Esto se debe a que Pierre de Vaux-de-Cernay utilizó como fuente a este último, aunque lo manipuló sin piedad.

No conocemos de dónde sacó el tal Ermengaud de Béziers todos estos datos, aunque, si partimos de que atacaba duramente a los cátaros por sus creencias extremas, heréticas y blasfemas, hay que tener mucho cuidado al utilizar esta obra como prueba, ya que pudo estar distorsionada de forma tendenciosa para desprestigiarlos. Pero lo que dice tiene más sentido que lo que comentó el cronista cruzado, aunque probablemente lo malinterpretó: quizás le llegó la noticia de que los cátaros, como los gnósticos, veían en María Magdalena a la esposa espiritual de Jesús, no carnal, pues, insisto, defendían que no se encarnó. Ojo, esto es una suposición. No existe el más mínimo indicio que avale que los cátaros defendían esto, aunque no sería incoherente con sus ideas y con sus prácticas, ya que, como sabrán, consideraban que no había diferencia alguna entre hombres y mujeres. El género era algo físico que no les importaba. Todos, pensaban, somos almas, y las almas no entienden de sexos.

Sea como fuere, esta idea ha acabado convirtiéndose en un *leitmotiv* recurrente en muchas de las obras contemporáneas que han tratado esta cuestión, en las que generalmente se ha ido más allá y se ha propuesto que los cátaros incluso conocían que Jesús y la Magdalena habían tenido descendencia y que ese fue el motivo real de su exterminio. Parece extraño que los cátaros creyesen en esto, sabiendo como sabemos lo importante que para ellos era el celibato y el ascetismo. Por eso, a modo de enroque, se ha dicho que en realidad aquel conocimiento no estaba al alcance de todos, sino que se trataba de una especie de doctrina interna a la que solo accedían algunos iniciados. No existe la más mínima evidencia de que hubiese niveles esotéricos en el catarismo.

Además, si repasamos las citas comentadas, en ambas la Magdalena aparece como la prostituta pecadora y promiscua que fue reconducida por Jesús. Es decir, no la muestran como una piadosa discípula o una apóstol entregada, como muchos han defendido. Y menos como una diosa.

En conclusión, es probable que los cátaros franceses, inspirados por las leyendas provenzales que situaban a nuestra protagonista predicando por la zona y realizando milagros, para luego convertirse en una ermitaña y terminar enterrada en la Provenza, guardasen una especial simpatía por la Magdalena. El extremo ascetismo y la vida contemplativa que llevó en la cueva de Saint-Baume encajaba perfectamente con algunos de sus ideales. Y quizás, yendo más allá, algunos de ellos llegaron a verla como enamorada del Jesús espiritual. Pero de ahí a afirmar que sabían que eran pareja y que habían tenido hijos, y que aquello fue el motivo real por el que fueron exterminados durante la cruzada albigense, hay un mundo. Y repito, muchos lo han afirmado, y lo siguen afirmando, y algunos son amigos...

De lo que sí que no tenemos la más mínima referencia historiográfica es de una supuesta descendencia procedente de esta unión. No existe ningún testimonio histórico que avale esta idea.

Ninguno.

EL ENIGMA SAGRADO

De todos modos, y aprovechando que estamos en tierra cátara, en el Languedoc francés, voy a hablarles un poquito sobre la hipótesis más de moda de un tiempo a esta parte.

Bien podría decirse que todos los caminos conducen a Rennes-le-Château, aquel pequeño pueblo del sur de Francia donde, a finales del siglo XIX, un sacerdote llamado Bérenger Saunière se hizo, o eso dicen, tremendamente rico de la noche a la mañana sin que, hasta ahora, sepamos muy bien cómo. Y con la pasta, remodeló su iglesia, consagrada a santa María Magdalena, y compró unos terrenos adyacentes, sobre los que levantó unos hermosos jardines, una mansión palaciega (la Villa Betania) y la famosa Torre Magdala. Sí, todo giraba en torno a nuestra protagonista, pero no es raro. En Francia, desde siglos atrás, existía una gran devoción por la Magdalena, y aquella iglesia estaba dedicada a la santa desde antes de la llegada de Saunière.

Ya en mi libro *Prohibido excavar en este pueblo* dediqué cientos de páginas a analizar este misterio, centrándome con especial ahínco en demostrar la falsedad de la teoría más extendida sobre este tema, la que proponía que Saunière encontró algún tipo de información (unas genealogías) que confirmaba la supervivencia de un linaje secreto compuesto por los descendientes de los merovingios, que habría sido custodiado por el Priorato de Sion. Y creo que lo conseguí, al dejar bien claro que las fuentes que usaron los autores que defendieron esta idea —en un primer momento Gérard de Sède en su clásico *El oro de Rennes*, de 1967, y años después Baigent, Leigh y Lincoln en *El enigma sagrado*— procedía de una sola fuente: Pierre Plantard, un tipo que durante años se encargó de aportar información falsa, aunque tremendamente elaborada y documentada, con la clara intención de colocarse a sí mismo como el último descendiente de este linaje secreto merovingio, lo que le convertía, según su poco mesurado juicio, en el legítimo merecedor de ocupar el trono francés.

La famosa Torre Magdala. Foto del autor.

En 1982, con *El enigma sagrado*, se dio un salto de fe tremendo, al proponerse que aquel linaje que llevaba hasta Pierre Plantard se había mezclado con la descendencia del matrimonio formado por Jesús y María Magdalena. Nada más y nada menos. Un par de décadas más tarde, esta obra, junto a *La revelación de los templarios*, de Lynn Picknett y Clive Prince, servirían de inspiración a Dan Brown. De la primera extraería todo lo relacionado con el Sangreal, la estirpe sagrada y el Priorato de Sion. De la segunda, la relación con Da Vinci y algunas de sus obras, como *La Virgen de las Rocas* o *La última cena*, la conexión con las perdidas divinidades femeninas y la idea de que Sainte-Sara, la patrona de los gitanos venerada en Saintes-Maries-de-la-Mer —el lugar al que, según la tradición francesa, llegaron María Magdalena, Marta, Lázaro y algunos cristianos más—, era la hija de Jesús y María.

En definitiva, lo que se defendía era que María Magdalena fue en realidad el Santo Grial del que hablaban las leyendas medievales. Y no, no se trataba de la copa de la última cena, ni de aquella en la que José de Arimatea recogió la sangre de Jesús mientras este agonizaba en la cruz. María fue la depositaria de la sangre real de Jesús, es decir, de su descendencia. Y así, mediante un juego de palabras, explicaron la movida:

> Dicho de otro modo, puede que en un principio no existiera el propósito de que la palabra «Sangraal» o «Sangreal» se dividiera en «San Graal» o «San Greal», sino en «Sang Raal» o «Sang Réal». O, para utilizar la grafía moderna, «Sang Royal», es decir, «Sangre Real» (Baigent, Leigh y Lincoln 2006a, 426).

Una sangre real que pasaría a los merovingios varios siglos después. Pero nadie mejor que estos autores para explicar, breve y concisamente, su hipótesis:

> Quizás la Magdalena —esa mujer elusiva que sale en los Evangelios— era en realidad la esposa de Jesús. Quizás su unión produjo vástagos. Después de la crucifixión tal vez la Magdalena, con un niño como mínimo, fue llevada clandestinamente a la Galia, donde ya existían comunidades judías y donde, por consiguiente, encontró refugio. Resumiendo, quizás había una estirpe hereditaria que descendía directamente de Jesús. Quizás esta estirpe, esta *sang réal* suprema, se perpetuó luego, intacta y de incógnito, durante unos cuatrocientos

años, lo cual, bien mirado, no es mucho tiempo para un linaje importante. Tal vez hubo matrimonios dinásticos, no solo con miembros de otras familias judías, sino también con romanos y visigodos. Y quizás en el siglo v el linaje de Jesús se alió con el linaje real de los francos, engendrando así la dinastía merovingia (Baigent, Leigh y Lincoln 2006a, 438).

Muchos quizás y muchos tal vez. Pero esto, para nuestros autores, sería la explicación perfecta del enigma del Santo Grial, que haría referencia tanto a la Magdalena como recipiente de la sangre real de Jesús, como a la propia descendencia en sí. De ahí el interés en mantener este secreto por parte de varias sociedades secretas y grupos heréticos enfrentados al Vaticano, todos, de alguna manera, dirigidos por el Priorato de Sion.

Esto, según *El enigma sagrado*, fue lo que encontró el curita rural millonario, mi querido Saunière, una serie de genealogías que demostraban la supervivencia de aquella estirpe. Así, según esta propuesta, la descendencia de Jesús y María Magdalena no solamente llegaría hasta nuestros días, sino que fue conocida por muchos personajes célebres que fueron grandes maestres del Priorato de Sion, siempre según los *Dossiers Secrets*, una serie de documentos inventados y confeccionados por Pierre Plantard. Uno de ellos fue el gran Leonardo Da Vinci.

Y es en este preciso momento cuando entran en escena Dan Brown y su novela: supuestamente, Da Vinci fue gran maestre del Priorato de Sion entre 1510 y 1519, lo que, según propone Brown, se notó en algunas de sus obras. Por ejemplo, afirma que la *Mona Lisa* (la *Gioconda*), una obra que obsesionó especialmente al genio renacentista, guardaba relación con esta sociedad por su propio nombre: el símbolo del P. S. era la flor de lis... lis... Lisa... (Brown 2003, 145); ese es el nivel.

Otras asociaciones, en cambio, no son tan ridículas como esta. Un personaje ficticio de la novela, Leigh Teabing (claro juego de palabras con los apellidos de dos de los autores de *El enigma sagrado*, Michael Baigent y Richard Leigh), un millonario *sir* inglés experto en historia, será el que aporte la información clave a los intrépidos protagonistas, entre otras cosas, un argumento que ha acabado siendo muy popular en los últimos tiempos: que María Magdalena está presente en el legendario fresco que Da Vinci realizó en Santa María delle Grazie

(Milán), la famosa Última *cena*. Se trataría del personaje tradicionalmente identificado como el apóstol Juan, el que se encuentra a la izquierda de Jesús. ¿Las pruebas? La apariencia claramente femenina del personaje, la inversión de colores entre este y Jesús, que vendría a representar que era su otra mitad; la ausencia del cáliz en la representación, lo que indicaría que el grial es otra cosa; la letra M que forman, tirando de imaginación, Jesús y la supuesta Magdalena, etcétera.

Sobra decir que la obra de Brown cae en multitud de errores históricos, algunos de los cuales han sido ya señalados anteriormente. Pero es que sus fuentes eran erróneas, ya que proceden de la información manipulada que aportó Pierre Plantard a varios autores durante décadas, entre los que estaban los autores de *El enigma sagrado*, que fueron los que se sacaron de la manga la *hipótesis Magdalena*.

Por supuesto, esto no fue lo que hizo rico a Saunière —espero que se hayan percatado del guiño que se marcó Brown al colocarle al conservador del Louvre asesinado este apellido—. La solución a este enigma está aún en el aire, aunque en un libro posterior, que escribí al alimón con los investigadores y amigos Xavi Bonet y Enric Sabarich, *Compendium Rhedae: 100 años de Rennes-le-Château*, además de desmontar mil inexactitudes vertidas sobre este tema, esbozamos varias explicaciones plausibles, además de establecer que en realidad no se había hecho tan rico. Sí, más de lo que permitía su sueldo de cura de pueblo, pero no tanto como se ha afirmado. Esa, amigos, es otra historia.

La Última Cena, Leonardo da Vinci, 1495-1498.

REFERENCIAS EVANGÉLICAS

Pese a todo, de un tiempo a esta parte, la idea del matrimonio entre Jesús y María Magdalena se ha instalado en el inconsciente colectivo. Sus defensores, en su afán por encontrar evidencias de esta teoría, han investigado a fondo los evangelios en busca de cualquier referencia a una historia que, a su entender, fue silenciada por la Iglesia. ¿Encontraron algo? Poquita cosa. Si os parece, procederé a comentar algunos de los ejemplos que se han aportado para ver si hay algo de razón.

Comencemos con un clásico, presente en todas las obras que tratan el espinoso asunto del estado civil de Jesús, pese a que solo aparece en el evangelio de Juan: las famosas bodas de Caná, a las que asistieron Jesús, su madre y varios discípulos. En el relato no se especifica quién era el novio ni quién era la novia, lo que ha dado pie a que algunos, apoyados en determinados indicios, hayan pensado que se trataba Jesús y María Magdalena. Dice lo siguiente:

> Al tercer día hubo una boda en Caná de Galilea, y estaba la madre de Jesús allí. También Jesús y sus discípulos fueron invitados a la boda. Y al faltar vino, la madre de Jesús le dijo: «No tienen vino». Le contestó Jesús: «¿Qué nos importa a ti y a mí, mujer? Todavía no ha llegado mi hora». Su madre dijo a los sirvientes: «Lo que os diga, hacedlo».
>
> Había allí colocadas seis hidrias de piedra para la purificaciones de los judíos, de una o dos metretas cada una. Les dijo Jesús: «Llenad las hidrias de agua». Y las llenaron hasta arriba. Entonces añadió: «Sacadla ahora y llevadla al maestresala» [una especie de maestro de ceremonias que se encargaba de ir mezclando el vino con agua según fuesen creciendo los efluvios etílicos].
>
> Ellos la llevaron. Cuando el maestresala probó el agua convertida en vino, y no sabía de dónde era [pero los sirvientes que había sacado el agua sí lo sabían], llamó al novio el maestresala y le dijo: «Todo el mundo pone primero el vino bueno y cuando están bebidos, el peor; tú has guardado el vino bueno hasta ahora» (Jn 2, 1-11).

El episodio es raro. Es raro porque hasta ese momento Jesús no había mostrado públicamente sus habilidades milagrosas ni había comenzado aún a predicar. Por este motivo, desconcierta que fuese invitado a la boda junto a su madre y sus discípulos. ¿Cómo tenía ya seguidores si aún no había empezado su vida pública? ¿Por qué les invitaron? Quizás fue la boda de unos familiares, pero extraña que no se especifique. Sin embargo, se muestra una evidente cercanía. Lo podemos ver en la insistencia de María en que su hijo solucione el problema de escasez del vino, mostrándose, casi, como si fuese la anfitriona. ¿Por qué tenía que encargarse Jesús de aquello si era un simple invitado? Él mismo le responde a su madre que no es asunto suyo, y ella, en cambio, ordena a los sirvientes a que cumplan los órdenes de Jesús. ¿Por qué? Es más, cuando este da la orden de que se llenen las tinajas de agua, los criados le hacen caso como si estuvieran acostumbrados a recibir órdenes suyas. ¿Cómo puede ser esto si no era más que un asistente a la boda y aún no era conocido por sus predicaciones?

La respuesta es bien sencilla: en realidad se trataba de la boda de Jesús y María Magdalena —da igual que no se la mencione en el episodio—. Los que compilaron este relato quisieron contar el milagro, pero omitieron quiénes fueron los protagonistas de aquella celebración, sin que nadie acabe de argumentar del todo el motivo. Solo eso, según los defensores de esta propuesta, explicaría por qué el maestresala[25] parece dirigirse a Jesús cuando felicita al *novio* por el excelente vino que ha ofrecido al final del ágape.

Efectivamente, este episodio se entiende mejor si Jesús fuera el novio, aunque lo que no se especifica por ningún lado es que la novia fuese precisamente María Magdalena. Por otro lado, igual sí fue la novia, pero el novio fue otro. Como veremos, alguna leyenda hagiográfica defiende esto…

Además, este relato no parece históricamente probable, no solo por lo imposible de convertir el agua en vino, sino porque no cumple ninguno de los criterios de historicidad —solo aparece en el cuarto evangelio, repito—. Se trata de la típica construcción simbólica de

---

25 El maestresala, o maestro de sala, era una figura, muy popular durante el Imperio romano, cuya función consistía en indicar a los camareros la proporción que, de agua y vino, tenían que servir. También conocido como *rex convivii* o *arbiter bibendi*, se encargaba de dosificar la cantidad de vino que se le proporcionaba a los asistentes de un banquete para evitar un exceso de embriaguez y mantener el punto óptimo de euforia etílica.

este evangelista: el agua destinada a la purificación judía se convierte en el vino del tiempo final, en la sangre que Jesús derramará por nosotros

Una última nota respecto a esto: llama la atención que en este episodio, aun siendo ficticio, Jesús se dirija a su madre llamándola «mujer». Ese término tiene un matiz despectivo y no es para nada normal en la literatura griega, aunque aparece en el evangelio de Juan en otras tres ocasiones: para referirse a la samaritana (4, 21) y a María Magdalena (20, 13-15), y en la escena final en la cruz, donde de nuevo lo usa para dirigirse a su madre (19, 26). Curioso...

Otra escena que ha sido habitualmente mencionada por los defensores del matrimonio sagrado es la ya comentada de la pecadora de Lucas, aquella que ungió los pies a Jesús y los secó con sus cabellos, algo que, todo sea dicho, parece bastante erótico. Como vimos, a esta mujer se le identificó con María de Betania, la hermana de Marta y de Lázaro, y como ya saben, la tradición eclesiástica siempre ha defendido que se trataba de María Magdalena. Pero realmente no hay nada que indique que sea así.

En Juan se narran otros episodios que han sido interpretados como indicios de que algo se cocía entre nuestros dos protagonistas. Por ejemplo, las curiosas palabras de Jesús durante la escena de la crucifixión, ya comentadas:

> Estaban junto a la cruz de Jesús su madre y la hermana de su madre, María la de Clopás y María Magdalena. Jesús, viendo a su madre y al discípulo al que amaba al lado, dijo a su madre: «Mujer, he ahí a tu hijo». Luego dijo al discípulo: «He ahí a tu madre». Y desde aquella hora el discípulo la acogió en lo suyo (Jn 19, 25-26).

Aunque eso de «mujer, he ahí a tu hijo» parece dirigido a su madre, María, muchos han señalado que esas palabras realmente iban dirigidas a su esposa, que sería la Magdalena. Por lo tanto, le estaba indicando a su presunta pareja que ahí tenía a su hijo, el «discípulo al que amaba», el que desde entonces la recibió como suya. La tradición, que siempre ha considerado que este discípulo amado era el apóstol Juan, ha explicado esto argumentando que, tras la muerte de Jesús, Juan se fue a Éfeso y se llevó consigo a María, a la que trató como a una madre.

Pero algunos autores han propuesto que el discípulo amado era el hijo de Jesús y la Magdalena, como se indica, por ejemplo, en una obra anterior a *El enigma sagrado*, titulada *El desvelamiento de la revelación* (1981), del teólogo de la Universidad Pontificia de Salamanca Rafael Hereza. ¿De dónde sacó esto este señor? Pues del texto griego original, que efectivamente, en vez de «al ver a su madre» y «dijo a su madre», dice «al ver a la madre» y «dijo a la madre». Y sí, la verdad es que es sugerente. Pero para nada es concluyente. Además, este autor, para construir su razonamiento, no duda en identificar a la Magdalena con la pecadora de Lucas, María de Betania y la mujer adultera de Jn 11, algo que, como vimos, no parece correcto ni está legitimado por nada, excepto por la Iglesia católica, que así lo consideró durante siglos.

También se ha argumentado que el episodio de la primera aparición de Jesús como resucitado, según Juan, tiene un significado ligeramente sexual, especialmente porque la Magdalena se dirige a él como «mi Señor», además de por aquello de *noli me tangere*. ¿Lo recuerdan?

Este relato, solo presente en Juan, no tiene pinta de ser histórico —más que nada porque se trata de una aparición de Jesús resucitado, un hecho que, por lo paranormal y metafísico, no puede ser abarcado ni atendido por nosotros, historiadores—. Pero, además, parece claro que, como viene siendo normal en este evangelista, se trata más bien de una escena simbólica que describe el momento en el que un discípulo (Magdalena) adquiere la fe: en un principio no cae en que Jesús había resucitado, sino que cree que alguien se había llevado su cuerpo. Luego, aunque ve a Jesús, no lo reconoce y lo confunde con el jardinero. Y finalmente, cuando cae en la cuenta de su error, al darse cuenta de que es Jesús, quiere retenerle en este mundo (representado por aquel «no me retengas») pese a que el Salvador debe regresar a su lugar, junto a su padre Dios.

Todo esto nos lleva, sin remedio, a la siguiente cuestión: ¿por qué todos estos casos, que aluden supuestamente a una relación especial de Jesús con María Magdalena (o María de Betania), aparecen solo en el evangelio de Juan? Recordemos que este texto es el más tardío de los evangelios canónicos, ya que se escribió a finales del siglo I. La veracidad histórica de sus novedades hay que ponerla sistemáticamente en cuarentena, aunque los defensores de esta postura argumentan que corresponden a un texto o a una tradición perdida que hablaba de un Jesús casado. No tenemos evidencia ni de una cosa ni de la otra. Igual que tampoco hay nada que permita afirmar que se produjo una reescritura de los textos canónicos para extirpar todo lo que estuviese relacionado con el matrimonio de Jesús. Quizás sí que se amputaron los textos para borrar todo rastro de esto, pero no se ha encontrado, a día de hoy, ni un solo fragmento que contenga esta otra versión. Y esto, queridos lectores, es raro.

Por otro lado, este evangelio es el más avanzado teológicamente, el más oscuro, el más simbólico y el más gnóstico, si se me permite la herejía. Pero ¿por qué el evangelio de Juan le daba tanta importancia a María Magdalena? No lo sabemos. Muchos han querido explicarlo argumentando que Juan disponía de unas fuentes diferentes a las de los sinópticos, algo que es bastante evidente, y que en esas fuentes se tenía muy en cuenta a este personaje. Otros han planteado que esto se debe a que el discípulo amado, el autor anónimo de este texto, como ya vimos, pudo ser la propia Magdalena. También hablaremos de esto.

Lo más probable es que Magdalena simbolice aquí, como en los otros evangelios, al pecador en general, a todos nosotros, que, incrédulos, necesitamos ver, tocar, para tener fe. No en vano, en este mismo evangelio se cuenta el famoso episodio de Tomás que, renegando de la verdad de la resurrección, quiso introducir sus dedos en la herida del costado de Jesús para comprobarlo. Tomas y María Magdalena representarían a la humanidad, dubitativa ante el prodigio de la resurrección y de la divinidad de Jesús.

De hecho, serán precisamente estos dos personajes a los que los gnósticos convertirán, entre otros, en los principales protagonistas de las revelaciones de un Jesús *post mortem*.

REFERENCIAS GNÓSTICAS

Y miren qué casualidad: algunos autores —con Dan Brown a la cabeza— defienden que estuvieron casados basándose en algunas citas extraídas, y sacadas de contexto, de algunos textos gnósticos, planteando temerariamente que estos contenían la verdad de esta historia, ocultada adrede tanto por los autores de los evangelios canónicos como por los padres de la Iglesia.

El argumento es este: la Iglesia, durante el Concilio de Nicea, y bajo influencia de Constantino, se encargó de destruir todos los textos que mostraban a un Jesús humano, según ellos en el que creían los cristianos primitivos, creando una nueva versión de su historia, convirtiéndole en hijo de Dios y ocultando cualquier rastro de su matrimonio con María Magdalena. Pero, por suerte, en el desierto egipcio, unos monjes habían escondido unos textos que no llegaron a ser manipulados ni destruidos.

Como bien sabemos, esto no fue así: ni el canon neotestamentario se estableció en Nicea, ni los primeros cristianos creían en un Jesús solo hombre —tanto Pablo como los evangelistas y sus comunidades lo consideraban un ser divino—, ni en ningún texto, canónico o apócrifo, se habla de su matrimonio. Sí, se ha dicho que aquellas obras fueron destruidas y las que quedaron, manipuladas. Pero tampoco es cierto: existen multitud de fragmentos de evangelios anteriores a Nicea y no existe constancia de esa manipulación.

Y sobre todo: ¡los textos gnósticos no muestran a un Jesús más humano! ¡Ni muchísimo menos! Al contrario. Como vimos, pensaban que ni siquiera se había encarnado. Lo veían como un salvador divino que se manifestaba a algunos de sus apóstoles para revelar cómo es el camino y método para alcanzar la salvación.

No obstante, hay quien plantea, como Clive Prince y Lynn Picknett, en *La revelación de los templarios*, que existían dos facciones enfrentadas: los defensores del linaje, que serían los que otorgaban a María Magdalena autoridad como sucesora elegida por Jesús —ya que era su esposa—, y los del mensaje, liderados por Pedro, que desembocarían en la Iglesia de Roma. La evidencia la encontraron estos autores en las referencias a la Magdalena que aparecen en los evangelios gnósticos, de los que hablamos páginas atrás.

El problema es que, como ya comenté, se habla de estos escritos desde el profundo desconocimiento, lo que no ha impedido que se hayan convertido en una pieza clave en toda la literatura contemporánea sobre Jesús. Un ejemplo:

La preeminencia de María Magdalena en los cuatro evangelios canónicos y oficiales viene refrendada en muchos de esos documentos apócrifos. Los manuscritos coptos, muchos de los cuales son pergaminos de los siglos II y III, ¡son varios siglos anteriores a las copias que se conservan de los evangelios canónicos! Y, milagrosamente, sobrevivieron a la purga realizada por la Iglesia primitiva (Starbird 2004, 85).

Esta idea tan extendida —que los apócrifos gnósticos son anteriores a los evangelios canónicos— es absolutamente falsa. Pero el problema no es solo ese: estos textos recogen el complejo y dualista pensamiento de aquellos cristianos, que repudiaban la materia por considerarla impura y aspiraban a ser elevados, mediante la gnosis/ conocimiento, al Pleroma, el lugar divino del que proceden nuestras almas y donde no existe la corrupción de la materia. Allí, en el Pleroma, lo masculino y lo femenino se unen en uno. Es decir, lo ideal es una superación total del sexo y de los sexos. ¿Recuerdan?

Sí que es cierto que los textos gnósticos otorgan a María Magdalena una posición central. Por eso, los apologistas del matrimonio sagrado han encontrado en casi todos supuestas evidencias que avalan su propuesta. Claro, sin preocuparse por entender su auténtico sentido.

Del *Evangelio de María* suele aportarse aquella famosa cita, de la que ya hemos hablado anteriormente:

> Pedro dijo: «Mariam, hermana, nosotros sabemos que el Salvador te amaba más que a las demás mujeres» (Berolinensis Codex 8052, 1).

La «amaba más que a las demás mujeres». El problema es que ese verbo, tanto en griego (*phileîn* o *agapân*) como en copto (el idioma de estos manuscritos), o incluso en español, tiene distintos significados y no siempre tiene que verse en ello un matiz sexual o una indicación de que había entre ellos una relación sentimental. Sí que deja claro que era una mujer especial para él, aunque eso ya se entiende por el contexto. Para nada se trata de un indicio de una relación amorosa.

Por otro lado, en el *Evangelio de Felipe* se va un poco más allá y se la presenta como compañera o consorte de Jesús, al menos aparentemente. Y si no, lean la siguiente cita, también presente en páginas anteriores:

> Tres mujeres caminaban siempre con el Señor: María, su madre, la hermana de esta, y Magdalena, denominada su compañera. Así pues María es su hermana, y su madre, y es su compañera (59, 6-11).

La palabra copta que se ha traducido como «compañera» es *koi-konós*, que puede aludir tanto para designar una unión sexual como una unión espiritual, y que también puede traducirse como «consorte». Esto es importante, ya que esta última parece ser la idea que se defiende en esta obra, tal y como vimos en esta otra cita de este evangelio que merece la pena traer de nuevo aquí ampliada:

> La sabiduría denominada «estéril» es la madre [de los] ángeles, y la compañera del [Salvador es] María Magdalena. El [Salvador] la amaba más que a todos los discípulos y la besaba frecuentemente en [¿la boca? ¿La mejilla? ¿La frente?] (63, 30).

> Los demás discípulos dijeron: «¿Por qué la amas más que a nosotros?». El Salvador respondió y les dijo: «¿Por qué no os amo a vosotros como a ella?». Un ciego y un vidente, estando ambos a oscuras, no se diferencian entre sí. Cuando llega la luz, entonces el vidente verá la luz y es que es ciego permanecerá a oscuras. El Señor dijo: «Bienaventurado el que es antes de llegar a ser, pues el que es, ha sido y será» (64, 5).

Así, desde esta perspectiva, sorprende lo que se afirmó en *El código da Vinci*: «Como le diría cualquier experto en arameo, la palabra *compañera*, en esa época, significaba, literalmente, *esposa*» (Brown 2003, 306).

Otro tanto sucede con otra frase de este último fragmento: «La besaba frecuentemente en…». Lo que está entre corchetes está perdido debido a alguna rotura en el texto. Se ha reconstruido así porque en otro texto de Nag Hammadi (*Segundo Apocalipsis de Santiago*, del siglo III), el narrador, Santiago, afirma que Jesús le...

> besó en la boca y me abrazó diciendo: «Amado mío, he aquí que voy a revelarte aquellas cosas que los cielos no han conocido, como tampoco los arcontes» (56).

Eso de besarse en la boca, en realidad, era algún tipo de rito de iniciación relacionado con la revelación o transmisión de la gnosis, como aclara otro fragmento del *Evangelio de Felipe*:

> [El que ...] por la boca; [si] el Logos hubiera salido de allí, se alimentaría por la boca y sería perfecto. Los perfectos conciben mediante

un beso y engendran. Por ello nos besamos unos a otros, recibiendo la concepción por la gracia mutua que hay entre nosotros (59, 1-5).

Y en relación a eso de «¿por qué la amas más que a nosotros?», está claro que es una referencia a que la Magdalena, a diferencia de ellos, ha alcanzado el conocimiento, la gnosis. De ahí la metáfora del ciego.

Por cierto, al comienzo del *Segundo Apocalipsis de Santiago* se afirma algo de lo más sugerente:

> Este es el discurso que Santiago el Justo pronunció en Jerusalén, y que puso por escrito Mareim (103).

Sin duda, parece una clara alusión a Mariamne o Mariamme, nombres asociados, como vimos, a María Magdalena. Es más, Hipólito de Roma, el primer antipapa (elegido en el año 217), en su obra *Refutación de todas las herejías*, comentó, en referencia a este texto, que se trataba en efecto de nuestra santa.

Como ya expuse con anterioridad, todo parece indicar que la especial relación que mantenían Jesús y María Magdalena, según los gnósticos, y la importancia que le daban a la señora, tenía más que ver con lo místico y espiritual que con lo carnal. Como es normal, estas gentes, del mismo modo que repudiaban la materia y la procreación, rechazaban el matrimonio. Sin embargo, lo usaban de una forma simbólica, como representación de la futura unión entre los pares en el Pleroma. Ese es el sentido de un sacramento al que llamaban «cámara nupcial», que consistía en una suerte de matrimonio espiritual:

> ¿Cuánto más constituirá el matrimonio impoluto un verdadero misterio? Este no es carnal, sino puro; no pertenece a la pasión, sino a la voluntad; no pertenece a las tinieblas o a la noche, sino al día y a la luz. Si la unión matrimonial se efectúa al descubierto, queda reducida a un acto de fornicación. [...] Esposos y esposas pertenecen a la cámara nupcial. Nadie podrá ver al esposo y a la esposa de no ser que [él mismo] llegue a serlo (EvFlp 122).

> Pues bien, la mujer se une con su marido en la cámara nupcial y todos aquellos que se han unido en dicha cámara no volverán a separarse.

> Por eso se separó Eva de Adán, porque no se había unido con él en la cámara nupcial (EvFlp 79).

Es decir, el matrimonio puro es el espiritual, no el carnal. De hecho, en este texto se ahonda en una curiosa idea: la distinción de sexos fue el gran error de la humanidad. Al principio no existía tal distinción, que se produjo cuando Eva se separó de Adán (antes eran solo uno). Fue entonces cuando surgió la muerte física, al comenzar la procreación, consecuencia de la distinción de sexos en los cuerpos físicos. Así, este ritual de la cámara nupcial serviría para romper con la muerte, al unirse los iniciados espiritualmente con su contrapartida celeste. Recuerden que los gnósticos pensaban que (casi) todos tenemos una pareja divina que habita en el Pleroma y que nos espera con ansia. Cuando esta unión se produzca, dará comienzo la verdadera felicidad.

Queda claro, por lo tanto, que los gnósticos, según el *Evangelio de Felipe*, repudiaban el matrimonio carnal por impuro, carnal y pasional, y por ser el responsable del nacimiento de nuevas prisiones de carne y hueso para las almas y la supervivencia de la muerte física.

Nos falta por aclarar si este ritual de la cámara nupcial, cuyo contenido no se explica de forma explícita en este texto porque se da por supuesto, implicaba desarrollar algún tipo de práctica sexual. No parece que sea así. Aquella contraposición entre el matrimonio físico y la noche y el espiritual y el día lo deja bien claro.

De este modo, podemos entender mejor aquello de que la Magdalena era la «compañera» de Jesús. No se trata de que fuese su pareja carnal, sino más bien de su «esposa» espiritual y simbólica, que a la vez representaría a todo el grupo de iniciados, «casados» espiritualmente con su salvador, y también mediante el sacramento de la cámara nupcial. En otras palabras, esta unión mística, como el beso en la boca, representa también la transmisión de la gnosis.

Lo que no suelen decir nunca los defensores de esta teoría es que, en otro texto gnóstico se habla más claramente de otra posible amante de Jesús… En el famoso *Evangelio de Tomás* podemos leer lo siguiente:

> Dijo Jesús: «Dos reposarán en un mismo lecho: el uno morirá, el otro vivirá». Dijo Salomé: «¿Quién eres tú, hombre, y de quién? Te has

subido a mi lecho y has comido de mi mesa». Díjole Jesús: «Yo soy el que procede de quien es [me] es idéntico; he sido hecho partícipe de los atributos de mi padre». [Salomé dijo]: «Yo soy tu discípula». [Jesús le dijo]: «Por eso es por lo que digo que si uno ha llegado a ser idéntico, se llenará de luz; mas, en cuanto se desintegre, se inundará de tinieblas» (61).

Lógicamente, si partimos de la perspectiva gnóstica, que también representa este *Evangelio de Tomás*, eso de compartir cama y mesa ha de ser entendido de una manera simbólica. En este caso se usa a Salomé para este acto simbólico, como en los textos anteriores se usó a María Magdalena. Ambas, en definitiva, representarían al espíritu errante que el Salvador, Jesús, trata de redimir, uniéndose simbólicamente a ellas para transmitirles la gnosis. Ambas serían su pareja espiritual y representarían al discípulo, o discípula, perfecto.

Concluyendo: los gnósticos tiraban de símiles sexuales para hablar de las uniones espirituales.

Al margen de esto, no deja de ser curioso que los que han apelado a estos escritos para demostrar el supuesto matrimonio entre Jesús y María Magdalena hayan silenciado este curioso episodio de Salomé, que aparece, para más inri, en el gnóstico más importante y antiguo, el *Evangelio de Tomás*. Puestos a hacer una exégesis simplona y barata, a lo Brown, podríamos tirarnos al charco y asegurar que, según esta escena, ¡¡¡Jesús fue bígamo!!! Como verán, algunos lo han hecho.

No hace demasiado tiempo, volvió a saltar la liebre con una noticia que se difundió bastante por Internet con titulares tan llamativos como este: «Descubren referencias a la esposa de Jesucristo en un papiro del siglo IV». El fantástico descubrimiento fue anunciado a bombo y platillo a finales de 2012 por su autora, la prestigiosa historiadora Karen L. King, catedrática de Teología de la Universidad de Harvard. Y pese a que esta estudiosa manifestó explícitamente que no podía ser considerado como una prueba de que Jesús estuviera casado, y que en realidad hacía referencia a los debates internos dentro de los cristianos sobre el celibato, el matrimonio y la procreación, rápidamente cristianos, ateos y demás gentes de mal vivir se echaron las manos a la cabeza. En realidad, lo que se encontró fue un pequeño fragmento de papiro con siete líneas en copto que decían lo siguiente:

Mi madre me ha dado la vida…
Los discípulos dijeron a Jesús…
María es digna de eso…
Jesús les dijo: Mi mujer…
Podrá ser mi discípula…
Que los malvados revienten…
En lo que me concierne, permaneceré con ella… una imagen…[26]

La virgen y el niño con santa María Magdalena y san Juan el Bautista, Andrea Mantegna.

26   Piñero, A.: *Sobre el papiro de la mujer de Jesús* [en línea]. http://www.tendencias21.net/crist/Sobre-el-papiro-de-la-mujer-de-Jesus_a1532.html [Consulta: 13/09/2016.]

El origen del papiro es un misterio: su dueño, que se lo entregó a King en 2011, pidió permanecer en el anonimato, algo que resulta bastante sospechoso... Es cierto que los análisis efectuados a la tinta y al papiro, conocido desde entonces como El papiro de la mujer de Jesús, apuntan a que es del siglo IV, de la época de los textos gnósticos de Nag Hammadi. Pero existe un debate académico abierto sobre la autenticidad de este manuscrito. Aunque da lo mismo: no aporta ninguna información relevante ni especial que no aparezca en los textos que acabamos de comentar, no se menciona a la Magdalena, y además, al ser del siglo IV, no sirve como referencia histórica veraz.

LOS *FIBIONITAS*

Aún no hemos terminado con los gnósticos. He guardado para este preciso momento una historia alucinante que procede de Epifanio de Salamina (315-c. 403), uno de los padres de la Iglesia, que en su obra *Panarion* (374-377) mencionó unas ochenta doctrinas heréticas, muchas de ellas inéditas y que nadie más ha comentado. Su objetivo era ofrecer herramientas para combatirlas, de ahí ese título: *Panarion* significa «caja de medicinas»; es decir, botiquín.

Pues bien, Epifanio citó un libro llamado *Las grandes preguntas de María,* hoy en día desaparecido, aunque se cree que es del siglo III. En él se muestra a Jesús, *post mortem*, hablando con la Magdalena en una montaña para confesarle, como viene siendo habitual, una revelación especial. El texto, según Epifanio, fue redactado por un grupo de gnósticos, los *fibionitas,* que al parecer practicaban ritos sexuales litúrgicos y... ¡consumían semen y sangre menstrual como acto salvador!

> Allí Jesús, tras orar, generó a una mujer de su costado y luego, tras tener con ella relaciones sexuales, le hizo compartir por así decirlo su emisión y mostró que «así debemos hacer de modo que vivamos». Y cuando María se perturbó y cayó al suelo, Jesús la levantó y le dijo: «¿Por qué dudaste, oh mujer de poca fe»? (Piñero 2008, 231).

Es decir, según esta gente, Jesús le indicó a la Magdalena, mediante una revelación especial, que había que ingerir el semen masculino y la sangre menstrual. Y se lo demostró con un ejemplo: creó una mujer, tuvo sexo con ella, sin llegar a eyacular, ya que debía obtener su propio semen, que acto seguido ambos (Jesús y la mujer creada) pasaron a ingerir. No es de extrañar que a la Magdalena le diese un vahío.

> Sostienen que la carne pertenece a la corrupción y que no habrá de resucitar, sino que es del Arconte. Y que la potencia inherente a la menstruación y al semen es el alma, «que recogemos e ingerimos» y que «lo que nosotros comemos —carne, verduras, pan o cualquier cosa— lo hacemos como un favor a las criaturas, recogiendo el alma de todas las cosas y llevándolas al cielo por nuestro medio». Por ello toman toda clase de carnes, y que eso es «tener misericordia para toda la humanidad». Y afirman que el alma es la misma y se halla esparcida en los animales, en las bestias salvajes, en los peces, reptiles y en los seres humanos, en las verduras, árboles y en los productos del cielo (Piñero 2008, 232).

En otras palabras, los *fibionitas* practicaban sexo abundantemente y almacenaban la sangre menstrual y el semen, que luego consumían. El plan consistía en acabar con su función como otorgadores de vida, pero también porque pensaban que ambas sustancias tenían alma y que así, ingiriéndolas, las rescatarían de la vil existencia material, del dominio del Arconte, *alter ego* del Demiurgo gnóstico. Por ese mismo motivo comían todo tipo de carnes, para llevar esas almas al cielo...[27]

No parece que estuviese muy extendido esto de ingerir el esperma y la sangre menstrual, pero esta extraña y desconcertante práctica era conocida por los demás gnósticos, tanto que en el *Pistis Sophia* se ataca fuertemente esta costumbre. Y de nuevo, la crítica procede de una supuesta revelación de Jesús.

---

[27] En el maniqueísmo, una curiosa religión sincrética fundada por un persa llamado Mani en el siglo II, también con unas fuertes creencias dualistas, en la que se mezclaban al alimón el zoroastrismo, el budismo y el gnosticismo cristiano, se defendía algo parecido: pensaban que en todos los seres vivos había partículas de *luz* divina y que, al ingerirlos, tras defecar la parte material, ascendían al reino de la Luz.

Hemos oído que hay ciertos individuos sobre la tierra que toman el esperma masculino y la sangre menstrual femenina y hacen con ellos una suerte de guiso de lentejas y lo comen [...]. Jesús respondió: «En verdad te digo que este pecado supera a todo otro pecado e iniquidad. Los seres humanos de esa clase serán arrojados de inmediato a las tinieblas exteriores y no retornarán nunca de ahí a la esfera» (381).

Al margen de lo inquietante y perturbador que resulta todo esto, no hay nada que indique que estos *fibionitas* pensasen que Jesús y la Magdalena eran marido y mujer, ni siquiera que tuviesen sexo. Es más, aunque en aquella escena pudo haberle explicado lo que quería decir con ella como participante, prefirió crear a otra mujer.

Eso sí, una vez más, estos gnósticos sitúan a la Magdalena como receptora de un mensaje revelado, en este caso una suerte de cara B del ritual de la eucaristía que, en vez de ser entregada a Pablo, como la estándar (en 1 Cor 11), lo recibe nuestra protagonista. Es decir, los *fibionitas* pensaban que esta escabrosa práctica procedía de ella...

EL CANTAR DE LOS CANTARES

Desde la Edad Media se ha relacionado a la Magdalena con un extraño libro bíblico, el Cantar de los Cantares. Tanto es así que todavía se lee en las iglesias católicas durante la celebración del día de la santa, el 22 de julio. Pues bien, también en esto han querido ver los defensores del matrimonio sagrado una prueba de su propuesta.

Este texto, también conocido como *Cantar de Salomón*, ya que las tradiciones judías y cristianas atribuyen al antiguo rey israelita su redacción, narra la historia de dos amantes, un pastor y una vinicultora, la Sulamita, obligados a separarse por avatares del destino, que se buscan, se declaran su amor mutuo, se encuentran y se vuelven a separar para esperar con anhelo el definitivo reencuentro. Vendría a simbolizar, alegóricamente hablando, la relación de Dios (el pastor) con su pueblo elegido (la amante), que, como cualquier pareja, sufriría desavenencias, desencuentros y separaciones, pero que, al final, siempre esperan volver a juntarse. Los cristianos lo interpretan más bien como la ansiada unión mística del alma humana, representada por la mujer, con Jesús. Aun así, no falta quien ha pretendido relacionarlo con algún evento histórico, como el *affaire* que tuvieron Salomón y la reina de Saba, o quienes, como los cabalistas, han propuesto que la mujer simboliza a la sabiduría.

Ahora bien, ¿qué tiene que ver esto con María Magdalena?

Viene de estos versículos:

> Soy morena, pero hermosa, muchachas de Jerusalén, como las tiendas de Quedar, como los pabellones de Salem; no os fijéis en mi color moreno, es que me ha tostado el sol. Mis hermanos se enfadaron conmigo y me pusieron a guardar las viñas. (Cant 1, 5-6).

La relación con la Magdalena vendría de la identificación del color negro con el pecado (y el blanco con la pureza), que han planteado varios estudiosos de la Iglesia, como el papa Gregorio Magno, el mismo que identificó a la Magdalena con la pecadora de Lucas; Orígenes de Alejandría, que también la relacionó con la Sulamita, aunque simplemente por el hecho de ser mujer, pecadoras *per se* para el autocastrado padre de la Iglesia; o Hipólito de Roma, a finales del siglo II, que comentó que la Sulamita que suspira por su amado prefiguraba a la Magdalena, que de algún modo venía a cerrar le herida abierta por Eva. El mismísimo Bernardo de Claraval, que escribió más de ochenta sermones sobre esta obra, relacionó a la amante con María de Betania, que en aquella época se identificaba inequívocamente con María Magdalena. Algo muy significativo si tenemos en cuenta que este señor fue el redactor de la regla de la Orden del Temple. De hecho, en *De laudae novae militiae ad milites Templi*, un escrito de Bernardo realizado a petición de Hugo de Payns (primer maestre de los templarios), les encomendó expresamente esta obediencia a Betania, «la villa de María y de Marta, donde Lázaro fue resucitado».

Lo curioso es que, a día de hoy, como ya vimos, en la liturgia en honor a María Magdalena que se celebra durante su festividad, el 22 de julio, se leen varios fragmentos del Cantar de los Cantares, por ejemplo, los versículos 1-4 del capítulo 3:

> En mi lecho, por la noche, busqué al amor de mi alma; lo busqué y no lo encontré. Me levanté, recorrí la ciudad, las calles y las plazas, buscando el amor de mi alma; lo busqué y no lo encontré. Me

encontraron los centinelas que rondaban por la ciudad: ¿Habéis visto al amor de mi alma? Pero apenas los había dejado, encontré al amor de mi alma.

Muchos han querido relacionar esto con la escena de la aparición de Jesús resucitado narrada en el evangelio de Juan (20, 10-18), de la que les hablé anteriormente y, cómo no, se ha relacionado con el posible matrimonio de Jesús y Magdalena.

El motivo real, según la Iglesia católica, es el de siempre. Nuestra santa representa a los pecadores arrepentidos que, en busca de redención, se unen en una especie de matrimonio místico con Jesús.

JESÚS Y EL SEXO

¿Estuvo casado Jesús? Pues, con todo el dolor de mi corazón, he de decir que no hay evidencia definitiva y solvente que lo avale. Cierto es que el hecho de que no estuviese casado es raro: lo normal entre los varones judíos era casarse antes de los veinte años, especialmente si eran rabinos. Para este pueblo es de una importancia trascendental la procreación y, por lo tanto, el matrimonio. Se consideran el pueblo elegido y aliado con Dios, y por ello deben asegurar su supervivencia teniendo cuantos más hijos mejor. Eso sí, siempre evitando mezclarse con gentiles y obedeciendo algunas leyes sobre pureza. Ya lo dijo Dios: «Creced y multiplicaos, llenad la tierra y sometedla» (Gn 1, 28).

Jesús, como buen judío, no se apartaba de sus tradiciones y consideraba el matrimonio como una institución divina, tanto que en alguna ocasión llegó a hacer una firme y férrea defensa de ello (véase Mt 19, 3-6), además de criticar la poligamia y mostrarse en contra del divorcio (Mt 5, 27-28; 19, 8-9). Por esto mismo, es raro que no estuviese casado ni tuviera hijos, más aún si tenemos en cuenta que muchos de los que le rodeaban sí que lo estuvieron, como el propio Pedro. Hay quien argumenta, hilando fino, que igual sí lo estuvo, pero que aquello no era de especial relevancia para sus seguidores y biógrafos y que se omitió en los evangelios sin maldad alguna —de todos, hasta de los apócrifos—, simplemente porque no era relevante. Se daba por hecho, lo que explicaría el silencio absoluto de todos los textos sobre esta cuestión.

Qué queréis que os diga. A mí me sigue pareciendo raro. Si Jesús estuvo casado, no habría el más mínimo problema en mencionarlo. De hecho, su mujer, simplemente por ser la esposa del hijo de Dios, debería aparecer mencionada por los biógrafos evangélicos, al igual que aparecen sus padres, sus hermanos y hasta algunos supuestos primos. Es más: debería haber estado presente en los momentos claves de la historia de Jesús, como su predicación, su arresto, su muerte y su presunta resurrección. Por eso algunos atrevidos han planteado que sí estuvo, y que su esposa era la Magdalena.

El silencio evangélico sobre esta cuestión, a mi entender, solo puede interpretarse de dos maneras: o hubo algún oscuro motivo por el que el nombre de la esposa de Jesús y el estado civil de este se silenciaron —que es lo que defiende gran parte de la literatura actual sobre el tema, aunque no terminan de aportar una causa coherente—; o, como plantea la propia Iglesia[28], Jesús fue célibe toda su vida por decisión personal, al igual que lo fueron, por ejemplo, muchos esenios de Qumrán, o como lo fue Juan el Bautista. Desde mi perspectiva, esta segunda opción explica mejor las cosas.

El celibato autoimpuesto por motivos religiosos no solamente no estaba mal visto por los judíos, sino que era bastante apreciado y respetado. El propio Jesús lo avaló en alguna ocasión:

> No todos entienden esta lección, sino aquellos a los que les ha sido concedido. Pues hay eunucos que salieron así del vientre de su madre, hay eunucos castrados por los hombres, y hay eunucos que se castraron a sí mismos por el reino de los cielos. El que pueda entender, que entienda (Mt 19, 11-12).

Es más, en otros momentos afirmó que el que siguiese su camino tenía que prepararse para recibir el reino de Dios libre de toda atadura, lo que incluía a la familia:

> Y dijo Pedro: «Ya ves que nosotros, dejando nuestras cosas, te seguimos». Él les dijo: «En verdad os digo: nadie hay que haya dejado casa,

---

28   Desde fechas tan tempranas como el siglo II, ya se afirmaba fervientemente que era célibe, como proclamaron, por ejemplo, Tertuliano (en *De Monogamia* 3), Clemente de Alejandría (*Stromata* III, 6, 49) u Orígenes (en su *Comentario al Ev. De Mateo* X 17).

mujer, hermanos, padres o hijos a causa del reino de Dios que no lo reciba multiplicado en este tiempo, y la vida eterna en el mundo venidero» (Lc 18, 28-30).

Sabemos que Pedro tenía suegra (en los sinópticos se narra su curación) y, por lo tanto esposa, a la que necesariamente tuvo que abandonar para lanzarse a predicar con Jesús por las tierras de Galilea.

En otras palabras, Jesús pedía a los suyos una entrega total y absoluta a Dios y una dedicación exclusiva a preparar la llegada del reino de Dios. ¿Por qué? Porque consideraba que el fin del mundo estaba al caer. Había bulla y no había que entretenerse con cosas mundanas. Sirva este otro ejemplo, que guarda relación con la Magdalena, o más bien con María de Betania: Lucas narró, en una escena ya comentada por aquí, que un buen día Jesús se presentó en la casa de las hermanas María y Marta; esta última se le quejó porque tenía que encargarse de todas las labores del hogar, mientras que su hermana se dedica a escuchar las palabras de Jesús. La respuesta lo dice todo:

Marta, Marta, te preocupas y te agitas con muchas cosas. Solo hay necesidad de una cosa; María ha elegido la parte buena, que no se le quitará (Lc 10, 42).

En resumidas cuentas, parece razonable pensar que Jesús, desde su perspectiva escatológica, se autoimpusiese un celibato estricto, al menos desde que comenzó con sus predicaciones y sus exorcismos. No sería raro. Esa idea del celibato voluntario por motivos religiosos, insisto, estaba en el ambiente judío de la época, ambiente del que bebieron los esenios y del que pudo beber Jesús, al igual que su maestro, Juan el Bautista.

Ojo, esto deja la puerta abierta a que antes de que se echase a los caminos de Galilea sí tuviese familia. No se puede descartar esa idea de forma taxativa, del mismo modo que no se puede defender la contraria sin aportar evidencia. Pero, ¿por qué no lo contaron los evangelistas? Puestos a imaginar, quizás se ocultó para no hacerle quedar mal. Eso de abandonar a la familia para lanzarse a predicar el fin del mundo lo mismo no gustaba demasiado al público romano, al que estaban dirigidos los evangelios.

¿TUVIERON HIJOS?

Por el mismo motivo no se puede negar de primeras que no tuviese hijos, ya fuese con la Magdalena o con otra mujer. De hecho, todos los que afirman que estuvieron casados consideran que tuvieron descendencia.

Algunos, como Dan Brown, haciéndose eco de la tradición provenzal, a la que en breve iremos, plantean que la Magdalena llegó al sur de Francia acompañada de su prole. Claro, como en aquella leyenda no se mencionaba a ningún niño, Brown planteó que había llegado embarazada.

> María Magdalena viajó en secreto hasta Francia, conocida entonces como la Galia. Aquí, entre la comunidad judía, halló refugio. Y fue aquí, en Francia, donde dio a luz a su hija, que se llamó Sara (Brown 2003, 317).

Ya llegará el momento de hablar de Sainte-Sara. Eso sí, les adelanto que no hay nada que permita afirmar, ni siquiera suponer, que era la hija de Jesús y la Magdalena. Las leyendas locales lo contradicen por completo.

Volvemos a lo mismo. Si Jesús tuvo hijos, ¿por qué lo ocultaron los evangelistas? Brown lo solucionó afirmando que aquello pasó después, y en las Galias, así que lo mismo aquellos no lo sabían. Sus fuentes principales, *El enigma sagrado* y *La revelación de los templarios*, consideran que fue cosa de la Iglesia, que había traicionado la historia real de Jesús: no podía hacer público ni aceptar que el Nazareno no era un ser divino, sino un humano más, demasiado humano, que tuvo esposa y descendencia. Pero esto no cuadra. En primer lugar, porque la Iglesia como tal nació después, en el siglo IV. Pero también porque, de haber existido algún texto que indicase esto, o algún grupo herético que lo creyese, alguno de los escritos eclesiásticos se habría hecho eco de ello, aunque sea para atacarlo. Como sabemos, tanto Ireneo de Lyon (siglo II), en *Contra las herejías*, como Epifanio de Salamina (siglo IV), en su *Panarion*, escribieron sobre un montón de propuestas heterodoxas y ninguna de ellas habla de cristianos que creyesen en hijos de Jesús.

Los *conspiranoides*, que suelen seguir la linde aunque se acabe, se defienden argumentando que la persecución fue al principio de la cristiandad y que la existencia de esta descendencia y del linaje que formó solo era conocido en los altos niveles de la Iglesia. Siempre ganan.

Así, a falta de evidencia contundente y definitiva, no tenemos nada que nos permita asegurar, y ni siquiera proponer con un amplio margen de probabilidad, que Jesús tuvo hijos, ya sea con María Magdalena o con cualquier otra mujer. Eso sí, como ya expresé, tampoco se puede negar taxativamente que no los tuviera antes de su vida pública.

Eso no ha sido impedimento para que se propongan decenas de opciones durante las últimas décadas. Por ejemplo, en el documental *The Lost Tomb of Jesus* (*La última tumba de Jesús*), dirigido por el ínclito escritor y documentalista Simcha Jacobovici en 2007, se afirma que tuvieron un hijo llamado Judah y que los tres fueron enterrados en una tumba que se encontró en la década de 1980 en el barrio de Talpiot (Jerusalén) que contenía varios osarios. ¿Evidencia? Ninguna, ya que construyeron esta teoría en base a la inscripción que se encontró en uno de los osarios descubiertos: Yehudah Bar Yehshúah («Judah, hijo de Jesús»).

No hace mucho, en noviembre de 2014, un montón de medios se hicieron eco de una noticia fabulosa: «Un estudio afirma que Jesús tuvo dos hijos con María Magdalena». El estudio en cuestión era una obra titulada *The Lost Gospel: Decoding the Sacred Text that Reveals Jesus Marriage to Mary Magdalene* (*El Evangelio perdido: decodificando el texto sagrado del matrimonio de Jesús con María Magdalena*), escrita por Barrie Wilson, profesor de Estudios Religiosos en Toronto, y de nuevo Simcha Jacobovici.

La investigación giraba en torno a un antiguo pergamino conocido como *Crónica de pseudo-Zacarías Retórico*[29], escrito en siriaco hacia finales del siglo VI. Pese a ser un documento muy tardío, estos señores se centraron en una pequeña novelilla titulada *Joseph y Aseneth*, que estaba incluida en aquel volumen que era mucho más

---

29   El título real es *Volumen de narrativas sobre los hechos que han sucedido en el Mundo.*

antigua. Jacobovici y Wilson afirmaron que este relato había sido escrito en clave y llegaron a la conclusión, tras decodificarlo, de que Joseph y Aseneth eran Jesús y María Magdalena.

Esta es la trama: José, uno de los hijos de Jacob y Raquel, una vez asentado en Egipto, conoció a Aseneth, la hija doncella de un sacerdote llamado Pentefrés, profundamente religiosa y casta. Los padres de esta querían casarla con el hebreo, pero ella se negaba, hasta que José, que apareció resplandeciente como un ángel, se presentó en su casa y la dejó maravillada, al darse cuenta de que era un hijo de Dios. Pero ahora era él el que la rechazaba, ya que la chica rendía culto a los dioses egipcios. Aseneth, arrepentida, se acabó convirtiendo al judaísmo, y fue purificada gracias a un ángel, mediante unos ritos parecidos a los de la última cena. Finalmente, decidieron casarse. Pero el asunto se complicó de nuevo: el hijo del faraón también andaba detrás de ella, así que preparó un plan maestro, en el que estaban implicados todos los hijos de Jacob, para matar a José y raptar a la muchacha. Pero fracasó y acabó siendo asesinado, y de camino mató de pena a su padre, el faraón, al que acabó sustituyendo brevemente José.

Pues bien, este libro, *Joseph y Aseneth*, es un apócrifo del Antiguo Testamento bastante conocido y más o menos contemporáneo a Jesús (del siglo I a. C. o del I d. C.). Se trataba en realidad de la extensión novelada de una escena que aparece en el Génesis (41, 45-52) en la que se habla de los amores de José, el hijo de Jacob, y la egipcia Aseneth, hija de un sacerdote de On llamado Potipera. De hecho, en el propio libro bíblico se dice que tuvieron dos hijos y que se llamaron Manasés y Efraín. El texto parece hacerse eco de la difícil situación por la que atravesaban los judíos durante la dominación romana, y prestaba especial atención a la aceptación de paganos. De ahí todo aquello del matrimonio de José y una pagana egipcia, que para poder casarse tuvo que convertirse al judaísmo. Es más, los que defienden, como Piñero, que esta obra es posterior a Jesús (de finales del siglo I), argumentan que puede tratarse de una novela judía anticristiana con la que se pretendía atacar a las pretensiones de los cristianos de que Jesús fue un mesías divino, ya que en esta obra se dice que el Mesías debería proceder de la casa de José, y no de la tribu de Judá, además de mostrársele totalmente idealizado. De ahí el parecido que guarda el protagonista de esta obra con Jesús: ¡el autor pretendía establecer un paralelismo entre ambos! Estas palabras que el bueno de José le dedicó a Aseneth, cuando la rechazó por ser pagana, parecen aludir a algunos motivos eucarísticos:

> A un varón piadoso que bendice con su boca al Dios vivo, que come el pan bendito de la vida, que bebe la copa bendita de la inmortalidad y se unge con la unción bendita de la incorruptibilidad no le está permitido besar a una mujer extranjera, que bendice con su boca imágenes muertas y mudas, come de la mesa de los ídolos carnes de animales ahogados, bebe la copa de la traición procedente de sus libaciones y se unge con la unción de la perdición[30].

Esa identificación que establecieron Jacobici y su colega entre Jesús/José y María Magdalena/Aseneth es altamente arriesgada y tendenciosa. ¿Por qué alguien, de finales del siglo I, aunque quizás de mucho antes, codificaría la supuesta historia real con este relato? Además, si se lee aquella historia, nos cuesta encajar lo que cuenta con los relatos evangélicos. Y para casarlos, estos autores hacen analogías falaces y atrevidas, como considerar que los siete demonios que le extrajeron a María Magdalena, según Lucas, eran en realidad las siete vírgenes que servían a Aseneth en el relato, reconvertidas, argumentan, en sacerdotisas paganas. Al convertirse esta, aquellas siete *demonias* fueron expulsadas...

Existen muchos más ejemplos, siempre procedentes de obras sensacionalistas que coinciden en construirse en torno a informaciones a las que solo sus autores han tenido acceso por el motivo que sea, generalmente porque sus fuentes son sociedades secretas o iluminados que canalizan cosas del más allá. Lo típico.

El famoso escritor Laurence Gardner (1943-2010) afirma en varias obras suyas que Jesús se casó con la Magdalena (en el año 30) y que tuvieron dos hijos: Jesús, el primogénito, nacido en el año 36, y José, que vino al mundo en el 44, tras la muerte de su padre y tras huir su madre a la Provenza. Eso sí, en la primera obra que dedicó a este tema, *Bloodline of the Holy Grail* (1996), afirmó que también fueron padres de Sara, y que esta fue la antepasada del mítico rey Arturo, de quien descienden,

---

30 Citado en un ensayo titulado *José y Asenet: historia de una justificación*, de Junkal Guevara Llaguno (Facultad de Teología de Granada): http://www.ugr.es/~estsemi/miscelanea/meah54/1_JunkalGuevara_3-26.pdf (pág. 4).

dando un tremendo salto de fe, los Estuardo de Escocia. Claro que Gardner, en otra obra suya, *Genesis of the Grail Kings: The Astonishing Story of the Ancient Bloodline of Christ and the True Heritage of the Holy Grail* (1999), propuso que Jesús procedía de una estirpe de extraterrestres reptilianos, los famosos *anunnaki* sumerios, quienes nos crearon gracias a sus avanzados conocimientos en ingeniería genética.

En la obra *Rex Deus: The True Mystery of Rennes-le-Chateau and the Dynasty of Jesus* (*Los hijos secretos del Grial*, 2000), de Marylin Hopkins, Graham Simmans y Tim Wallace-Murphy, se defiende que el linaje de Jesús continuó a través de una dinastía secreta, Rex Deus, que se fue mezclando con varias casas reales europeas hasta llegar a la actualidad. Claro que la información procede de un miembro anónimo de esta supuesta estirpe, un tal Michael, y no se aporta ninguna otra evidencia externa.

Este cuadro de Sandro Botticelli, de 1490, se titula *La virgen y el niño con san Juan y un ángel*, pero, como pueden comprobar, es raro. El ángel, supuestamente, es el personaje de la derecha, y san Juan, el de la izquierda. Pero este último es claramente una mujer, además, con los atributos habituales de la Magdalena.

Por último, no podemos olvidar a Kathleen McGowan, una escritora estadounidense —esposa del fallecido Philip Coppens, un escritor belga especializado en civilizaciones perdidas y alienígenas ancestrales—, que ha escrito varias novelas sobre el tema, la primera y más conocida, *The expected one* (*La esperada*), de 2005. Esta señora afirma ser descendiente de Jesús y María Magdalena, argumentando que tiene en su poder registros genealógicos que lo demuestran, aunque, hasta ahora, no ha querido compartirlos con nadie...

Les podría poner más ejemplos, pero no merece la pena. Sobra decir que no se ha aportado una evidencia contundente y definitiva de que nuestros protagonistas tuviesen descendencia. Habrá que estar pendiente, aunque mucho me temo que nunca se va a poder demostrar esto con la debida seriedad. Lo que, sin duda, es una pena.

¿MARÍA MAGDALENA EMBARAZADA?

Ya para terminar con esto, me gustaría comentar brevemente algunas ideas sobre otro de los lugares comunes que suelen visitar los defensores del matrimonio entre María Magdalena y Jesús y su descendencia: que esto fue plasmado de modo más o menos sutil en un montón de representaciones artísticas, empezando, como vimos por *La última cena* de Da Vinci.

Les podría poner muchos ejemplos, pero me voy a centrar en el estudioso español José Luis Giménez, autor de obras como *El legado de María Magdalena* (2005) y *El triunfo de María Magdalena: Jaque mate a la Inquisición* (2007), ya que es un ejemplo perfecto de lo que pretendo argumentar. Giménez propone que el matrimonio sagrado fue conocido y aprobado por las grandes herejías históricas (cátaros, templarios), además de relacionarlo con el supuesto hallazgo que hizo Bérenger Saunière y con varias obras artísticas catalanas que, a su juicio, demostrarían esta idea. Por ejemplo, se hace eco de en un retablo del claustro de la catedral de Girona dedicado a María Magdalena, obra de Pere Mates (en torno al año 1526), en el que se reproducen varias escenas canónicas (la escena del lavado de los pies, la primera aparición de Jesús resucitado) junto a varias apócrifas, aunque tradicionales (la ascensión de Magdalena al cielo, su primera comunión, a manos de san Maximino) y una que llama especialmente la atención a este autor: una en la que vemos a una señora tumbada, aparentemente muerta, dando de mamar a un bebé y a un señor de rodillas orando frente a ella, acompañado de varias personas más, dos señores en una barca y el mar de fondo. Para Giménez, esta dama es María Magdalena, sin la más mínima duda. Pero, en realidad es una clara referencia al milagro de la mujer del gobernador de Marsella que se describe en *La leyenda dorada*, del que luego hablaremos. Mal vamos.

Lo realmente novedoso, según él, lo encontró en el Real Monasterio de Santes Creus, en Aiguamurcia (Tarragona), una abadía cisterciense del siglo XII que obtuvo el patrocinio de Pedro III de Aragón (1240-1285), que fue enterrado allí, al igual que un tiempo después pasó con su hijo, Jaime II (1267-1327), cuya esposa, Blanca de Anjou, depositó en aquel monasterio una supuesta reliquia de la lengua de María Magdalena. No en vano, como también verán, esta señora fue hija de Carlos II de Anjou, rey de Nápoles y conde de la Provenza, el responsable del hallazgo de las reliquias de María Magdalena en la antigua iglesia de Saint-Maximin. No debería extrañarnos, por lo tanto, que en ese monasterio se le preste especial atención a nuestra protagonista.

Pues bien, en una capilla dedicada a san Juan se conserva un curioso retablo que, según José Luis Giménez, no representa realmente al apóstol, sino a María Magdalena, sobre todo por lo afeminado de su apariencia, por el color rojo de sus vestimentas y porque aparece con una copa, que este autor relaciona con el jarrón de alabastro, atributo favorito de la santa —sin molestarse en comprobar que es un atributo habitual en Juan y sin percatarse de que se le muestra con un águila, su símbolo como evangelista—. Debajo de esta imagen tenemos unos pequeños murales que contienen diversos pasajes de la historia de Jesús. Uno representa a una señora con una larga melena pelirroja acompañada de dos niños desnudos y con la inscripción en latín «CARITAS». Giménez ve en esto una clara referencia a la maternidad de Magdalena. En realidad, se trata de la representación de una de las virtudes teologales, la Caridad (las otras son la Fe y la Esperanza), que suele simbolizarse con una madre, generalmente vestida de rojo y con varios niños a su lado. De hecho, en los otros pequeños cuadros aparecen las otras virtudes.

Lo realmente inquietante, para este señor, está en otro de estos murales, en el que se representa la crucifixión, pero con una anomalía: abrazada a la cruz de Jesús y arrodillada, aparece ¡María Magdalena embarazada! Y no, no es un efecto óptico, aunque sería necesario poder cotejar esta representación en vivo, algo que, desafortunadamente, no he podido hacer. En efecto, el autor de este retablo, la representó con una barriguilla que lleva a pensar que estaba preñada. Según Giménez, fue realizado en 1603 por un autor desconocido, que, según este investigador, fue algún iniciado en las tradiciones esotéricas del medievo.

El caso, amigos, es que se han propuesto otras imágenes que avalarían esta idea. Casi siempre es una mera pareidolia: se confunde la barriguita característica usada en determinadas épocas (como el Barroco), síntoma de buena salud, con el embarazo.

Aunque en algunos cuadros, como el siguiente, sí que lo parece... pero tenemos que tener en cuenta que su autor siempre pintaba así a las mujeres, sobre todo a las ricas.

Así que igual no se trata de la Magdalena encinta. Pero, aunque lo fuese, por el mero hecho de encontrar esto en una pintura del siglo XVII no se puede defender que se trate de una prueba de que esto realmente sucedió. ¿Acaso no es más fácil pensar que se trata de las

Izquierda: *Magdalena penitente*, Rubens, c. 1618. Derecha: *Penitente María Magdalena*, Anthony van Dyck, 1620-1635.

creencias de su autor o de la comunidad en la que vivió? Que alguien crea algo no implica que ese algo sea real.

Sea como fuere, lo realmente inquietante es que Giménez afirma que todo esto tiene que ver con un plan *divino* para mejorar a la humanidad: unos seres enviados por el *padre celestial* inseminaron artificialmente a María con un embrión que había sido modificado genéticamente, otorgándole no solo capacidades sobrenaturales (como la clarividencia o la curación), sino también la capacidad de regenerar su cuerpo (lo que explicaría la resurrección). Y aquello, además, con el paso de las generaciones, y gracias al linaje de los descendientes de Jesús y Magdalena, hizo que toda la humanidad se viese favorecida por aquellos increíbles atributos... Nada más que decir.

Aprovechando que el Pisuerga pasa por Valladolid, otros autores, igualmente vagos y poco serios a la hora de construir sus propuestas, suelen usar como evidencia algunos cuadros en los que se muestra a la mujer adúltera de la que se habla en el capítulo 8 del evangelio de Juan, a la que una muchedumbre estaba a punto de lapidar, también asociada con María Magdalena. Ya saben: Jesús entra en acción

María Magdalena y san Juan Bautista, Cornelis Engebrechtsz, 1505.

174

y escribe algo con el dedo en la tierra, antes de expresar lo siguiente: «El que de vosotros está sin pecado sea el primero en arrojarle una piedra» (Jn 8, 17). Listo, todos los allí presentes se marchan y Jesús le perdona, no sin antes decirle «a partir ahora no peques». Dada la naturaleza sexual del pecado, se ha asociado en alguna ocasión con María Magdalena, y lo más importante: se le representa a menudo embarazada. Sirvan estos ejemplos:

Por último, un ejemplo recurrente que se suele usar para legitimar la creencia en el linaje sagrado lo podemos encontrar en la mítica capilla Rosslyn de Escocia, un pequeño templo del siglo xv del que se ha hablado mucho, casi siempre en relación con el Santo Grial. Pues bien, en una de sus vidrieras podemos ver una *extraña* escena que algunos consideran una evidencia del sagrado linaje: en el centro se muestra a Jesús con un niño en brazos y dos mujeres arrodilladas; una de ellas, pelirroja, le entrega otro niño. La explicación, como era de esperar, es mucho más mundana: se trata de la escena de Jesús bendiciendo a los niños, narrada en Marcos 10, 13-16, muy representada también en el arte. Sin más.

Cristo y la adúltera, Garofalo, s. xvi.

Jesús y la mujer adúltera, Lucas Cranach el joven, 1570.

Vidriera de Rosslyn.

Menos mal que esta gente no ha visto este peculiar cuadro del Maestro H.B. De haberlo hecho, dirían que era polígamo...

Hablando de poligamia, resulta que muchos mormones, siguiendo las enseñanzas de algunos de sus profetas —así llaman a sus líderes—, entre los que está el fundador de esta historia, Joseph Smith (1805-1844), y Brigham Young (1801-1877)[31], su sucesor, van mucho más allá y defienden que Jesús fue polígamo y que sus esposas fueron Marta, María de Betania y la Magdalena, ¡entre otras! No en vano, aunque la Iglesia de Jesucristo de los Santos de los Últimos días, la rama mormona más amplia, ya no aprueba esta práctica, sus fundadores sí que

Cristo bendiciendo a los niños, Master H. B. (c. 1240).

---

31   En 1847, siendo ya presidente del movimiento, dijo en un discurso que cualquier mujer, al ver a su marido resucitado, se aferraría a sus pies, una clara alusión al *Noli me tangere* y a la Magdalena.

lo hicieron; por eso muchos mormones fundamentalistas lo siguen haciendo. Y claro, usaron a Jesús para legitimar su postura.

Jedediah M. Grant (1816-1856), consejero de Brigham Young, afirmó que este fue el verdadero motivo de su persecución. Orson Hyde (1805-1878), otro importante líder mormón, planteó esta misma idea en algunos sermones:

> Se tendrá presente que hubo una vez unas bodas en Caná de Galilea; con más de una persona Jesucristo se casó en aquella ocasión. Si nunca estuvo casado, su intimidad con María y Marta, y la otra María también, a quien Jesús amaba, debe haber sido muy impropia e impropia, por decir lo menos. (18 de marzo de 1855, *Journal of Discourses*).

Orson Pratt (1811-1881), otro de los líderes fundadores, escribió esto en *The Vigilant*, órgano de la Iglesia mormona:

> Sería natural que un esposo en la resurrección se apareciera primero a sus queridas esposas y luego se mostrara a sus otros amigos. Si todos los hechos de Jesús estuvieran escritos, sin duda deberíamos saber que estas amadas mujeres eran sus esposas[32].

Wilford Woodruff (1807-1898), cuarto profeta del mormonismo, con motivo del día de la santa de 1881, escribió en su diario (publicado en 1883) lo siguiente:

> Reunión vespertina. Oración por E Stephenson. Joseph F. Smith habló una hora y 25 m. Habló sobre las bodas en Caná de Galilea. Pensó que Jesús era el novio y María y Marta las novias. También se refirió a Lucas 10, cap. 38, versículo 42; también Juan 11, cap. 2, versículo 5; Juan cap.12, vers. 3; Juan 20, 8 al 18. José Smith habló sobre estos pasajes para mostrar que María y Marta manifestaron una relación mucho más estrecha que la de simplemente un creyente, y parece consistente. No pensó que Jesús, que descendía de familias polígamas desde Abraham hacia abajo y que cumplió toda la Ley, incluso el bautismo por inmersión, habría vivido y muerto sin estar casado[33].

---

32   Citado en *Savior Married: Was the Son of God married during His mortal life?* [en línea] https://josephsmithfoundation.org/4-savior-married-was-the-son-of-god-married-during-his-mortal-life/ (Consulta: 11 de noviembre de 2023).
33   Ver nota anterior.

Joseph F. Smith jr. era en ese momento el sexto presidente de la Iglesia mormona y sobrino del fundador.

Es más, todos estos, importantes líderes de las primeras décadas de este cristianismo decimonónico, pensaban que Jesús también había tenido hijos con estas mujeres y que aquello se mantuvo en secreto para protegerlos. Orson Hyde llegó a afirmar que «esa semilla tuvo influencia sobre los elegidos de Dios en los últimos días»; es decir, ellos. Existen decenas de testimonios de mormones de los primeros tiempos que aseguraron ser descendientes de Jesús.

Es más, un tal Vern Grosvenor Swanson, pintor y mormón como respuesta a *El código da Vinci* y tomando como punto de partida *El enigma sagrado*, escribió en 2006 una obra titulada *Dynasty of the Holy Grail: Mormonism's Sacred Bloodline* (*Dinastía del Santo Grial: el linaje secreto del mormonismo*), en la que afirmaba, sin ningún pudor y sin ninguna prueba, que Joseph Smith era descendiente de Jesús y María Magdalena.

En cualquier caso, esta idea de que Jesús tuvo varias esposas no es oficial hoy en día en el mormonismo. Comenzó a ser rechazada en la segunda mitad del siglo XIX, a la vez que poco a poco se fue abandonando la poligamia, más que nada porque fue prohibida por el Congreso de los Estados Unidos en 1862. En 1890 se renunció a esa práctica de forma oficial.

Sin embargo, la mayoría de los mormones estadounidenses creen que Jesús estuvo casado —la Iglesia mormona mantiene una ambigua neutralidad respecto a esto—, y muchos consideran que con varias mujeres.

Ya me gustaría seguir hablando de mis queridos santos de los últimos días, pero no puedo...[34]

¿FUE LA MAGDALENA EL DISCÍPULO AMADO?

Me van a permitir que concluya este capítulo con un tema de lo más interesante que guarda relación la Magdalena con aquella idea gnóstica de que Jesús la amaba de forma especial, que para muchos es

---

[34] Ya hablé de ellos en un libro anterior: *Dios ha vuelto, mormones, rastafaris, alienígenas ancestrales y espaguetis con albóndigas* (Guante Blanco, 2019)

un indicio de que fueron pareja. ¿Y si la Magdalena fue el discípulo amado, el supuesto autor del cuarto evangelio?[35]

Este anónimo personaje es presentado así en varias ocasiones. La tradición cristiana ha considerado que se trataba de Juan el apóstol —el hijo de Zebedeo y Salomé, el hermano de Jacobo—, algo que seguramente no es cierto, ya que este texto, como mínimo, es del año 90 —aunque otros han planteado que es más antiguo—. Además, el autor utilizó material anterior, lo que parece extraño si se trata de un testigo directo de los hechos que narra, y lo reinterpretó teológicamente. No pudo ser obra de un seguidor directo de Jesús, pues se trata, sin duda alguna, de una obra muy tardía y con una cristología muy avanzada y muy alejada de la realidad histórica de Jesús. Los sabios del cristianismo primitivo (Ireneo de Lyon, Orígenes o Agustín de Hipona, por decir algunos), conscientes de esto, plantearon que podría tratarse de Juan, que sería además el autor de tres cartas y del Apocalipsis. ¿Por qué? Porque pensaban que era el más joven de los apóstoles, casi un niño.

Ireneo afirmó que eso fue lo que le dijo Policarpo (c. 70-155), obispo de Esmirna, que fue consagrado por un tal Juan, que algunos han identificado con el apóstol, como Ireneo, quien pensaba, además, que había sido el evangelista y el discípulo amado. Pero el asunto venía de atrás: en el apócrifo incompleto *Hechos de Juan*, del último cuarto del siglo II, ya se evidenció esta identificación.

Hay algo que avala esta idea: en el cuarto evangelio no se nombran por su nombre a los apóstoles Jacobo y Juan, sino con el genérico «los de Zebedeo», y en un solo versículo (Jn 21, 2), que para más inri es considerado una interpolación tardía. ¿Cómo es posible esto? No estamos hablando de dos segundones de esta historia, sino de dos de los favoritos de Jesús según los sinópticos. Claro, los cristianos han dado por hecho que esta sorprendente omisión se debe la extraordinaria humildad de Juan, que prefirió omitir su nombre por modestia. Podría ser, sí, pero ¿es humilde autorreconocerse como el discípulo al que más amaba Jesús? Para el caso es lo mismo: la tradición católica defiende desde el siglo II que se trata de Juan.

---

35   El cuarto evangelio es el único en el que se menciona a su autor, en los últimos versículos (Juan 21, 20-25).

El caso es que, de ser así, algunos de los episodios en los que aparece el discípulo amado no se encuentran en los sinópticos. Y en los que sí, con matices, no aparece Juan.

Este esquivo personaje entra en escena por primera vez al narrar los acontecimientos acaecidos durante la última cena, justo después de que Jesús comentase que uno de los allí presentes le iba a traicionar:

> Los discípulos se miraban unos a otros, no sabiendo de quién hablaba. Uno de los discípulos, al que Jesús amaba, estaba recostado en el regazo de Jesús. Entonces Simón Pedro le hizo señas para que averiguara quién era aquel del que hablaba. Aquel, inclinándose sobre el pecho de Jesús, le dijo: «Señor, ¿quién es?». Jesús respondió: «Es aquel para el que yo mojaré un bocado y se lo daré». Entonces, tras mojar un bocado, lo cogió y se lo dio a Judas el de Simón el Iscariote. Y después del bocado Satanás entró en él. Jesús le dijo: «Lo que vas a hacer, hazlo pronto» (Jn 13, 22-27).

Les invito a que busquen en Internet representaciones artísticas de la última cena. Podrán comprobar así que en (casi) todas se muestra a un joven e imberbe discípulo, con aspecto algo afeminado, recostado sobre Jesús, demostrando una inquietante intimidad y cercanía con el maestro. ¿Por qué se le representa así? Porque se da por hecho que es Juan, el apóstol, el evangelista. Como la cristiandad tenía claro que este texto lo escribió bastante tarde, debía ser muy joven durante los acontecimientos que supuestamente vivió junto a Jesús. Por este motivo, el bueno de Ireneo le puso el apodo de Epistheteios, que viene a significar «el que está sobre el pecho».

Más tarde, aparece de nuevo durante la escena de la crucifixión, de la que ya hemos hablado:

> Estaban junto a la cruz de Jesús su madre y la hermana de su madre, María la de Clopás y María Magdalena. Jesús, viendo a su madre y al discípulo al que amaba al lado, dijo a su madre: «Mujer, he ahí a tu hijo». Luego dijo al discípulo: «He ahí a tu madre». Y desde aquella hora el discípulo la acogió en lo suyo (Jn 19,25-26).

Este es el motivo de que la tradición cristiana considere que Juan acogió a la Virgen María en su casa de Éfeso. Allí, en una comunidad fundada por Pablo de Tarso, según Ireneo y alguno más, redactó su evangelio, pero no hay nada que indique que esto sea cierto.

Siguiendo con el discípulo amado, como también vimos, fue el que acudió junto a Pedro para ver el sepulcro vacío de Jesús, después de ser informados por la Magdalena, y creyó que Jesús había resucitado, pese a su reticencia anterior (Jn 20, 1-9); y posteriormente, el que reconoció a Jesús desde la barca durante su aparición en el mar de Tiberíades tras la resurrección y se lo indicó a Pedro (Jn 21, 7). Y ya por último, al final del texto, cuando reconoce ser el autor.

Un detalle importante que deben retener: en casi todas estas escenas, excepto en la de la crucifixión, el discípulo amado aparece junto a Pedro, y en varias conversa con él.

La última cena. Carl Bloch, c. 1900. Nótese como el personaje recostado sobre Jesús siempre se representa con características femeninas.

Aunque la tradición cristiana tiene claro que se trata de Juan, algunos desconfiados han propuesto otros candidatos para el puesto de discípulo amado, como Lázaro de Betania, debido a que en el episodio de su resurrección, que solo aparece en Juan, capítulo 11, se hace especial hincapié en que Jesús le quería especialmente (Jn 11, 36).

También se ha hablado de Juan Marcos, que no aparece en los evangelios, pero sí en los Hechos de los Apóstoles (12, 12) o en algunas cartas de Pablo (el «Marcos, el primo de Bernabé» del que se habla en la carta a los Colosenses 4, 19), ya que parece posible que fuese en su casa donde se celebró la última cena, dado que, según han planteado algunos estudiosos, la costumbre judía de la época era que el dueño de la casa, o su primogénito, se sentara siempre a la derecha del invitado, además de que era común lo de apoyar la cabeza en el pecho del comensal como gesto de hospitalidad. Por si no lo saben, Juan Marcos, según la tradición, fue el autor del primer evangelio. Se cree que era íntimo de Pedro y que, gracias a esto, pudo tener acceso a la información que aportó en el texto que supuestamente escribió. No hagan caso.

¿Pudo ser María Magdalena? De primeras, parece complicado, ya que siempre que aparece se habla de él en masculino. Algunos descreídos han pensado que quizá alguien modificó el texto y sustituyó a María Magdalena, dejándola presente solo en los episodios en los que, la tradición anterior y los evangelios de Marcos, Lucas y Mateo, la situaban.

Aunque ya en *El enigma sagrado* y *El código da Vinci*, obras de las que ya hemos hablado, se apuntó esta posibilidad con la idea de demostrar la viabilidad del matrimonio sagrado, voy a traer a colación un razonamiento mucho mejor, y más trabajado, que escribió el sacerdote católico estadounidense Ramón K. Jusino en su artículo de 1998 «Mary Magdalene, Author of the fourth Gospel».

Jusino, tomando como punto de partida la investigación que, sobre el evangelio de Juan hizo el exégeta Raymond Edward Brown (1928-1998), en obras como *The Community of the Beloved Disciple* (*La comunidad del discípulo amado*, 1996), considera que hubo tres fases en la elaboración de este texto: una primera, escrita por el propio discípulo amado, a la que siguió una reescritura elaborada por la comunidad fundada por él, y una tercera versión que redactó alguien después de su muerte. Brown pensaba que se trataba de Juan, pero Jusino considera que María Magdalena fue la fundadora de la mal llamada comunidad joánica. También siguiendo a Brown, Jusino defiende que este grupo se dividió en dos: unos defendieron el mensaje original de la Magdalena y acabaron influyendo en los posteriores movimientos gnósticos —por eso le daban tanta importancia—; y los otros, más cercanos a las comunidades de Pedro y Pablo, renunciaron a su mensaje primigenio y a su fundadora, en parte porque no veían con buenos ojos que su movimiento lo hubiese iniciado una mujer.

Es decir, el grupo original influyó en los incipientes movimientos gnósticos que, años después, en algunas de sus obras (*Evangelio de María*, *Evangelio de Felipe*) calificaron a María Magdalena como el discípulo que Jesús más amaba. Parece coherente. Además, como vimos, el evangelio de Juan era el más respetado por los gnósticos, porque, valga la redundancia, era el más gnóstico de todos.

Visto así, parece claro, ¿no? El problema es que en un par de escenas importantísimas Magdalena aparece junto al discípulo amado, lo que parece imposibilitar, *a priori*, esta teoría. Jusino propone que esto se debe a que no pudieron eliminarla, ya que, en los otros evangelios, nuestra protagonista aparecía en dichas escenas. La solución consistió en añadir al discípulo amado, a riesgo de que todo quedase un poco raro.

La primera de estas escenas es la ya comentada de la crucifixión, en la que se enumera en primer lugar a María Magdalena y a varias mujeres más, para a continuación comentar que también estaba allí el discípulo amado. Jusino propone que tendría mucho más sentido si partimos de que se modificó el género y de que, en realidad, decía «la discípula a la que amaba». Un versículo del gnóstico *Evangelio de Felipe* —que me había guardado para la ocasión— dice lo siguiente:

> Tres [eran las que] caminaban continuamente con el Señor: su madre María, la hermana de esta y Magdalena, a quien se designa como su compañera (32).

¡Son las mismas mujeres que, según el cuarto evangelio, estuvieron junto a Jesús en la cruz! Desde esta perspectiva, el texto quedaría del siguiente modo:

Estaban junto a la cruz de Jesús su madre y la hermana de su madre, María la de Clopás y María Magdalena. Jesús, viendo a su madre y a la discípula a la que amaba al lado, dijo a su madre: «Mujer, he ahí a tu hija. Luego dijo a la discípula: «He ahí a tu madre». Y desde aquella hora la discípula la acogió en lo suyo (Jn 19, 25-26).

Por lo tanto, sería la Magdalena la que quedaba al cargo de la madre de Jesús. En efecto, como también veremos, existe una tradición que las sitúa juntas en Éfeso.

El otro episodio es todavía más raro: en Juan 20, 1-10 se narra la escena del hallazgo del sepulcro vacío por la Magdalena. Como recordarán, esta no llegó a comprobarlo, lo dio por hecho y fue a avisar a Pedro y «al otro discípulo, al que Jesús quería», que se lanzaron raudos y veloces para allá...

Corrieron los dos a la vez; y el otro discípulo corrió más rápidamente que Pedro y llegó primero al sepulcro, y al asomarse vio los lienzos tirados, pero no entró. Llegó también Simón Pedro, que lo seguía, y entró al sepulcro, vio los lienzos tirados y el sudario, que estaba sobre su cabeza, no tirado con los lienzos, sino plegado aparte en otro lugar. Entonces entró también el otro discípulo, el que había llegado primero al sepulcro, vio y creyó (Jn 20, 38).

Como ven, no se informa de que la Magdalena fuese con ellos, pero estaba allí, pues poco después se comenta que «estaba de pie fuera, junto al sepulcro» (Jn 20, 11). Además, no deja de ser curioso que fuese ella la primera en ver la tumba vacía, aunque no entrase, y que el discípulo amado llegue también antes que Pedro y tampoco entre. Así, si cambiamos a aquel anónimo personaje por la Magdalena, la narración cobra más sentido. Sería algo así: María va a informar a Pedro; regresan juntos; ella se queda en la puerta; Pedro entra; Pedro sale y se va a informar a los demás; María entra y se encuentra con los dos ángeles y, a continuación, con Jesús.

En el resto de apariciones del discípulo amado, como la de la última cena, este es perfectamente sustituible por María Magdalena. ¿Es posible que el aspecto afeminado con el que se suele representar a Juan en esta escena se deba a esto? Sería mucho decir, pero...

En principio, parece plausible esta teoría. Pero ¿cómo es posible que nadie mencionase esto durante los primeros siglos del cristianismo, aunque fuese para denunciarlo como una mentira o una herejía? ¿Pudo ser ella? No me atrevería a decir que no de primeras. Puestos a especular, la secuencia de acontecimientos parece razonable. Pero no cantemos victoria. Hay algo que estamos obviando y que es necesario mencionar antes de concluir: si el discípulo amado no es Juan, como defienden las distintas tradiciones cristianas, ¿dónde está Juan, que, recordemos, no es mencionado en su supuesto evangelio y que, sin embargo, tiene una importancia trascendental en los sinópticos, en los Hechos y en las cartas de Pablo? No tiene sentido que no aparezca en este evangelio. Aunque también es cierto que aquí se omitieron otras escenas importantes en la que estuvo presente Juan, como la resurrección de la hija de Jairo, la transfiguración de Jesús o el discurso en el Monte de los Olivos. Ni una vez aparece, al contrario que Pedro, que lo hizo hasta en cuarenta ocasiones —muchas más que en el resto de evangelios—. De no ser él, lo lógico es que los sabios cristianos del siglo II se preguntasen el porqué de su ausencia, y lo encontraron: omitió su nombre.

Raymond E. Brown, entre otros exégetas, considera que esta omisión se debe a que este evangelio fue escrito por una comunidad

Detalle de *La última cena* de Da Vinci.

cristiana de Asia fundada por el propio Juan en su madurez. Velaron su nombre por respeto. Pero ¿por qué ocultaron algunos de los episodios más famosos en los que estuvo presente según la tradición sinóptica? ¿Porque no los conocían? Y es que, amigos, para muchos exégetas, Brown incluido, este evangelio es independiente de los otros tres: esa comunidad escribió su texto a partir de relatos orales u escritos distintos, parecidos, aunque con notables diferencias.

Pero algunos ilustres estudiosos, como Gonzalo Fontana, han propuesto que estaríamos ante una representación simbólica de Juan, pero también de la propia comunidad joánica, que en la época de la redacción ya se hallaba notablemente separada tanto de la Iglesia de Jerusalén como de las comunidades fundadas por Pablo de Tarso. Pero eso, amigos, es otra historia.

Nos queda una última cuestión: según los sinópticos, Juan estuvo en la última cena. En el cuarto evangelio no se le menciona en esa escena, pero sí, como acabamos de ver, al discípulo amado, al que se le describe recostado sobre el pecho de Jesús, algo que, como ya indiqué, ha sido representado hasta la saciedad en el mundo del arte. Sin embargo, Da Vinci hizo algo extraño en su versión de *La última cena*: a la derecha de Jesús (a nuestra izquierda) aparece este personaje, con su característico pelo largo y pelirrojo e imberbe. Hasta aquí nada raro. Sin embargo, en vez de aparecer recostado sobre Jesús, Da Vinci lo mostró haciendo lo contrario, como alejándose. ¿Por qué? Y no solo eso: el personaje que está a su lado es Pedro, que hace un gesto bastante extraño con su mano, como amenazando cortar el cuello del discípulo amado. Lo curioso es que en la otra mano tiene un cuchillo..., el único que hay en toda la mesa.

¿Por qué hizo esto Da Vinci? ¿Se puede interpretar en clave gnóstica este simbolismo? Recuerden que en los textos de estas gentes se mostraba siempre la animadversión que Pedro sentía por la Magdalena... El que pueda entender, que entienda.

En cualquier caso, se trate de quien se trate, ¿por qué Da Vinci lo mostró apartándose en vez de recostado sobre su pecho? Honestamente, no lo sé. Para que les voy a engañar.

La leyenda dorada de la Magdalena

En la Edad Media también había autores superventas. Uno de ellos fue el monje dominico italiano Jacopo di Varazze (1230-1298), conocido en España como Jacobo de la Vorágine, autor de una extraordinaria recopilación de vidas de santos conocida como la *Legenda Aurea* (*La leyenda dorada*), aunque al principio se tituló *Legendi di sancti vulgari storiado*, que fue construyendo a lo largo de casi treinta años, desde 1260 hasta su muerte. Fue todo un pelotazo en su época y durante los siglos siguientes, como evidencia el hecho de

Códice de *La leyenda dorada* fechado en torno a 1290, en vida, por lo tanto, del autor. Se conserva en la Biblioteca Medicea Laurenziana de Florencia.

que se han conservado como mil manuscritos de aquellos tiempos, por no hablar de su influencia en el mundo del arte, más que nada por sus detalles novelísticos y su gusto por lo sobrenatural. Tanto es así que durante el Concilio de Trento, celebrado a mediados del siglo XVI, se dio la orden de vigilar las obras artísticas inspiradas en esta recopilación de hagiografías y otras similares porque se apartaban de la ortodoxia.

Este señor, que llegó a ser obispo de Génova y que es considerado beato por la Iglesia católica, redactó las minibiografías —*abreviatio*, dicen los cultos— de unos 150 santos y santas —que ordenó según el año litúrgico—,[36] y, claro está, le dedicó unas páginas a María Magdalena (más bien, un extenso capítulo, el XCVI). Por desgracia, no sabemos cuáles fueron sus fuentes[37] y es una pena porque estaría muy bien saber de dónde sacó lo que escribió para este caso concreto, pues, como verán, narró algo realmente alucinante.

Al comienzo de su relato, el hagiógrafo quiso destacar la penitencia como una de las virtudes de la santa, además de lanzarse a proponer una curiosa etimología de su nombre. Pero lo hizo de un modo muy curioso:

> María significa tres cosas: *mar amargo, iluminadora e iluminada.* Estas tres significaciones nos ayudan a interpretar correctamente las tres partes que esta santa óptimamente eligió, a saber: la parte de la penitencia, la parte de la contemplación interior y la parte de la gloria eterna. (De la Vorágine 1999, 382).

Para este señor, como era normal en la época, María era la pecadora de Lucas. Pero también la considera una «iluminadora», porque

---

36   A lo largo de las décadas y siglos siguientes se fueron añadiendo nuevas biografías al corpus, que en algunos manuscritos llega a tener más de doscientas. Aunque, curiosamente, en algunos casos, unas pocas también fueron suprimidas por el copista de turno, que debió considerar que eran demasiado inverosímiles.

37   Dejando a un lado las antologías hagiográficas *Abreviado in gestis et miraculis sanctorum*, del monje dominico francés Jean de Mailly (1190-1260), redactada en torno a 1230, y el *Liber epilogorum in gesta sanctorum*, de Bartolomeo da Trento (1190-1251), otro dominico, en este caso italiano, que publicó la primera versión en 1244. Ambas están compuestas, como *La leyenda dorada*, por un buen número de biografías abreviadas de santos, y mencionaron a la Magdalena, aunque de forma más breve. Y ambas, sin duda, influyeron en De la Vorágine.

con sus labores contemplativas ayudó a otros a ver la luz, a la par que una «iluminada», ya que fue receptora de la luz divina.

Además, se enfrascó con su apellido, aunque aquí perdió un poquito el norte:

> «Magdalena», su segundo nombre, puede significar tres cosas: si suponemos que esta palabra deriva de *manens rea*, querrá decir algo así como «fue tenida por rea»; en ese sentido, «Magdalena» sería lo mismo que «culpable»; pero si suponemos que el vocablo «Magdalena» procede de otros, su significado sería o bien el de «fortificada», o para el caso «invicta», o bien el de «magnífica». Estas tres significaciones denotan respectivamente lo que fue esta mujer antes de convertirse, en su conversión y después de convertida. Antes de convertirse, convínole plenamente el nombre de «Magdalena» en cuanto *manens rea*, o sea, en cuanto «culpable», porque su vida durante esa etapa se caracterizó por una actitud de permanente culpabilidad merecedora de penas eternas. Al convertirse, el significado de «culpable» dejó de existir y comenzó a convenirle el de «fortificada» o «invicta», puesto que se pertrechó con la armadura de la penitencia, hizo de su persona una plaza inexpugnable y transformó su holocausto en vida, antes dedicada a los placeres. Después de convertida, la significación de «magnífica»[38] adquirió con toda justicia plena relevancia sobre las otras dos: magnífica por la sobreabundancia de la gracia (De la Vorágine 1999, 383).

Eso sí, acto seguido aclaró que el nombre en realidad procedía del castillo en el que vivió, Magdalo, situado en Betania y propiedad de su familia, «descendiente de reyes», sus hermanos Marta y Lázaro y sus padres, Siro y Eucaria. Tras la muerte de estos, María heredó el castillo, de ahí su apodo, mientras que a sus hermanos les tocaron las posesiones familiares en Jerusalén y el pueblo de Betania, pero siguieron viviendo juntos.

La Magdalena «pronto se desentendió de todo para entregarse a una vida disoluta» (383). Lázaro, militar de profesión, andaba pensando solo en lo suyo, así que la hacendosa Marta tuvo que hacerse

---

38   Recuerden, amigos, la extravagante propuesta de Thierry Murcia, que defendía que María Magdalena era la madre de Jesús porque consideraba que *megaddela* («magnífica») era su epíteto real.

cargo de administrar todas las propiedades, gestionar la casa familiar y cuidar de sus hermanos.

> [La Magdalena,] a medida que fue tomando conciencia de su belleza y de su elevada posición económica, fuese dando más y más a la satisfacción de caprichos y apetitos carnales, de tal modo que las gentes, cuando hablaban de ella, como si careciera de nombre propio, designábanla generalmente por el apodo de «la pecadora» (383).

Hasta que un día escuchó hablar de Jesús y, movida por el Espíritu Santo, se presentó en casa de Simón el Leproso, donde se encontraba Jesús comiendo. Ya saben, la escena de la pecadora de Lucas...

Es decir, según esta versión de la historia, no fue una prostituta, sino una rica, bella y alocada noble que se echó a la mala vida...

> El Señor hizo a María Magdalena inmensos beneficios y distinguióla con señaladísimas pruebas de predilección: expulsó de su alma siete demonios; dejóla totalmente inflamada de amor hacia Él; honróla con su confianza y amistad; convirtióla en su hospedera, alojándose en su casa; quiso que fuese ella quien le procurase lo que necesitaba cuando iba de camino en sus peregrinaciones de evangelización; defendiéndola de quienes la atacaban o recriminaban su comportamiento, como la defendió ante Simón el Fariseo, que la juzgaba inmunda, ante su hermana Marta, que la tachó de holgazana, y ante Judas, que la acusó de derrochona (384).

Además, Jesús resucitó a Lázaro y curó a Marta de unas hemorragias que tenía desde niña... Por todo esto, la Magdalena se convirtió en su más fiel seguidora.

> Permaneció junto a la cruz de Cristo durante su pasión, y [fue] quien compró los aromas para ungir su cuerpo muerto, y quien se quedó velando su sepulcro cuando los demás discípulos se marcharon; también fue la primera a quien Jesús resucitado se apareció y la encargada por Él de comunicar su resurrección a los demás, convirtiéndose de este modo en apóstola de apóstoles (384).

Tras la muerte, resurrección y ascensión de Jesús, los hermanos vendieron todo y le entregaron el dinero a los apóstoles. Catorce años después, Maximino, uno de los setenta y dos discípulos de Jesús, al que Pedro, según De la Vorágine, había encargado que atendiera espiritualmente a la Magdalena, se vio obligado a huir porque le perseguían los paganos…

Estos obligaron a subir a una barca a san Maximino, a María Magdalena, a Lázaro, a Marta, a su criada Martila, a san Cedonio, el ciego de nacimiento curado de su ceguera por Cristo, y a otros muchos cristianos; condujeron la nave hasta alta mar y allí la dejaron abandonada, sin remos, sin velas y sin nada cuanto pudiera servir para ayudar a la navegación, con la pérfida idea de que el navío naufragara y sus pasajeros murieran ahogados; pero Dios se encargó de conducir milagrosamente sobre las aguas del mar a los expedicionarios, haciendo que la maltrecha embarcación arribara a las costas de Marsella, en cuyo puerto desembarcaron (384).

La prédication de Marie Madelaine, anónimo (un colaborador de Anton Ronzen), 1517. En la escena se muestra a la Magdalena predicando en el puerto de Marsella frente a varias personas, entre los que está el matrimonio de los señores de la ciudad (en el centro).

Por desgracia, no encontraron alojamiento, así que se cobijaron bajo la techumbre de la entrada de un templo pagano. Y allí fue donde la Magdalena comenzó a predicar, entre las gentes que acudían a aquel lugar impío a ofrecer sacrificios a sus ídolos. Y pronto consiguió captar sus primeros seguidores.

Un tiempo después se presentaron en aquel templo el gobernador de aquella provincia y su esposa, y la Magdalena les convenció de lo absurdo de rendir culto a aquellos ídolos. Además, a lo largo de las siguientes noches, se les apareció para intentar convencerles de que ayudasen a aquellos pobres mensajeros de Cristo. Y claro, lo hicieron.

Unos días más tarde, mientras Magdalena andaba predicando, el gobernador, le preguntó si podía probar aquello que predicaba...

> —Claro que puedo —respondió la interpelada, y añadió—: Lo que yo predico es lo mismo que predica mi maestro Pedro, que todavía vive y está en Roma, y garantizó con estupendos milagros la verdad de cuanto enseñaba.
> Entonces el gobernador, de acuerdo con su esposa, propuso a Magdalena:
> —Si consigues que ese Dios de quien hablas nos conceda a mi mujer y a mí tener un hijo, abrazaremos la fe que predicas.
> —Os aseguro —respondió Magdalena— que tendréis ese hijo (385).

Y en efecto, la esposa del gobernador quedó encinta. El esposo, asombrado, decidió ir a Roma para conocer y escuchar a Pedro, y hasta allí se marchó junto a su esposa embarazada. Pero a los pocos días de travesía se desató una terrible tempestad y el miedo hizo que aquella señora se pusiese de parto; pero nada más dar a luz, falleció. Los tripulantes del barco decidieron lanzar el cadáver al agua, seguros de que así se calmaría la tormenta, pero el gobernador les convenció para que, en vez de eso, la enterraran en un pequeño islote que vieron. Pero, como aquella isla era toda piedra, en vez de enterrarla, la depositaron en una cueva, acomodando como pudieron al niño junto al seno de la difunta.

> —Oh, María Magdalena! ¡En mala hora y para mi perdición llegaste a Marsella! ¡Qué necio fui al creer en tus palabras y decidirme a emprender este funesto viaje! ¿Por qué se me ocurriría pedirte

que rogaras a tu Dios que me concediera un hijo? Si no te hubiera pedido semejante cosa mi mujer no habría concebido ni estaría ahora muerta; por habértelo pedido, ella concibió y murió de parto. Nació el niño, pero ¿para qué? Para morir igualmente no tardando, y seguir dentro de muy poco la suerte de su madre, puesto que no tenemos quien lo amamante (387).

Y acto seguido, prosiguió su viaje hacia Roma, donde, en efecto, consiguió conocer a Pedro. Tras contarle su triste historia, este le dijo:

—Has hecho bien en venir a mí; has obrado cuerdamente al conservar la confianza. No penes porque tu mujer duerma y tu hijo descanse a su lado. Dios es poderoso y puede, si quiere, conceder a alguien determinados dones (387).

Además, decidió llevárselo a Jerusalén para enseñarle los lugares donde había predicado Jesús.

Dos años más tarde, una vez que el gobernador consideraba que ya estaba lo suficientemente instruido en la fe cristiana, decidió volver a Marsella. Pero algo asombroso sucedió al pasar de nuevo cerca de aquel islote...

Merced a María Magdalena, el niño, en aquellos dos años, habíase conservado incólume, y, como otros muchos días, también aquel, en que la nave arribó al islote, estaba en la playa sentado sobre la arena, jugando con conchas y guijarros [...] Cuando el barco se acercó a la playa y el gobernador vio al pequeño [...] saltó por la borda de la embarcación y comenzó a correr hacia donde el niño estaba (387).

El niño, asustado, huyó hacia la cueva y se acurrucó junto a su madre. El gobernador, preso de la curiosidad, «quedo estupefacto al alzar los pliegues de la capa y ver al hermosísimo niño mamando en los pechos de su madre» (387) muerta. Exultante, le pidió a gritos a la Magdalena que intentase resucitar a su esposa difunta. Dicho y hecho.

—¡Bienaventurada y gloriosa María Magdalena! ¡Qué buena eres! ¡En el trance de mi prematuro y difícil parto hiciste de comadrona, y después continuaste atendiéndome solícitamente en todas mis necesidades! (388)

Con las mismas, el feliz matrimonio y el bebé tomaron rumbo a Marsella, donde fueron bautizados por Maximino. A continuación derribaron todos los templos paganos y mandaron edificar otros en honor a Jesús.

Poco después de esto, reuniéronse los fieles y eligieron por unanimidad a Lázaro como obispo de la ciudad; hecha esta elección, algunos se trasladaron a Aix, en donde predicaron, obraron muchos milagros y convirtieron a sus habitantes a la fe cristiana. En Aix recibió san Maximino la ordenación episcopal (388).

Fresco de Giovanni da Milano en la capilla Rinuccini de la iglesia de la Santa Croce, Florencia, realizado en 1365. La imagen de la esquina inferior derecha muestra este escena que acabamos de comentar.

Pasó el tiempo, y Magdalena, con la satisfacción del trabajo bien hecho y ansiosa por llevar una vida contemplativa...

> ...se alojó en una celda previamente preparada para ella por los ángeles y en dicha celda vivió durante treinta años totalmente apartada del mundo y aislada del resto de la gente. Como en toda aquella zona no había ni fuentes, ni árboles, ni siquiera hierba, fácil es de suponer que durante esos treinta años la santa no se nutrió con alimentos terrenos de ninguna clase, sino que Dios la sustentó milagrosamente con sustancias celestiales. [...] Los ángeles la transportaban al cielo para que asistiera a los oficios divinos que allí celebraban los bienaventurados (388).

Y de eso vivió durante tres décadas, de los goces divinos, sin necesidad de tomar alimentos ni bebidas terrenales, siendo elevada siete veces al día a los cielos para que asistiese a los oficios celestiales.

Magdalena en la cueva con los ángeles. Guido Cagnacci, 1659.

Hasta que un día, un sacerdote que pretendía hacerse eremita se instaló allí cerca y vio cómo unos ángeles subían a una señora al cielo, para bajarla una hora después. Lleno de curiosidad —no es para menos—, intentó acercarse al lugar, pero, conforme lo hacía, una fuerza se lo impidió y le hizo sentir un cierto malestar. Aturdido, se puso a gritar para que aquella misteriosa señora le explicase qué sucedía allí. Y ella, desde el interior de la cueva, aceptó, y acto seguido le explicó quién era. Y luego le lanzó una petición:

> Nuestro Salvador me ha comunicado que muy pronto me sacará definitivamente de este mundo; quiero, pues, que vayas a ver a san Maximino y que le digas de mi parte que el próximo Domingo de Resurrección, cuando se levante para cantar los maitines de la fiesta, entre en su oratorio, pero que entre él solo, y que allí me encontrará, porque allí seré llevada por los ángeles (389).

Dicho y hecho. El sacerdote fue a informar a Maximino, y este, lleno de alegría, cumplió con el encargo. En efecto, el Domingo de Resurrección se encontró a la santa rodeada de un coro de ángeles.

> Viola en medio de ellos, suspendida en el aire a una altura de dos codos respecto al suelo, con sus manos extendidas hacia arriba, como si estuviera hablando con Dios (389).

Comunión y asunción de la Magdalena, Sandro Botticelli, 1470. Se trata de una pequeña imagen, de 18 cm de alto por 42 de ancho, que recoge esta escena final de la historia de la Magdalena y que formó parte de un retablo.

Maximino, al acercarse, pudo ver que el rostro de la Magdalena había adquirido un brillo sobrenatural. A continuación le administró en comunión el cuerpo y sangre de Cristo. Y justo después, la mujer «emigró hacia el Señor» (390).

Tras ungir con suavísimos bálsamos el cadáver de la santa, lo sepultó reverentemente y rogó a los cristianos que cuando él falleciera enterrasen su cuerpo al lado del de ella (390).

Y aquí termina la narración, aunque Santiago de la Vorágine continúa contando algunos milagros más que hizo la santa, en vida y después de su muerte.

LA EGIPCÍACA

Muy bonito todo, de no ser porque se trata de un burdo plagio de la historia de santa María Egipciaca (c. 344-c. 422), una mujer dominada por sus bajas pasiones, prostituta según algunos, nacida en Egipto y reconvertida al cristianismo tras visitar el Santo Sepulcro de Jerusalén, viaje que financió ofreciendo sus atributos sexuales a los peregrinos que de todas partes se acercaban hasta la ciudad santa para la fiesta de la Exaltación de la Santa Cruz.

Curiosamente, cuando intentó entrar a la iglesia, una fuerza invisible se lo impidió. Hasta tres veces lo intentó, pero nada. Contrariada, al ver una imagen de la Virgen María representada como la madre de Dios (*Theotokos*), clamó perdón y prometió renunciar al mundo y a su vida anterior. Volvió a intentar entrar, y entonces sí se le permitió. Y justo cuando estaba frente a la reliquia de la cruz, escuchó una voz divina que le decía: «Si cruzas el Jordán, encontrarás un glorioso descanso». Por eso, queridos lectores, hay una capilla en su honor en la iglesia del Santo Sepulcro.

Y eso hizo. Tras recibir la comunión en el monasterio de Juan el Bautista, se retiró al desierto del Jordán como ermitaña, llevando consigo solo tres panes.

Vivió durante años desnuda y alimentándose de lo que por allí encontraba y de los mensajes que de cuando en cuando recibía de Dios. Al final, cuando llevaba cuarenta y siete años de soledad, fue encontrada un Jueves Santo por Zósimo de Palestina, santo para la

Iglesia ortodoxa, un sacerdote que, tras una larga y piadosa vida, decidió acabar sus días en el desierto. La encontró desnuda y con una delgadez extrema. Le ofreció su manto y escuchó con atención su historia. Y luego, rendido ante su ascética redención, le administró la comunión.

Quedaron para encontrarse un año después en el mismo sitio, pero cuando se cumplió el tiempo, Zósimo la encontró muerta... Según rezaba una inscripción que encontró escrita en la arena, junto a su cabeza, murió la misma noche que recibió la comunión, pero su cadáver estaba incorrupto. Zósimo, con la ayuda de un león del desierto, ojo, la enterró allí mismo.

Esta santa, muy venerada en casi todas las confesiones cristianas —conocemos su historia por la *Vita* que escribió hacia el año 638 Sofronio—, sirvió como modelo, incluso, para las representaciones artísticas de María Magdalena: desnuda, o solo con un manto tapándole, y en una cueva.

Santa María Egipcíaca, José de Ribera, 1641.

Es más, al igual que sucede con esta, algunas órdenes religiosas de mujeres penitentes la tomaron como ejemplo, y también los franciscanos. Su figura es muy venerada como símbolo de redención de las mujeres pecadoras, como sucede con la Magdalena. De hecho, en España era habitual que a las prostitutas que abandonaban sus labores se les denominase «egipcíacas».

Para ahondar en esta clara apropiación es necesario comentar que De la Vorágine, que también se hizo eco de la vida de esta santa (en el capítulo LVI), narró otra vez esta historia de la Magdalena penitente y anacoreta, en ese mismo capítulo, aunque con algunas sutiles diferencias que la acercan aún más a la historia de María la Egipcíaca:

> Sobre santa María Magdalena existe una historia, escrita según unos por Hegesipo y según otros por Josefo, y cuanto en la aludida historia se narra coincide con lo que hasta aquí hemos dicho. En efecto, en esta mencionada historia, sea de Hegesipo o de Josefo, y en uno de sus capítulos, se refiere que María Magdalena, después de la Ascensión del Señor, ya fuese por la intensidad de su amor a Cristo, ya por la tristeza y vacío que la ausencia del Salvador produjo en su alma, no quería ver a nadie, y que cuando llegó a la tierra de Aix se refugió en un desierto en el que, escondida y aislada del mundo, vivió treinta

Zósimo de Palestina se encuentra con María de Egipto.
Fresco de la basílica de Asís, Italia.

años, a lo largo de los cuales siete veces cada día un ángel la subía al cielo para que asistiera a la celebración de las Horas canónicas que en la gloria se cantaban. En la misma historia se cuenta que en cierta ocasión se acercó un sacerdote a la celda en la que ella vivía, y que la santa, desde dentro, a través de la puerta que siempre permanecía cerrada, le pidió que le llevara ropa con qué vestirse, y que, cuando el sacerdote hubo hecho este encargo, vestida con las prendas que le proporcionara, se fue con él a una iglesia para que le administrara la comunión, y que una vez que hubo comulgado juntó sus manos en actitud de oración y, mientras oraba, junto al altar, entregó su alma a Dios y descansó en paz (De la Vorágine, 390).

S. Maria Ægyptiaca.

Representación de santa María Egipciaca en un grabado incluido
en el libro *Sylva anachoretica Aegypti et Palastinae*, de 1619.

Esta asociación era bien conocida. De hecho, el poeta monje Gonzalo de Berceo (1196-1264), en su obra capital, *Los milagros de Nuestra Señora* (entre 1246 y 1252) incluyó la siguiente estrofa:

La sancta Magdalena, de Lázaro ermana,
peccadriz sin mesura, ca fue mugier liviana,
esso misme te digo de la egipciana,
èssa sanó a ambas, la qe todo mal sana.
(*Milagros*, estr. 783)

Es más, un siglo antes que De la Vorágine, el sacerdote y filósofo alemán Honoré d'Autun (1080-1154), en su obra *Speculum Ecclesiae*, compuesta por un buen número de sermones que él mismo recitó, en un texto titulado *De sancta Maria Magdalena*, en el que sigue al pie de la letra sus apariciones en los evangelios —identificándola una vez más con la pecadora de Lucas y con María de Betania—, narró la historia posterior de Magdalena tomando como inspiración la de la Egipciaca.

Por amor a él, ya no quería ver a ningún hombre, así que se retiró al desierto. Vivió durante varios años en una cueva. Hasta que un día un sacerdote errante llegó a su casa y le preguntó quién era. Ella respondió que era María la pecadora, y él le dijo que había sido enviado para enterrar su cuerpo. Con estas palabras, muriendo llena de gloria, ella dejó el mundo que había aborrecido durante mucho tiempo, y mientras los ángeles cantaban un himno, fue directa hacia el Señor, a quien había amado mucho, y quien lo perdonó mucho y le permitió elegir lirios en el jardín de hierbas con las vírgenes purísimas (Poucet 2014, 25).

Además, introdujo alguna novedad. Por ejemplo, que después de haber presenciado junto a los demás discípulos la ascensión de Jesús, recibió, como los otros, el Espíritu Santo en el día de Pentecostés —esto se comenta en los Hechos de los Apóstoles 2, 1-4, aunque aquí no se indica que ella estuviese allí—; o que había sido dada en matrimonio con un hombre de Magdala al que no quería y que, huyendo de él, se terminó convirtiendo en prostituta, pero su hermana Marta la llevó ante Jesús y este le expulsó los siete demonios que se habían apoderado de ella. Ojo, este señor no la situó en Francia y eso que fue obispo de Autun, una localidad que está unos 80 kilómetros de Vézelay, el primer lugar que reclamó tener las reliquias de la Magdalena.

¿NOVIA DE JUAN?

Siguiendo con De la Vorágine, incluyó una historia realmente curiosa que, sin duda, merece la pena trascribir completa:

> Dicen algunos que María Magdalena y Juan Evangelista fueron novios; que cuando ya estaban a punto de casarse, Cristo llamó a Juan y lo convirtió en discípulo suyo, y que ella, despechada e indignada contra Jesús porque le había arrebatado a su prometido, se marchó de casa y se entregó a una vida desenfrenada. Quienes afirman esto añaden que el Señor, para evitar que el llamamiento de Juan pudiese dar ocasión a que Magdalena se condenase, usó de misericordia con ella, la convirtió, la puso en camino de penitencia; y que al arrancarla de los placeres carnales a que se había entregado, la colmó más que a nadie de las espirituales satisfacciones que derivan del amor a Dios. Estos mismos dicen también que si Cristo distinguió a Juan con su amistad y le hizo saborear más que a los otros apóstoles las dulzuras de su conversación y trato, fue para compensarle de aquellos deleites conyugales que nunca llegó a conocer, puesto que lo apartó de ellos en las vísperas de su proyectada boda. Estas afirmaciones son tan frívolas como falsas. Fray Alberto, en el proemio al evangelio de san Juan, escribe que la joven con la que Juan iba a casarse y con la que no se casó porque Cristo lo llamó al apostolado poco antes de que el casamiento se celebrara, permaneció siempre virgen; y añade que, al unirse Juan a Jesús, ella se asoció con la Virgen María, en cuya compañía fue vista después por la gente, y que conservó su virginidad hasta la muerte (391).

¿Qué es esto? Cierto es que De la Vorágine afirmó que esto era falso, pero no aclaró quiénes eran los que afirmaban esto. Tampoco se sabe quién es ese fray Alberto, aunque se ha planteado que puede tratarse del dominico Alberto Magno (1200-1280), maestro de santo Tomás de Aquino y autor de un comentario sobre el evangelio de Juan; pero resulta muy llamativo eso de que la novia de Juan, que no era la Magdalena, permaneció siempre virgen y se asoció con la madre de Jesús: como veremos, una tradición muy antigua del cristianismo oriental afirma que Magdalena se unió a la Virgen y a Juan en Éfeso, donde finalmente falleció y donde se creía que estaban sus restos mortales.

¿Recuerdan a Jean d'Outremeuse? Les hablé de él páginas atrás con motivo de la leyenda apócrifa del perfume de nardos y el Santo

Prepucio. Pues bien, en su versión *sui generis* de la historia evangélica, al hablar de la famosa escena de las bodas de Caná introdujo varias novedades, posiblemente influido por *La leyenda dorada*, ya que también identificó a Juan con el novio. La narración del milagro, la conversión del agua en vino, la cuenta sin apenas variación, pero luego introdujo un cambio alucinante:

> Cuando san Juan, que era el novio, los oyó, corrió hacia Jesucristo agradecido. Entonces se fue con él. Y no se acostó con su mujer, que era la más hermosa que se podía ver en todos los países. Se trataba de María Magdalena, que estaba tan decepcionada por haber sido abandonada así por su marido, y tan irritada en su corazón y su voluntad, que buscó los siete pecados capitales (Poucet 2014, 21).

Es decir, la adhesión de Juan, su marido, al movimiento de Jesús fue lo que llevó a la Magdalena a la vida de pecado que desde entonces mantuvo. Y además, d'Outremeuse insiste en que fue a buscar todos los pecados.

Un tiempo antes, en la segunda mitad del siglo XII, un teólogo de Troyes llamado Pedro el Comedor (Petrus Comestor, 1100-1179), apodado así por su fama de devorador de libros, ya identificó a Juan como el novio de las bodas de Caná en su famosa *Historia Scholastica* (1173), una historia del mundo desde la creación hasta la muerte de Pablo, añadiendo que también abandonó a la novia para irse con Jesús, aunque no la identificó con la Magdalena.

YOURCENAR

Aprovecho la oportunidad para recomendaros una lectura extraordinaria que guarda relación con esto, un precioso cuento de la portentosa escritora belga Marguerite Yourcenar (1903-1987), autora de la mítica novela *Memorias de Adriano*, titulado *María Magdalena o la salvación* (uno de los incluidos en su obra *Fuegos*, de 1936), que se ha representado en alguna ocasión en teatro. Construido en primera persona, a lo largo de un extenso monólogo, sin un solo punto y aparte, María Magdalena rememora su vida. Si me lo permiten, lo resumo en pocas palabras. Merece la pena.

Una vez más, era la prometida de Juan, hasta que en el mismo día de su boda sucede lo imposible: su esposo, en el mismo lecho nupcial, después de que Jesús —al que Yourcenar llama siempre «Dios»— le llamase tres veces, sin llegar a consumar el matrimonio porque Juan andaba en otras cosas, se marcha con él. Ella, presa de la ira, va en su búsqueda, y acaba por desgracia en los callejones de la mala vida donde habitan las prostitutas y los borrachos. Y termina en el cuarto de un teniente romano, que la tomó por una ramera. «Cuando él me reconoció, yo ya era María Magdalena», dice. A partir de ahí se lanzó a espiral de lujuria… o libertad, como de algún modo expone la autora.

Además, se propone vengarse de su esposo huido…

> Seducir a Dios era quitarle a Juan su porte de eternidad, era obligarlo a recaer sobre mí con todo el peso de su carne. Pecamos porque Dios no está: como nada perfecto se presenta a nosotros, nos resarcimos con las criaturas. Cuando Juan comprendiese que Dios solo era un hombre, ya no habría ninguna razón para que no prefiriese mis senos (Yourcenar 1936).

Encontró el momento perfecto al enterarse de que Dios iba ir a casa de Simón el Fariseo, pero…

> Me di cuenta en seguida de que no podría seducirlo, pues no huía de mí. Deshice mis cabellos como para tapar mejor la desnudez de mi culpa; vacié ante él el frasco de mis recuerdos. […] Puso sobre mi cabeza su ancha mano de cadáver, que parecía hallarse ya sin sangre. No hacemos más que cambiar de esclavitud: en el momento preciso en que me abandonaron los demonios, me convertí en posesa de Dios.

Y finalmente, tras seguirle fielmente hasta el calvario, lo vio morir.

> El hijo del carpintero expiaba los errores que su Padre eterno había cometido en sus cálculos. Yo sabía que nada bueno podría nacer de su suplicio: el único resultado de aquella ejecución iba a ser mostrar a los hombres que es fácil deshacerse de Dios. […] Dios se desprendió, como un fruto maduro, dispuesto ya a pudrirse en la tierra del sepulcro.

Pero al tercer día, como habrán imaginado...

Dios se había levantado de la muerte como de un lecho de insomnio: de la tumba deshecha colgaban las sábanas mendigadas al jardinero. Era la segunda vez en mi vida que yo me hallaba ante una cama donde dormía un ausente. Las paredes me devolvieron mi aullido de vampiro insatisfecho; al salirme fuera de mí, me di en la frente con la piedra del dintel. La nieve de los narcisos permanecía virgen de toda huella humana: los que acababan de robar a Dios caminaban por el cielo. El jardinero, encorvado hacia el suelo, escardaba un macizo de flores: levantó la cabeza bajo el sombrero de paja que formaba como una aureola de sol y de verano; caí de rodillas, llena del dulce temblor de las mujeres enamoradas que creen sentir cómo se derrama por todo su cuerpo la sustancia de su corazón. Él llevaba al hombro el rastrillo que utiliza para borrar nuestras culpas; en la mano, el ovillo y las tijeras de podar que las Parcas confían a su hermano eterno. Quizá se preparase a bajar a los Infiernos por el camino de las raíces. Conocía el secreto del remordimiento de las ortigas, de la agonía de la lombriz de tierra. La palidez de la muerte permanecía en él, de suerte que parecía haberse disfrazado de lirio. Yo adivinaba que su primer ademán sería para apartar a la pecadora contaminada por el deseo. Me sentía babosa en aquel universo de flores. El aire era tan fresco que las palmas de mis manos tuvieron la sensación de apoyarse en un espejo: mi maestro muerto había pasado al otro lado del espejo del Tiempo. Mi aliento enturbió la gran imagen: Dios se borró, igual que un reflejo sobre el cristal de la mañana. Mi cuerpo opaco no era un obstáculo para aquel Resucitado.

Pero no, aquello era una espejismo. Su querido Dios no había resucitado, para angustia suya.

Se oyó un crujido, puede que en el fondo de mí misma; caí con los brazos en cruz, arrastrada por el peso de mi corazón: no había nada detrás del espejo que yo acababa de romper. Me encontraba de nuevo más vacía que una viuda, más sola que una mujer abandonada. Por fin conocía toda la atrocidad de Dios. Dios me había robado no solo el amor de una criatura, a la edad en que uno se figura que son insustituibles, Dios me había robado además mis náuseas de embarazada, mis sueños de recién parida, mis siestas de anciana en la plaza del pueblo, la tumba cavada al fondo del cercado en donde mis hijos me hubieran enterrado. Después de robarme mi inocencia, Dios me robaba mis culpas: cuando apenas empezaba a medrar en mi oficio de cortesana, me quitaba la posibilidad de seducir al César o de subir a las tablas. Después de su cadáver, me quitaba su fantasma: ni siquiera quiso que yo me embriagara con un sueño. Como el peor de los celosos, ha destruido esa belleza que me exponía a recaer en las camas del deseo: me cuelgan los pechos, me parezco a la Muerte, a esa vieja amante de Dios. Como el peor de los maníacos, solo amó mis lágrimas. Pero ese Dios que todo me lo quitó no me lo ha dado todo. No he recibido más que una migaja de su amor infinito: compartí su corazón con las criaturas como cualquier otra. Mis amantes de antaño se acostaban sobre mi cuerpo sin preocuparse de mi alma: mi celeste amigo de corazón solo se preocupó de calentar esa alma eterna, de suerte que una mitad de mi ser no ha dejado de sufrir. Y, sin embargo, me ha salvado. Gracias a él no recibí de las alegrías sino su parte de dolor, la única inagotable. Me escapé de las rutinas de la casa y de la cama, del peso muerto del dinero, del callejón sin salida que es el éxito, del contento que procuran los honores, de los encantos de la infamia. Puesto que aquel condenado al amor de Magdalena se ha evadido al cielo, evito el insípido error de serle necesaria a Dios. Hice bien en dejarme llevar por la gran ola divina; no me arrepiento de haber sido rehecha por las manos del Señor. No me ha salvado ni de la muerte, ni del mal, ni del crimen, pues gracias a ellos nos salvamos. Me ha salvado tan solo de la felicidad.

Al margen de disquisiciones teológicas, o de que Yourcenar, para sus fines literarios y reflexivos, une de nuevo a la Magdalena con las otras mujeres, resulta imposible negar la belleza de estas palabras colocadas en su boca y la densidad filosófica que contienen. Ya les gustaría a muchos pensadores cristianos acercarse solo un poquito a Yourcenar. Y ya les gustaría a muchos escritores, entre los que por supuesto me incluyo, acercarse a la grandeza literaria que emana este sobrecogedor cuento.

LAS RELIQUIAS

Pero aún no hemos acabado con Jacobo de la Vorágine, ya que en el capítulo dedicado a María Magdalena narró algo muy sugerente relacionado con sus reliquias, un tema del que ya va siendo hora de hablar. Según comentó, en el año 769, en tiempos de Carlomagno, un tal Gerardo, duque de Borgoña, que carecía de descendencia, era tan piadoso que sufragó los gastos de numerosas iglesias y monasterios, entre los que se encontraba el de Vézelay —en breve sabrán qué es esto—. Cuando se terminaron las obras de este monasterio, el duque le pidió al abad que enviase a un monje con un séquito a la ciudad de Aix-en-Provece «para que tratase de traerle allí algunas reliquias de santa María Magdalena»...

> Cuando el monje llegó a Aix se encontró con la desagradable sorpresa de que la ciudad había sido totalmente arrasada por los paganos, pero excavando entre las ruinas encontró casualmente un sepulcro que resultó ser el de la santa; de la autenticidad del mismo no cabía la menor duda, puesto que el suntuoso mausoleo estaba lleno de esculturas y relieves que reproducían sobre el mármol con admirable pericia artística la historia de la bienaventurada penitente. Hecho este descubrimiento, una noche, secretamente, quebró las piedras del sarcófago, tomó de su interior varias reliquias y las guardó cautelosamente en el mesón en que se hospedaba; pero aquella misma noche santa María Magdalena se apareció al monje, lo tranquilizó y le dijo que sin temor alguno procediera hasta llevar a buen término la empresa que le habían encomendado. Al día siguiente el monje emprendió el viaje de regreso a su monasterio; pero, cuando ya solo le faltaba media legua para llegar hasta él, las reliquias repentinamente tornáronse tan pesadas que no hubo manera de seguir adelante con ellas; y, en efecto, no fueron capaces de avanzar ni un paso más con las susodichas reliquias, hasta que el abad y los demás religiosos del monasterio vinieron al lugar en que el monje y los de su séquito se hallaban detenidos; y en cuanto el abad se hizo cargo de las referidas reliquias, estas recuperaron su peso normal y pudieron ser conducidas, sin dificultad alguna, hasta el punto a donde estaban destinadas (390).

¿De dónde sacó Jacobo de la Vorágine esta historia? Venga, sí, vamos con ello...

Un montón de reliquias

VÉZELAY

Año de nuestro señor de 1037. Gaufredus, el recién nombrado abad de la abadía de la localidad borgoñesa de Vézelay, una preciosa localidad de la Borgoña —la actual región francesa de Bourgogne-Franche-Comté, en el noreste del país—, comienza a gritar a los cuatro vientos que allí se encuentran los restos mortales de María Magdalena.

Siempre según las tradiciones locales, a partir de ese momento tuvieron lugar varios milagros, protagonizados por los pocos peregrinos que comenzaron a desplazarse hasta allí. Por ejemplo, un soldado de la Auvernia que fue liberado de prisión gracias a la intervención de la santa, o eso pensaba, colocó sus cadenas sobre su supuesta tumba[39]; serían usadas para la balaustrada que, dicen, el abad Gaufredus colocó frente al altar.

Unos pocos años más tarde, en 1050, santa María Magdalena se convirtió en la patrona oficial de la abadía (antes era la Virgen María), gestionada por monjes benedictinos bajo el control directo de la abadía de Cluny, gracias al reconocimiento oficial que realizó el

---

39   Existen otros casos en Francia de prisioneros que consiguieron ser liberados gracias a la medición de algún santo. Por ejemplo, en la iglesia abacial de Conques, en el Aveyron, se veneraban —y se veneran— las reliquias de Sainte-Foy (santa Fe), una de las primeras mártires cristianas, galorromana, que perdió su vida en la parrilla y que era famosa precisamente por esto de liberar reos; reos que solían entregar como exvoto sus cadenas y grilletes, que se emplearon, cuentan, para hacer una preciosa y rica reja de hierro que está situada junto a la escultura de Sainte-Foy arrodillada que se sitúa en el extremo izquierdo del tímpano de la iglesia.

papa León IX, mediante una bula, el 27 de abril de aquel año. Unos años después, en 1058, el papa Esteban X fue más allá y proclamó que en efecto aquellos restos mortales eran auténticos.

Aunque se sabe que antes hubo allí un convento de monjas que se erigió en el año 850 y que fue destruido durante las invasiones de los aguerridos vikingos, en torno a esta abadía, levantada en el siglo XI, y tras este sensacional anuncio, se desarrolló Vézelay, que poco a poco fue adquiriendo población e importancia, a medida que fueron aumentando las peregrinaciones de fieles que acudían hasta allí para venerar las reliquias de santa María Magdalena.

Tanto es así que en el *Liber Sancti Jacobi*, una antología de textos escritos en la primera mitad del siglo XII en honor al apóstol Jacobo (Santiago), cuyos supuestos restos mortales se veneran, o eso dicen, en Santiago de Compostela, se comentaba que las reliquias más dignas de la santa eran las que se custodiaban en Vézelay, «donde descansan hasta el día de hoy en una tumba muy honrada». Esto dejaba claro que en aquella época el culto a las reliquias de la Magdalena estaba en todo lo alto. Es más, la abadía de santa María Magdalena

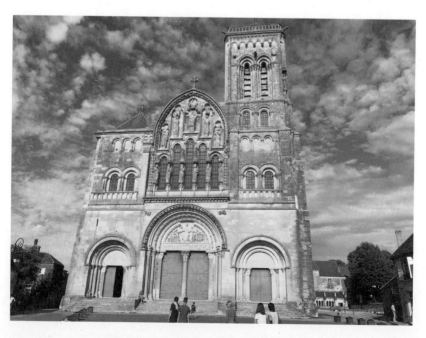

Basílica de santa María Magdalena, Vézelay.

era, y sigue siendo, el punto de arranque del Camino de Santiago de Vézelay, también conocido como *Via Lemovicensis*, una de las cuatro vías de peregrinación más importantes de la Francia medieval.

Por cierto, en la catedral de Santiago, en su inicial configuración románica, hubo una pequeña capilla dedicada a la santa, una *confessio*, con su altar correspondiente, tal y como se describe en el *Códice Calixtino*. Estaba justo detrás del altar de Santiago, junto a las capillas de Pedro y Juan, lo que implica con claridad que tenía una posición muy destacada. Piensen que cuando se construyó el templo (entre 1075 y 1122), tras la destrucción de la iglesia prerrománica anterior, ya habían aparecido las reliquias de Vézelay y su propia peregrinación estaba a tope.

Hasta tal punto era así que hasta allí se desplazaron algunos nombres esenciales de la historia medieval, como Bernardo de Claraval (1090-1153), que predicó allí la segunda cruzada en la Pascua de 1146, junto al rey Luis VII (1120-1180), su mujer (Leonor de Aquitania) y una pila de cruzados; o Felipe II el Augusto (1165-1223), rey de Francia (el primero que recibió este título), y Ricardo Corazón de León (1157-1199), rey de Inglaterra, enemistados entre sí, que estuvieron allí en 1190 antes de partir para luchar, juntos pero no revueltos, en la tercera cruzada.

DOS RELATOS DISTINTOS

María Magdalena era venerada en Francia desde antes de 1037, cuando Gaufredus lanzó su proclama. Parece lógico pensar que este señor no se sacó esto de la manga y que ya había un culto previo a la santa en Vézelay. Aunque también hay que tener en cuenta que la primera referencia histórica que tenemos de esto es una vida de este señor que se publicó hacia 1180, casi un siglo y medio después de los hechos.

Sea como fuere, la tradición cuenta que Gaufredus trasladó las reliquias desde una cripta más bien pobre a una tumba más importante que, se dice, construyó dentro de la abadía.

Ahora bien, ¿cómo llegaron hasta allí?

El testimonio más antiguo de un historiador medieval que mencione la presencia de las reliquias de la santa en Vézelay, mucho antes de *La leyenda dorada*, fue escrito por el monje benedictino belga

Sigebert de Gembloux (1030-1112). En la entrada del año 745 de su obra *Chronicon* (publicada tras su muerte), en la que expone una historia a modo de cronología de la cristiandad desde el año 381, dijo lo siguiente:

> Motivado por la persecución que siguió a la lapidación del protomártir Esteban, Maximino, uno de los setenta discípulos de Cristo, al viajar a la Galia, llevó consigo a María Magdalena y enterró su cadáver en la ciudad de Aix-en-Provence, de la que era obispo. Después de que los sarracenos devastaran Aix, el cuerpo de esa misma María fue trasladado por Girandus, conde de Borgoña, al monasterio de Vézelay, que él mismo había construido, aunque algunos escritores dicen que este cuerpo reposa en Éfeso, sin cubrirlo.

Luego volveremos con esto de Éfeso, que tiene su miga. Lo importante es que aquí tenemos ya los ingredientes esenciales del plato, un siglo y medio antes de la obra de Jacobo de la Vorágine. El tal

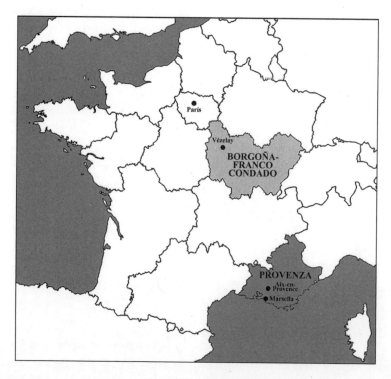

Este mapa nos servirá para visualizar dónde están algunos de los lugares comentados.

Sigebert se basó en el material apologético que fabricaron los propios monjes de Vézelay, con la clara intención de explicar cómo demonios habían llegado hasta el norte de Francia las reliquias de la Magdalena. No era fácil.

De hecho, la historia se fue construyendo poco a poco. En un primer momento, tras el anuncio de Gaufredus de 1037, los monjes de Vézelay explicaban oralmente —se pasó a escrito con el título *Sermo de Sancta Maria Magdalena*—, que un señor llamado Adelelme (Aleaume), hermano del abad Eudes de Vézelay, en connivencia con el obispo Adalgar, se trajo las reliquias desde la Provenza hacia el año 882-884, en tiempos de Carlomán II (862-884), rey de los francos, aunque en el texto se le nombra, simple y llanamente, como Carlomán. Adelelme hizo aquello porque se lo pidió su hermano, el abad, pues afirmaba haber visto el glorioso sepulcro de la Magdalena en algún lugar cerca de Aix-en-Provence —una localidad que se encuentra muy cerquita de Marsella—, donde Maximino la enterró. Adelelme se desplazó con un grupo de hombres hasta la Provenza, que en aquella época estaba siendo asolada por los invasores musulmanes, y tras visitar la histórica ciudad de Arlés, encontraron el tesoro, tomaron los cuerpos de la santa y de Maximino —ojo a este detalle— y regresaron a la Borgoña, consiguiendo escapar milagrosamente de los violentos sarracenos. *C'est fini.*

Por algún motivo inexplicable, este relato no satisfizo por completo a las voces críticas, así que pronto, hacia el año 1045, los monjes de Vézelay se sacaron de la manga una segunda versión mucho más trabajada, que vio la luz con el nombre *Vita apostolica beatae Mariae Magdalenae.*

El protagonista es otro, un monje llamado Badilon, que en el 882 viajó hasta Aix-en-Provence por orden, de nuevo, del tal Eudes, abad del monasterio de Vézelay, y de un tal Girard de Roussillon (810-877), con la misión de encontrar los restos mortales de la Magdalena enterrados por el bueno de Maximino. Y lo consiguió. Tampoco le costó mucho, pues la tumba, según se comenta en la crónica, estaba cubierta por una enorme losa de piedra que contaba con una serie de bajorrelieves tallados con motivos tomados de algunas de las escenas evangélicas protagonizadas por la Magdalena, como la aparición de Jesús resucitado descrita por el cuarto evangelista, la anunciación a los apóstoles del sepulcro vacío o unción en casa de Simón.

Aquello fue suficiente para el monje Badilon, pero la santa, para asegurarse que todo salía según lo previsto, decidió aparecérsele. Así que Badilon fue hasta el lugar en plena madrugada, extrajo el cadáver, lo montó en un carro y tiró echando millas para Vézelay, poniendo a salvo al divino y huesudo tesoro de las sucias manos de los mahometanos que estaban asolando aquellas tierras.

Un detalle curioso de este relato es que, cuando el monje estaba a punto de llegar a Vézelay, decidió redistribuir los huesos para que pudieran entrar en un lugar más pequeño. No sabemos qué quería

Mural de Lukas Moser en la iglesia de Tiefenbronn (Alemania), 1431, en el que se representa el viaje de esta gente.

indicar el cronista con esto, ya que no ofreció ningún detalle sobre el lugar en el que fueron colocados, pero es llamativo que se atreviese a acometer semejante osadía.

Por si no se han percatado, en esta versión solo se llevó el cadáver de María Magdalena, no el de Maximino. ¿Por qué? Probablemente porque adjudicarse la posesión de las reliquias del primer obispo de la Provenza, dejando a Lázaro a un lado (que fue obispo de Marsella según la tradición local), era algo excesivo que podría generar controversias. ¿Saben quién fue este hombre? La tradición cristiana considera que se trata de un criado de la familia de Betania (María, Marta y Lázaro), que era uno de los setenta y dos discípulos anónimos de Jesús de los que hablaba el evangelio de Lucas (10, 1), y que, unos años después de la muerte del Nazareno, cruzó el Mediterráneo junto a María Magdalena, Marta y los demás migrantes judíos. Ya saben. Una vez en el sur de Francia, terminó convirtiéndose en obispo de Aix-en-Provence. Y años después, cuando le llegó la muerte, pidió ser enterrado junto a la santa.

¿HAY ALGO DE REAL EN TODO ESTO?

Algo hay, claro.

Girard de Roussillon (c. 810-874), que también apareció en el relato de Jacobo de la Vorágine, fue un importante noble (conde París y conde de Vienne) que hacia el año 858, junto a su esposa, Bertha, fundó un convento en Saint-Père-sous-Vézelay, una pedanía cercana a la abadía actual, bajo la advocación de la Virgen María.

El convento fue puesto bajo la protección directa del papa, fuera del alcance del monarca y de sus obispos (nombrados por el propio rey). ¿Por qué? Sencillo: aquellas tierras las obtuvo Girard de Roussillon de manos de Luis el Piadoso (778-840), hijo de Carlomagno y emperador de Occidente, el último antes de la desmembración del Imperio carolingio, que se fue al garete porque tras la muerte de su fundador (Carlomagno) se dividió entre sus hijos: Carlos, Lotario, que obtuvo el cargo de emperador, y Luis. Estos no dudaron en guerrear entre ellos durante varios años, y la cosa terminó con Carlos convertido en rey (843) y emperador de Occidente (875), con el apodo de «el Calvo» pero con muy poco poder. Así, amigos, comenzó el feudalismo.

Girard apoyó a Lotario I, lo que le enfrentó a los otros dos. Por desgracia, este terminó perdiendo este juego de tronos. Pero Girard continuó apoyando al hijo de este, Lotario II, que tomó el poder tras la muerte de su padre (en el año 855) y que controlaba importantes posesiones en la Provenza y el norte de Italia. Y claro, Girard no quería que el control de aquel convento que había fundado estuviese en manos de Carlos el Calvo, con el que llevaba varias décadas enfrentado, así que se lo cedió al papa de Roma, Nicolás I, que cerró el acuerdo con una bula en el año 863.

¿Me siguen? Entiendo que es un lio. La Edad Media es así, amigos.

Por otro lado, Girard llegó a ser muy popular por la aguerrida defensa que dirigió durante varias incursiones de los vikingos en la Provenza, donde llegó a ostentar bastante poder y a estar muy bien relacionado, y se convirtió en protagonista de numerosos cantares de gesta, como la *Chanson de Girart de Rouissillon*.

Aquel convento que fundó en Saint-Père-sous-Vézelay fue destruido en el año 873 por los vikingos en otra de sus incursiones (cuando remontaron los cursos de los ríos Sena, Yonne y Cure), y en el 877, tras la muerte de Girard (874), fue refundado como monasterio benedictino en la cima de la colina de Vézelay. Un tiempo después pasó a formar parte de los dominios de la orden de Cluny —también benedictina, fundada en el 910 por Guillaume I, conde de Auvernia y duque de Aquitania—, lo que reafirmó su independencia frente a los obispos locales y la protección papal.

No olvidemos que estamos en plena época feudal y que todas las instituciones religiosas de una diócesis debían estar bajo el control de los obispos correspondientes, que a su vez eran nombrados por el monarca o el noble más alto en el escalafón feudal. La orden de Cluny quería saltarse esto y que todos sus monasterios dependiesen directamente de la Santa Sede, y lo consiguieron en el llamado Concilio de Roma, que se celebró el 28 de marzo de 1027, cuando se estableció que Vézelay estaba exclusivamente bajo control papal, algo que se hizo extensivo al resto de monasterios cluniacenses. Diez años después, en 1037, recuerden, el abad Gaufredus comenzó a afirmar que allí estaban las reliquias de la santa. Gracias a esto, la localidad se convirtió en una importante parada en el camino de Santiago. Ya es casualidad...

El problema es que no hay constancia de que a finales del siglo IX, cuando se refundó el convento como monasterio benedictino, se venerase allí a María Magdalena. Antes, como comenté, estaba consagrado a la Virgen María. Pero sí que se sabe que aquel matrimonio consiguió reunir otras reliquias, como las de san Eusebio y san Pontiano. Es más, según la *Translatio SS. Eusebii et Pontiani*, un relato hagiográfico del siglo IX, la pareja le pidió aquellos restos mortales al papa, que siguieron un recorrido muy similar al que, en teoría, debieron seguir los de María Magdalena. De ahí que algunos descreídos, con bastante razón, consideren posible que los relatos del siglo XI, dos siglos después, se inspirasen en aquello.

En cualquier caso, la tradición considera que en la iglesia del convento que fundaron Gerard y Bertha de Rosellón estaba la cripta donde se alojó en un primer momento el santo cuerpo de la Magdalena, que hacia el año 1040 sería trasladado por el abad Gaufredus a la nueva abadía.

Unas cuantas décadas después, a finales del siglo XI, comenzaron unas obras de ampliación del templo, pero nada más inaugurarse, el 21 de julio de 1120, durante la vigilia en honor de santa María Magdalena —cuya festividad se celebra al día siguiente—, la abadía de Vézelay, conocida como la «iglesia de los Peregrinos», fue pasto de las llamas. Según la *Crónica de Saint-Maixent*, la estructura se derrumbó y provocó la muerte de 1127 personas. Muchas me parecen.

Fue reconstruida en poco tiempo, y en 1165 ya estaba en pleno funcionamiento, aunque se produjeron varias modificaciones posteriores. De hecho, tenemos una crónica de ese mismo año, de un tal Hugh de Poitiers, en la que se menciona por primera vez la tumba y la cripta, aunque no termina de estar claro dónde se encontraba exactamente. Y eso es un problema, pues la cripta actual no es aquella: fue ampliada y modificada en varias ocasiones; la primera, tras aquel incendio.

Llegados a este punto, les hago una importante observación: De la Vorágine, en *La leyenda dorada* (en 1270), dijo que el hallazgo se produjo en el año 769, en tiempos de Carlomagno, gracias a un tal Gerardo, duque de Borgoña. Sigebert de Gembloux (hacia 1112) ubicó los acontecimientos en el 745 y habló de un tal Girandus, conde de Borgoña. Pero en las dos versiones de Vézelay (de mediados del siglo XI) se hablaba del año 882, en tiempos de Carlomán II. ¿Cómo es posible este desfase?

Eso sí, coinciden en señalar que el responsable de la llegada de las reliquias fue Girard de Roussillon, pero aquí tenemos otro marrón: este señor falleció en el año 874...

Para complicar aún más todo este embrollo, y dado que nada de esto estaba claro, sucedió algo que lo cambió todo: a mediados del siglo XIII aparecieron otros restos mortales de María Magdalena.

MÁS RELIQUIAS

Al margen de todo este descuadre de fechas e incoherencias, está claro que las narraciones que se crearon en Vézelay para legitimar sus reliquias, a mediados del siglo XI, defendían que María Magdalena vivió y murió en la Provenza, en algún lugar cercano a Aix-en-Provence, ciudad de la que fue obispo Maximino, que fue el encargado de enterrarla dignamente, y que varios siglos después sus restos mortales fueron encontrados. Ojo, en el siglo I la Provenza era una floreciente provincia romana en la que existía una colonia judía importante.

Esto no quiere decir que fuesen los borgoñeses quienes inventaron esta leyenda. Puestos a inventar, hubiese sido más lógico situar su tumba en la Borgoña. Parece razonable pensar que ya existía una tradición provenzal anterior lo suficientemente popular como para que en Vézelay tuviesen noticia de ella. Y sí, la había... Por supuesto, las reliquias de la Magdalena, sí o sí, solo podían venir de allí, de la Provenza. Era la zona del Mediterráneo más cercana.

Con total seguridad, desde comienzos del siglo XIII, si no antes, en el sur se creía que en la pequeña localidad de Saint-Maximin-la-Sainte-Baume —a unos 40 km de Marsella y de Aix-en-Provence—, en un priorato benedictino dedicado a este obispo y santo, estaban los verdaderos restos mortales de María Magdalena. Y claro, cuando aquello fue creciendo, comenzó una guerra entre los santos lugares.

Los norteños de Vézelay, molestos con las reclamaciones de los provenzales de Saint-Maximin, con el apoyo del papa Clemente IV, decidieron dar un golpe sobre la mesa, y el 4 de octubre de 1265 organizaron una ceremonia de verificación de sus reliquias, a la que acudieron numerosos obispos franceses. En una carta que escribieron dos de ellos (los de Auxerre y Banias) se describió que el acto tuvo lugar en el sitio en el que se custodiaban las reliquias, «bajo el altar mayor», en la cripta. Se descubrió una caja de metal que contenía unos huesos humanos envueltos en dos trozos de seda, así como un mechón de cabello femenino y una carta en la que el «muy glorioso» rey Carlos daba fe de aquello; es decir, Carlos el Calvo, el hijo de Luis el Piadoso, ¡el enemigo de Girard de Roussillon! Uno a cero para los de Vézelay.

Dos años después, en la Pascua de 1267, se celebró otro acto al que asistieron el rey de Francia, Luis IX (1214-1270), san Luis para los amigos, y el legado papal Simón de Brión (el futuro papa Martín IV). El monarca, uno de los reyes más importantes de la Edad Media, especialmente para los franceses, pero también para el catolicismo —por algo fue canonizado—, tuvo la gentileza de regalarle a los monjes dos preciosos relicarios de oro en cuyo interior se depositaron las reliquias. Sabemos, por una carta del rey, que en uno se introdujo un brazo, y en el otro, la mandíbula y tres dientes. Eso sí, el rey, un conocido coleccionista de reliquias, se quedó a cambio otros cachitos de la santa, que se conservan, se cree, en la iglesia de la

Fresco de Giotto de la Basílica inferior de san Francisco de Asís (Asís, Italia) en el que se representa la llegada de María Magdalena y sus compañeros a Marsella. En la esquina inferior izquierda se puede apreciar la escena de la mujer del gobernador y el niño comentada en *La leyenda dorada*.

Madelaine de París; y el legado papal, el futuro papa, se quedó otras pocas, que acabaron en Letrán... Dos a cero.

De poco sirvió. Las peregrinaciones hacia Vézelay se frenaron en seco cuando los sureños de la Provenza, en una jugada maestra, ganaron la guerra: el 9 de diciembre de 1279 se encontraron las *verdaderas* reliquias de María Magdalena en uno de los sarcófagos de la cripta de la iglesia del priorato benedictino de... Saint-Maximin.

Y eso que el papa Nicolás IV lo intentó en 1289, confirmando que las buenas eran las de Vézelay. Pero la puntilla la puso otro papa, Bonifacio VIII, que solo seis años después, en 1295, autentificó las de Saint-Maximin. Jaque mate.

LA SEGUNDA CASA DE ANJOU

Un personaje clave en esta farragosa trama fue Carlos de Salerno (1254-1309), o Carlos II de Anjou, llamado el Cojo por una lesión que tuvo durante su infancia, rey de Nápoles y, lo que es más importante para el tema que nos ocupa, conde de Provenza. Además, era sobrino del monarca francés Luis IX —del que acabamos de hablar, el que regaló los relicarios a la abadía de Vézelay—, que era hermano de su padre, Carlos I de Anjou.

A finales de 1279, este señor, con sus propias manos, encontró la verdadera tumba de María Magdalena. Pero antes de comentar cómo sucedió esto, me van a permitir una pequeña digresión histórica que, espero, ayudará a entender mejor toda esta historia.

El 25 de junio de 1218 falleció Simón de Montfort, un noblezuelo normando que se terminó convirtiendo en la estrella más sanguinaria de la cruzada contra los herejes cátaros. Su hijo, Amaury, heredó todas las posesiones que aquel había logrado en el Languedoc, robadas a los nobles locales que apoyaban a los disidentes, pero fue incapaz de mantenerlas, y cinco años después, en 1224, se presentó en Île-de-France, en la corte del rey Luis VIII (1187-1226) —corte que en realidad controlaba su absorbente y omnipotente esposa, Blanca de Castilla (1188-1252), hija de Alfonso VIII de Castilla y Leonor de Plantagenet—. Humillado, Amaury Montfort entregó todos sus derechos al monarca, a cambio de convertirse en conde de Montfort-l'Amaury. Esto supuso la entrada de los reyes de Francia —que aún no era el país actual— en la lucha contra los cátaros; mejor dicho, en la conquista del Languedoc. Pero el 8 de noviembre de 1226, Luis VIII falleció de disentería en el castillo de Montpensier, tras solo tres años de reinado. Le sustituyó su hijo Luis IX, San Luis. Pero, como tan solo tenía doce años, el poder real lo asumió Blanca de Castilla, su madre, que además estaba embarazada del que sería el hijo póstumo, y séptimo, del monarca: Carlos I de Anjou.

Nacido en 1227, Carlos vivió a la vera de su madre, en la corte, alejado del mundanal ruido, de las guerras y las obligaciones religiosas, y por eso quizás se interesó desde niño por la poesía, la medicina y las leyes. El 31 de enero de 1246 se casó con Béatrice de Provence, condesa de la Provenza, lo que le permitió asumir ese título; en agosto, su hermano el rey le entregó en propiedad los condados de Anjou (con epicentro en la ciudad de Angers, en el valle inferior del Loira) y Maine (al norte del anterior, con capital en Le Mans), justo al lado de la Bretaña y la Normandía. Arrancaba así lo que se conoce como la segunda casa de Anjou.

El medievo fue bastante jodido, y pronto lo comprobó este hombre, que tuvo que enfrentarse a las hostilidades y rebeldías de los señores de las grandes ciudades de la Provenza (Aviñón, Arlés, Marsella), que habían gozado de una cierta independencia que ahora veían peligrar con la llegada de un señor francés; además, aquella región era muy próspera y rica, y nadie quería repartir... Por otro lado, todo se pagaba, y a cambio de conseguir aquellos regalos de su hermano, San Luis, tuvo que irse con él a luchar a Tierra Santa, durante la llamada Séptima Cruzada, en agosto de 1248. Las pasó canutas: estuvo preso y casi murió de malaria. Así que, hecho un Cristo, regresó a la Provenza en abril de 1851, donde tuvo que enfrentarse a los *indepes* locales, a los que se sometió a cambio de beneficios económicos y arancelarios y rebajas fiscales; lo de toda la vida. En cualquier caso, la paz fue buena para todos, y en esa década la Provenza mostró un crecimiento espectacular.

En julio de 1254 nació su segundo hijo (el anterior, nacido en 1248, falleció al poco de venir al mundo), que pasaría a la historia como Carlos II de Anjou, el Cojo.

Pero en 1262 sucedió algo determinante: el papa Urbano IV (1195-1264), ansioso por alejar de las posesiones de la Iglesia a los emperadores del Sacro Imperio Romano Germánico, archienemigos del papado desde décadas atrás, le ofreció la corona del reino de las Dos Sicilias a Carlos I de Anjou; a cambio tenía que conquistar aquella región, controlada por Manfredo de Hohenstaufen, bastardo del emperador alemán Federico II. Aceptó, y fue nombrado rey el 5 de enero de 1266. Y en poco tiempo acabó con las huestes del bastardo príncipe germánico.

A principios de marzo de 1266, Carlos I se estrenó como rey de Sicilia en la capital de su reino, Nápoles. Claro, sus problemas se intensificaron: ya no solo tenía que enfrentarse a las revueltas en la Provenza, sino también a las de Sicilia, muy difícil de gobernar. Por si fuera poco, San Luis le ordenó que se uniese a él en una nueva cruzada, en esta ocasión dirigida contra Túnez, en 1270; con tan mala suerte que el 25 de agosto el monarca falleció de disentería frente a las costas de este país. Así que Carlos I de Anjou tomó el timón, sometió al sultán y proclamó rey de Francia a su sobrino, hijo del finado, Felipe III (1245-1285), al que convirtió en su vasallo, ojo.

Detalle del retablo de María Magdalena de la catedral de Girona, en el que se muestra a la santa predicando entre los marselleses; Peré Mates, 1526.

El tema en Sicilia se complicó. La población se levantó en armas contra los franceses provenzales. Más de dos mil fueros asesinados entre abril y mayo de 1282. Además, el rey Pedro III de Aragón (1240-1285), hijo de Jaime I el Conquistador, tras casarse con Constanza, se convirtió en heredero de la casa Hohenstaufen alemana y reclamó para sí Sicilia. Y estalló una nueva guerra, con la calificación papal de cruzada.

Finalmente, Carlos I falleció el 7 de enero de 1285.

Carlos II, su hijo, estaba preso en Barcelona en aquel momento: había sido detenido durante un enfrentamiento con la flota aragonesa frente al puerto de Nápoles. Asumió el cargo de modo interino. Cuando salió del talego, el 8 de noviembre de 1288, Carlos II se vio sin reino, se lo había quedado el monarca aragonés, pero con el condado de Provenza aún en sus manos.

Lo de Sicilia no se zanjo aquí. Aún hubo alguna guerra más. Tras muchos tiras y aflojas, en agosto de 1302, por una serie de carambolas, Carlos II se convirtió de nuevo en rey de Sicilia, pero solo de la zona peninsular, ya que tuvo que renunciar a la isla. Y allí, en Nápoles, en su capital, moriría el 5 de mayo de 1309. Su hijo Roberto heredó el trono y el condado de Provenza. Fue el punto final para la efímera segunda casa de Anjou.

EL HALLAZGO

Dicho esto, regresemos a diciembre de 1279.

Carlos el Cojo, por aquel entonces príncipe de Sicilia, ya que su padre, Carlos I de Anjou aún vivía, se desplazó hasta el recóndito pueblo de Saint-Maximin con su séquito y, ni corto ni perezoso, ordenó a sus súbditos que comenzasen a excavar en busca de la cripta donde fue enterrada María Magdalena, que, según se decía, había sido tapiada y rellenada de tierra durante los ataques de los sarracenos. El lugar exacto se lo indicaron los ancianos de por allí, custodios de las tradiciones locales, aunque la tradición religiosa defiende que recibió la información de la propia Magdalena en un sueño. *Rumore*.

El 9 de diciembre, el propio Carlos, azada en mano, se dispuso a cavar, con tan buena suerte que encontró una tumba de mármol de lo que se dio por hecho que era una tumba paleocristiana, la actual cripta. Lo que sucedió a continuación fue narrado por dos cronistas, aunque ninguno de los dos estuvo presente durante los hechos y ambos escribieron décadas después.

Por un lado tenemos a Bernardo Gui (1261-1331), un personaje fascinante, que además de ser un reconocido teólogo dominico, fue prior de Albi, Carcasona, Castres y Limonges; obispo de Lodève y Tuy (en la actual provincia de Pontevedra); y uno de los principales inquisidores que lucharon contras las herejías en el Languedoc, sobre todo contra los cátaros y los valdenses, como procurador general de su orden. Lo recordarán por su aparición en la novela de Umberto Eco *El nombre de la rosa*, de 1980, y en la sensacional versión cinematográfica que dirigió Jean-Jacques Annaud en 1986. En ambas se le muestra como un tipo despiadado y fanatizado. Nada más lejos de la realidad. A Gui se le puede considerar historiador en una época en la que tal disciplina no existía, ya que en sus excelentes obras históricas mostró una gran preocupación por confrontar y revisar críticamente sus fuentes, algo que siempre es de agradecer. Esto, en esencia, es lo que diferencia a un historiador de un cronista o de un charlatán. El problema está en que sus fuentes procedían en gran medida de testimonios orales...

Pues bien, en su *Chronique des rois de France* (*Crónica de los reyes de Francia*), una extensa compilación sobre la historia de Francia y sus distintas dinastías reales que publicó hacia 1313, ofreció su particular relato sobre el hallazgo de las reliquias, ya que, como veremos, en esta historia estuvo implicado un tal Eudes, que, al parecer, fue rey de los franceses. Atención: 34 años después.

Gui, al describir la escena de la apertura de la tumba, escribió lo siguiente: «Un olor a perfume se difundió, como si se hubiera abierto un almacén de las esencias más aromáticas»[40].

El segundo cronista fue el cardenal Philippe de Cabassole (1305-1372), tutor de la reina Juana I de Nápoles, obispo de Cavaillon y vicario general del papado de Aviñón, además de protector del poeta renacentista Francesco Petrarca y regente durante un tiempo del reino de Nápoles. En su libro *Libellus hystorialis Marie beatissime Magdelene* (1355) incluyó algo que supo de boca de Roberto de Anjou, hijo de Carlos II y padre de Juana:

---

40   Todas las citas de esta obra, *Chronique des rois de France*, y de la siguiente, *Libellus hystorialis Marie beatissime Magdelene*, están tomadas de sendos PDF. Traducción del autor.

Antes de que pudiéramos ver lo que contenía la tumba, un perfume de olor maravilloso que salió, embalsamó a todos los presentes y los invitó a acercarse para ver qué podía producir un aroma tan extraordinario.

Nada extraño. Esto del olor de santidad es algo que solía comentarse cuando se encontraba el cuerpo de algún santo.

Fue así cómo se produjo la invención de las reliquias. No piensen mal. Esto de *invención* procede del latín *invenire*, que significa «descubrir, encontrar», no «inventar».

Lo siguiente era examinar el interior de la tumba con las garantías necesarias para legitimar la autenticidad. Así que se selló y se convocó a los obispos de Aix-en-Provence, Narbona y Arlés para el día 18 de diciembre, con el fin de que ejerciesen como testigos de la elevación de los restos mortales, que es como se conoce en el mundillo al acto de extraer unas reliquias de su aposento original.

El cuerpo no estaba completo. Faltaba la mandíbula inferior y una pierna. Eso sí, encontraron una generosa mata de pelo que rodeaba el cráneo. Y algo más… Así lo describió Gui:

> Se descubrió que la lengua de Santa Magdalena era inherente a la cabeza y a la garganta… De esta raíz [de su lengua] salía una rama de hinojo bastante larga, que se extendía hacia abajo. Lo cual los presentes admiraron y consideraron claramente con sus propios ojos. Y yo, que escribo estas cosas, muchas veces las he oído contar, con fidelidad y devoción, a varios de los que las presenciaron. Esta raíz luego se dividió en varias partículas, que son honradas en varios lugares como reliquias.

Por si fuera poco, pronto descubrieron algo fascinante que guarda relación con el episodio del encuentro entre la santa y Jesús resucitado del que ya les hablé anteriormente, cuando Jesús le dijo aquello de *noli me tangere*, «no me retengas», traducido a menudo como «no me toques». De hecho, así lo entendía Cabassole:

> La frente indica la verdad del cuerpo mediante una marca que siempre existe en el lado derecho [del espectador], encima de la sien; el que puede destruir todas las cosas y preservar lo corruptible, ha

preservado contra las leyes de la naturaleza de toda disolución el lugar donde ha sido impresa por contacto la huella de su mano sagrada [la de Jesús]. Esto es evidente para todos aquellos que lo consideran.

Es decir, encontraron un fragmento de piel de la frente, incorrupto, que permaneció adherido al cráneo hasta mediados del siglo XVIII. Por si fuera poco, también obtuvieron una pequeña ánfora que contenía, dicen, tierra del monte Calvario con sangre del mismísimo Jesús. Durante siglos, este pequeño jarroncito se exhibía ante los fieles cada Viernes Santo, día en el que, al parecer, la sangre se licuaba. Por desgracia, un facineroso lo robó en 1904.

Y lo más importante: un pequeño pergamino que contenía una inscripción en latín que pudieron leer a duras penas. De hecho, según afirma en su crónica, Gui lo vio con sus propios ojos.

> El pergamino, muy antiguo, lo leí yo mismo, el que escribe esta historia, y lo vi en la sacristía donde se guarda como testimonio de verdad.

Decía lo siguiente:

> En el año de la Natividad del Señor 710, día 6 de diciembre[41], de noche y muy en secreto, bajo el reinado del piadosísimo Eudes, rey de los franceses, en el tiempo de los estragos de la pérfida nación de los sarracenos, este cuerpo de la querida y venerable santa María Magdalena fue, por miedo de dicha pérfida nación, trasladado de su tumba de alabastro a esta tumba de mármol, después de haber retirado el cuerpo de Cedonio, porque allí estaba mejor escondido.

Bernardo Gui comentó esta historia en su *Crónica de los reyes de Francia* precisamente por la mención que se hacía en esta nota al tal Eudes, «rey de los franceses». Pero el único Eudes que fue rey gobernó del 888 al 898. Como las fechas no encajan, Gui estimó que podría tratarse de otro Eudes que fue duque de Aquitania

---

41   O quizás sea «715, día 1 de diciembre», según se establezca la puntuación, ya que el texto en latín decía: *Anno Nativitatis dominice DCC X VI die mensis Decembris in nocte secretissime régnante Odoyno piissimo rege Francorum...* Es posible plantear esa dicotomía y que la fecha fuese en realidad: DCCXV I.

entre el 688 y el 735 y que se enfrentó abiertamente contra Carlos Martel (686-741), líder de los francos, aquel que detuvo a las tropas de Abderramán en el año 732. El tal Eudes luchó en un primer momento junto al rey franco, siendo ambos los principales líderes cristianos de la batalla de Poitiers (19 de octubre de 732), que puso freno al avance de los musulmanes; pero tras la victoria, Carlos, ni corto ni perezoso, se hizo con una gran porción de las tierras de Eudes, cuyas tropas habían resultado fuertemente diezmadas. Su objetivo era reunificar el reino franco —que nominativamente era de Clotario IV—, y casi lo consiguió. Pues bien, Eudes era considerado rey por sus vasallos y simpatizantes. Así es como Bernardo Gui resolvió el problema de la identidad de aquel misterioso personaje. Y en efecto, hay alguna evidencia de que era considerado como un rey.

Pero lo importante no es esto, sino lo que se comenta al final del escrito: por miedo a los mahometanos, alguien cambió en secreto el cuerpo de la Magdalena de sarcófago: por lo tanto, el cuerpo que se llevaron los de Vézelay no era el de la santa, sino el de san Cedonio.

¡Los borgoñeses se habían equivocado de reliquias!

Ahora bien, de nuevo hay un problema de fechas: según el texto encontrado, esto sucedió en el año 710 o en el 715. En esa época los musulmanes aún no habían cruzado los Pirineos. Los primeros en hacerlo fueron las tropas de Al Samh a mediados del 719. Este se enfrentó en Carcasona, precisamente, con el tal Eudes, pero en el año 721. Es más, como sabrán los que hayan estudiado durante la EGB, los musulmanes llegaron a la península ibérica en abril del 711... Esto no ha sido impedimento para que la tradición provenzal de Saint-Maximin afirme, sin evidencia alguna, que los que hicieron el traslado de las reliquias fueron los monjes casianistas que estaban, según se afirma, al cuidado de la tumba. Ya veremos quiénes fueron.

Finalmente, tras redactar un acta exponiendo todo lo encontrado —acta que no se ha conservado—, se volvió a sellar la tumba. El siguiente paso era la traslación, el traslado de las reliquias a un relicario. Tuvo lugar el 5 de mayo del año siguiente, 1280, y a él asistieron, además de Carlos el Cojo y su corte, los prelados y abades de la región, los arzobispos de Narbona, Arlés y Aix, así como numerosos noblezuelos locales.

Cuando se volvió a abrir la tumba, antes de proceder a la exhumación de los huesos, que fueron envueltos en telas preciosas y trasladados en procesión, se encontró una bola de cera que contenía en su interior una inscripción: «Hic requiescit corpus Mariae Magdalenae»; es decir, «aquí descansa el cuerpo de María Magdalena». Por si había dudas.

Un año y pico después, el 30 de mayo de 1281, el cuerpo incompleto fue colocado en un hermoso relicario de plata. El 11 de diciembre de 1283, la cabeza, sin la mandíbula inferior, fue puesta en otro relicario, este con forma de busto, sobre el que se ubicó la corona de Carlos I de Anjou, rey de Nápoles y padre de El Cojo, que la había enviado como regalo.

Solo faltaba un detalle: la confirmación papal. Pero la cosa se complicó: Carlos el Cojo, como vimos, fue hecho prisionero en junio de 1284 y llevado a Cataluña, donde estuvo preso hasta 1288. Además, tanto el papa Nicolás IV (1227-1292), el que condenó por heréticas las obras del filósofo Roger Bacon, como su sucesor, Celestino V (1215-1296), estaban en otras cosas y no pudieron prestarle excesiva atención a este tema —el primero andaba liado con las cruzadas y con las pérdidas en Tierra Santa; el segundo, con su infructuoso proyecto de reformar la Iglesia, que fracasó estrepitosamente y que le llevó a convertirse en el primer papa que dimitió.

Sería el sucesor de este último, Bonifacio VIII, el que le hizo algo de caso a Carlos el Cojo. Al parecer, según comentó Cabassole, este se desplazó hasta Roma con las dos inscripciones y ¡la cabeza de la

Izquierda: Relicario de María Magdalena de perfil. Derecha: Relicario de frente.

santa! Allí, en Letrán, se custodiaban otros restos de la Magdalena, entre los que se encontraba, precisamente, la mandíbula inferior. ¿Qué hicieron? Comprobaron que encajaba perfectamente y *voilà*: el papa reconoció la autenticidad de las reliquias mediante una bula el 6 de abril de 1295, le dio permiso a Carlos el Cojo para construir una iglesia sobre el hipogeo en el que se había encontrado el sarcófago de la santa, que tardaría más de dos siglos en terminarse[42], y cedió el control de las reliquias y del lugar santo a los dominicos, quitándole el privilegio a los benedictinos, que se pillaron un buen rebote.

Además, Bonifacio VIII, mediante otra bula dictada el 21 de junio de 1295, concedió indulgencias a todos aquellos que se acercasen el día de la santa, el 22 de julio, hasta la iglesia de Saint-Maximin o a la cueva de Sainte-Baume, de la que ya hablaremos, que también cedió mediante esta bula a los dominicos.

El primer prior de esta orden en Saint-Maximin, nombrado el 7 de abril, fue Guillermo de Tonneins, íntimamente relacionado con Carlos I de Anjou: había sido confesor de Carlos el Cojo, ¡el que encontró las reliquias! Además, Pierre d'Allamanon, obispo de Sisteron, que desde la sombra manejaba todo el cotarro dominico, era íntimo amigo del Cojo, tanto que estuvo con él durante el tiempo que estuvo preso por los aragoneses.

Carlos el Cojo se encargó de pagar toda la fiesta, tanto la construcción del templo como la manutención de los monjes dominicos. Fíjense hasta que un punto había aquí un contubernio, que el papa Bonifacio VIII se vio obligado a decretar que el grupo de monjes de Saint-Maximin, en contra de lo que dice expresamente la regla de los dominicos, en vez de subsistir de la mendicidad, renunciaba a ella y podía recibir dinerito. De aquello se encargaría el monarca provenzal, y de indemnizar a los benedictinos a los que había echado, y también nombró al segundo prior, Jean Vigorisi, antiguo inquisidor en Toulouse (durante la década de 1260, unos siete años, en plena lucha contra los cátaros).

¿Por qué tenían tanto interés los condes de Provenza en aquello? Lo veremos.

---

42   Comenzó a construirse en 1295, pero, por diversos motivos, no se terminó del todo hasta 1532.

MIENTRAS TANTO, EN VÉZELAY...

Este fue el jaque mate definitivo para la abadía benedictina de Vézelay, que entró en decadencia absoluta tras el hallazgo de las nuevas reliquias en Saint-Maximin. Dos siglos después estaba casi en ruinas por la falta de ingresos procedentes de los peregrinos. En 1568, durante las guerras de Religión entre católicos y hugonotes (se conoce así a los protestantes franceses), la abadía y la basílica fueron saqueadas y se llevaron las reliquias. Para más inri, durante la Revolución francesa, el templo, que había sido degradado a iglesia, fue vendido y sus piedras se usaron para otras construcciones. Solo se conservó la sala capitular, parte de la bóveda y algunas arcadas del claustro, así como algunas piedras que se pueden ver en las casas aledañas.

Pero en 1834, el historiador, escritor y arqueólogo Prosper Mérimée (1803-1870), mientras ejercía como inspector general de monumentos históricos, durante la monarquía de Luis Felipe I, puso

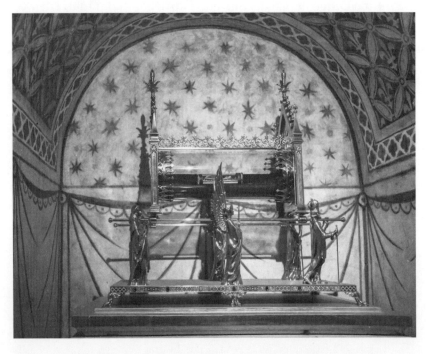

El relicario con las pocas reliquias que quedan en Vézelay.

sus ojos en Vézelay y le encargó al arquitecto Eugène Viollet-le-Duc la restauración del edificio, que comenzó en 1840. Fue el primer proyecto como restaurador de Le Duc, que durante las siguientes décadas se encargaría además de reconstruir la catedral de Notre-Dame de París, la de Amiens, la basílica de Saint-Denis (también en París) y la ciudad de Carcasona, entre otras muchas cosas.

Una vez terminadas las obras, el 23 de julio de 1876 se procedió a la inauguración. Con este motivo, Victor-Félix Bernardou, arzobispo de Sens, devolvió una parte de las reliquias que, según se afirma, fueron entregadas al papa Martín IV en 1267. Curiosamente, fueron robadas el 29 de junio de 1898, pero aparecieron de forma más que casual unos meses después, el día de Navidad, cuando un niño se las encontró en el cementerio local... Por cierto, los dominicos de Saint-Maximin se enrollaron y enviaron a sus colegas de Vézelay una pequeña reliquia para celebrar tal acontecimiento.

Las peregrinaciones volvieron desde entonces, aunque con mucha menos intensidad, y con dos parones provocados por las dos guerras mundiales. Ya no es lo que fue, claro está, pero sigue siendo el monumento más visitado de la Borgoña.

Sin embargo, a partir de aquel afortunado hallazgo, Saint-Maximin se convirtió en un importantísimo lugar de peregrinación. Y la visita no estaba completa sin dar el salto a la cercana Sainte-Baume, a unos veinte kilómetros. Los Anjou, de este modo, consiguieron ubicar en sus dominios en la Provenza uno de los lugares más sagrados de la cristiandad, la tercera tumba del cristianismo, junto a las de Santiago en Galicia y las de Pedro y Pablo en Roma.

De camino, esto contribuyó a la popularización de María Magdalena, sobre la que se lanzó nuevo material hagiográfico: en 1315, el cuarto prior del monasterio dominico de Saint-Maximin, Jean de Gobi el Viejo, escribió una recopilación de milagros atribuidos a las reliquias de la santa, ochenta y cuatro en total, titulada *Liber Miracolorum beate Marie Magdalene*, que fue muy popular en su época. Los había de todo tipo, desde presos liberados a muertos resucitados, así como numerosos enfermos sanados y varios viciosos recuperados. Además, desde entonces se popularizó en el mundo del arte el tema de la Magdalena penitente en su cueva, junto a su exaltación diaria a los cielos, también muy recurrente. La santa se puso de moda.

En 1660 se trasladaron los sagrados huesos de la santa a una urna de pórfido previamente bendecida en Roma por el papa Urbano VIII. Al acto asistió el rey Luis XIV (1638-1715), el Rey Sol, que, aprovechando el viaje, fue de peregrinación a la Sainte-Baume. Además, se hicieron unas copias de los documentos hallados a finales del siglo XIII y de las actas del levantamiento de las reliquias. Una se conserva en la iglesia de Saint-Maximin; otra, en el seminario de Saint-Sulpice de París.

Tras el estallido de la Revolución francesa, en 1794 desaparecieron los estuches, las joyas preciosas y los objetos de valor que acompañaban a las reliquias. Por suerte, el sacristán de Saint-Maximin, Joseph Bastide, puso a salvo el cráneo y la esfera de vidrio que contenía tierra empapada con la sangre de Jesús. Otras personas se hicieron cargo del resto de las reliquias. Una noble local, madame Ricard, se quedó con un parte importante de la tibia derecha y un mechón de cabello. Pasarían después a la familia que acogió a esta en su exilio, el matrimonio formado por Hyacinthe-Philippe d'Anselme. El nieto de este, Louis Victor Terris, se convirtió en obispo de Fréjus. Sería

Cripta de Saint-Maximin.

él quien devolviese las reliquias en 1884, pero no a Saint-Maximin, sino a la Sainte-Baume[43].

Por cierto, el hermano menor de Napoleón Luciano Bonaparte (1775-1840), que estudió en el seminario de Aix-en-Provence, temiendo por su vida, se refugió en Saint-Maximin en 1794, donde conoció a la que sería su esposa, Christine Boyer. Más tarde se convertiría en el artífice del golpe de estado que llevó al poder a su hermano. Se sabe que, gracias a él, se salvó de la quema el impresionante órgano de la basílica.

Aunque se restableció el culto en 1822, la abadía de Saint-Maximin y la cueva de la Sainte-Baume quedaron abandonadas. Hasta que entró en acción Jean-Baptiste-Henri Lacordaire (1802-1861), un religioso francés que, tras dejar la carrera de Derecho, ingresó en la abadía parisina de Saint-Sulpice para ordenarse como sacerdote. Lo consiguió en 1827. Desde entonces se convirtió en uno de los principales activistas contra las ideas anticlericales, amparándose en la libertad religiosa y en el respeto a los derechos humanos. Además, en 1837 asumió la misión de restablecer la orden dominica, que había sido suprimida en 1790, durante la Revolución francesa. Lo consiguió en 1838 gracias al apoyo del papa Gregorio XVI, y al año siguiente tomó los hábitos. A partir de ese momento se lanzó a una ingente labor predicativa, a la vez que fundó conventos y monasterios por distintos lugares de Francia. En 1859 compró el monasterio de Saint-Maximin y dio comienzo a las obras de reconstrucción, y los dominicos regresaron. Una nueva época de esplendor se inició así.

---

43   Una curiosidad: entre julio y agosto de 2004, estas últimas reliquias fueron llevadas a Brasil, a las ciudades de Sao Paulo y Fortaleza, donde fueron vistas por decenas de miles de personas.

¿Qué hay de verdad en todo esto?

Poca.

Las reliquias de la Magdalena se conservan, como vimos, en la cripta abovedada de la basílica —lo es desde el año 2017, antes era una simple iglesia—, en el interior de una celda excavada, donde además se pueden ver los sarcófagos de santa Marcela, san Cedonio, los Santos Inocentes y, claro está, la Magdalena. Justo en el lugar en el que estaba el hipogeo donde fueron hallados.

Dibujo y fotografía del sarcófago de María Magdalena.

Se han hecho varias excavaciones arqueológicas allí, las primeras en 1859, tras la compra de Lacordaire. Se encontró evidencia de enterramientos anteriores al siglo IV, una tumba de ladrillo vacía que se encontraba debajo de uno de los sarcófagos y que fue destruida durante la remodelación que se hizo tras el estudio. Más de un siglo después, durante otras excavaciones que se realizaron en 1993, quedó claro que el hipogeo podría ser del siglo I, lo que daría credibilidad a la idea de que estuvo bajo el oratorio de san Maximino, que es lo que allí se defiende. Y en un estudio reciente, realizado en 2021 por Géoscience Paris-Saclay, tras realizar una prospección geofísica, se demostró la existencia de lo que parece una construcción anterior bajo el suelo de la basílica.

Pero hay un problema: los sarcófagos son posteriores. No se sabe cuánto, pero se datan entre el siglo III, los más optimistas, y el IV.

En 1993 se descubrieron varios restos romanos en un placeta que se encuentra a la derecha de la basílica, incluido un baptisterio romano[44] que se ha datado, por las cerámicas que allí había, en el siglo V —fue destruido en el año 1093, en una ampliación del templo—. Además, se hallaron varios enterramientos muy cerca y lo que se cree que es una pared de la antigua iglesia, también del siglo V, que fue destruida para levantar la actual.

Sí, todo esto es tardío, de mucho tiempo después de los hechos que allí sucedieron según la tradición, y no es evidencia de nada, excepto de que, desde muy antiguo allí había una importante comunidad cristiana, pese a que era un pueblo pequeño y sin muchos habitantes.

Por otro lado, no deja de ser curioso que sobre la antigua ágora griega de Marsella, donde, según la tradición, la Magdalena, Marta y Lázaro estuvieron predicando, se levantase el baptisterio más grande de toda la Galia, junto a la primitiva iglesia paleocristiana, sobre la que se construyó una iglesia románica, en el siglo X, y la nueva catedral, en la segunda mitad del XIX. El conjunto también ha sido datado en el siglo V.

En 1979, durante unas obras que se realizaron bajo el pavimento de la cripta de santa Marta en la iglesia que lleva su nombre —donde se

---

44   Un pequeño edificio redondo o poligonal en cuyo interior había una piscina bautismal, generalmente rodeada de una columnata.

encontraron sus supuestos restos mortales—, ubicada en la localidad de Tarascon, muy cerca de Aix-en-Provence, se hallaron los restos de una muralla del siglo v y un sarcófago tallado en piedra que solo contenía unos trozos de hueso y tierra. El sarcófago de Marta, que hoy ejerce de altar, se ha datado también en el siglo iv y contiene relieves que muestran a la Magdalena a los pies de Jesús y a Lázaro resucitando.

Es más, según la tradición, en Saintes-Maries-de-la-Mer, un lugar que cobrará importancia dentro de unas páginas, ya que se defiende que es donde en realidad desembarcaron María Magdalena y los demás, hubo una pequeña iglesia que se levantó a mediados del siglo vi para albergar las reliquias de María Salomé y María de Clopás, junto al pozo que, según la leyenda, se encontraba en el lugar en el que vivieron y fueron enterradas. Ya hablaremos de todo esto.

Lo importante es que aquí parece encontrarse un patrón: en el siglo v se levantaron edificios cristianos en todos los lugares provenzales relacionados con la Magdalena. ¿Por qué?

SAN CASIANO

Quizás esta sea la explicación:

Juan Casiano (c. 360-c. 435) fue un asceta de la Dacia que, tras pasar siete años viviendo en el desierto de Egipto —después de tirarse otros siete como eremita en Belén—, fue nombrado diácono en Constantinopla por san Juan Crisóstomo, del que fue su discípulo favorito, y sacerdote en Roma por el papa Inocencio I. Era un tipo importante. Para las Iglesias orientales es santo; para la occidental, no, porque se le atribuye la doctrina del semipelagianismo, inspirada a su vez en las ideas de Pelagio, condenado por hereje en el 418. Se le ocurrió pensar que cualquier persona, por sus propios medios, podía alcanzar la santidad, sin que la gracia divina tuviese mucho que ver, aunque eso suponía negar el pecado original. En el 529, en el Concilio de Orange, también fue condenado el semipelagianismo, por eso no es santo este hombre. Ojo, el papa Gregorio I el Magno, del que ya hemos hablado, sí lo consideraba así. Y en la Provenza se le veneraba como si lo fuera.

Pues bien, hacia el año 415 Juan Casiano se instaló en Marsella. ¿Por qué? Al parecer porque le incitó Lázaro, un antiguo obispo de Aix-en-Provence que llevaba un tiempo en Tierra Santa.

Allí, en Marsella, cerca de la cueva en la que, según se decía, estaban las reliquias de Lázaro de Betania y de san Víctor (un importante santo local), fundó dos monasterios: la abadía de san Víctor, para hombres, y el convento de Saint-Sauveur, para mujeres, para los que creo una normativa muy trabajada, una de las primeras que se conocen, de influencia oriental, que se reflejó en sus dos obras (*Institutiones* y *Collationes*), en las que describía al dedillo cómo debía ser la vida de los monjes y monjas. Fue, por lo tanto, el que introdujo en Occidente el monaquismo, ya extendido en Egipto y Oriente Próximo. Su importancia queda avalada con decir que fue la principal inspiración de san Benito de Nursia (c. 480-543), fundador de la orden de los benedictinos y autor de la Santa Regla por la que se rigieron los monjes y monjas occidentales durante varios siglos.

Se cree que Casiano pasó el resto de su vida en Marsella o en las cercanías. No se sabe muy bien cuándo murió, aunque se estima que fue en el año 435. Tras su muerte, sus monjes, los casianistas, prosperaron y se extendieron por la zona de los valles del Ródano y de uno de sus afluentes, el Durance; es decir, por la región en la que se desarrolló siglos después el culto a María Magdalena y por la que se extendió como la pólvora el semipelagianismo. Finalmente, como ya adelanté, en el 529, esta doctrina fue condenada por herética, lo que supuso el punto final para los monjes casianistas.

Pues bien, la tradición local de Saint-Maximin defiende que algunos de estos monjes se instalaron allí para proteger las reliquias de la Magdalena y de san Maximino y acoger a los peregrinos, y que levantaron un oratorio en la cueva de la Sainte-Baume, así como la escalera en piedra que sube hasta allí. Además, se cree que tanto la ermita de Santa Marta de Tarascón como el antiguo oratorio de Saintes-Maries-de-la-Mer fueron cosa de esta gente. Por algún motivo, estaban interesados en la familia de Betania y en María Magdalena, quizás porque ya había rumores sobre sus reliquias.

Es decir, según esta idea, durante el siglo V, época de la que datan tanto el sarcófago de santa Marta como los de Saint-Maximin, los monjes casianistas se instalaron precisamente en aquellos lugares. Parece razonable pensar, por lo tanto, que en aquella temprana época, gracias a Casiano, se desarrolló una primigenia versión de la leyenda provenzal sobre la llegada a aquellas tierras de María Magdalena y sus supuestos hermanos.

Por desgracia, como era de esperar, no existe evidencia de esto. Lo que nos lleva a una terrible conclusión: no existe la más mínima prueba arqueológica o documental que permita demostrar la veracidad de la tradición provenzal, de la que nada se sabía hasta el siglo XI, cuando surgió el culto en Vézelay. Esto de los monjes casianistas, hasta nueva orden, es una simple conjetura.

Por ese motivo, incluso dentro de la propia Iglesia católica, surgieron voces que pusieron en duda la autenticidad de las reliquias de la Borgoña y la Provenza.

La veda la abrió Jean de Launoy (1603-1678), un sacerdote y teólogo que, en los albores de la Ilustración, se atrevió a cuestionar desde dentro de la propia Iglesia las leyendas de varios santos —además de oponerse al culto a las reliquias, a la infalibilidad papal o la inmaculada concepción de la Virgen—. En concreto, en 1641 escribió un estudio desmontando la leyenda provenzal titulado *Dissertatio de commenticio Lazari & Maximini, Magdalenæ & Marthæ in Provinciam appulsu*, que fue objeto de duras críticas. Tanto que el ayuntamiento de Aix-en-Provence prohibió sus obras. Unas décadas después, el papa Benedicto XIV (1675-1758) le calificó como «mentiroso descarado y escritor despreciable».

Por otro lado tenemos a Louis Duchesne (1843-1922), otro religioso católico francés, además de un reconocido historiador, que escribió numerosas obras sobre el cristianismo intentando aplicar el método histórico y el racionalismo crítico, lo que llevó a recibir numerosas reprimendas por parte de sus superiores, que le acusaban de modernista y de polemista. Tanto es así que el papa Pío X (1835-1914) incluyó en 1912 su monumental *Histoire ancienne de l'Église* (publicada en tres volúmenes entre 1907 y 1910) en el *Index librorum prohibitorum*, el infame listado de libros prohibidos que comenzó a rellenarse durante el Concilio de Trento (1545-1563). Este señor, escribió en 1893 un artículo titulado «La légende de Sainte Marie-Madeleine», que se publicó en los *Annales du Midi*, en el que exponía sus estudios sobre el tema que nos ocupa, llegando a la conclusión de que todo era un invento medieval.

O Victor Saxer (1918-2004), otro sacerdote francés, y un reconocido historiador —tanto que llegó a ser presidente del Pontificio

Comitato di Scienze Storiche, una comisión vaticana centrada en la historia del cristianismo, y profesor del Istituto di Archeologia Cristiana—, autor de una magnífica tesis doctoral, que defendió en 1953, sobre el culto a María Magdalena en Occidente, *Le culte de Marie Madeleine en Occident des origines à la fin du Moyen Âge*, además de varios artículos sobre el tema de marras, en la que desmontó todo este lío.

Tampoco era difícil. Lo de Vézelay resultaba más que sospechoso. Sus diferentes versiones de la historia no encajan, se contradicen y son tremendamente vagas, sobre todo si las comparamos con la pormenorizada narración que disponemos sobre las aventuras de las

Tránsito de la Magdalena, Anónimo, finales del siglo XVII.

reliquias de Saint-Maximin, ¡que tampoco encajaban! Las dos notas encontradas que parecían probar que allí estaba enterrada María Magdalena no soportan el más mínimo análisis. Aquello, la cripta de Saint-Maximin no era más que la tumba de una familia galorromana cristiana de los siglos v o vi. O quizás algo más antigua, pero en ningún caso del siglo i. No lo sabremos nunca, pero ambos extremos parecen probables, ya que está documentada de presencia romana en Saint-Maximin desde comienzos de nuestra era. Pero eso no demuestra, ni de lejos, que María Magdalena fuese enterrada allí.

ÉFESO

Para más inri, aparte de la ausencia de evidencia arqueológica o de fuentes anteriores al siglo xi, resulta que muchos siglos antes de todo este lío francés la cristiandad tenía claro dónde estaba enterrada María Magdalena: en Éfeso, la antigua colonia griega situada en la desembocadura del río Caístro, en la costa occidental de la actual Turquía, una de las tres ciudades más importantes del oriente del Imperio romano y de la cristiandad, junto a Antioquía y Alejandría.

Hasta allí, hacia el año 54 de nuestra era, llegó Pablo de Tarso, aunque no está claro si fue él el que fundó la primera comunidad cristiana o si ya existía. Y hasta allí, como ya les comenté, llegaron Juan el Evangelista y la Virgen María, huyendo de la persecución contra los cristianos de Jerusalén. Por algo se decidió en el Concilio de Éfeso del año 431 que María tenía que ser denominada como Theotokos, madre de Dios.

Pues bien, una antigua tradición, vinculada con los cristianos orientales, defiende que la Magdalena también fue con ellos y que fue allí donde terminó falleciendo. San Willibaldo de Dryopolis, un obispo de Baviera, aseguró en el siglo viii que había visitado el santuario donde se veneraban sus huesos, hasta que fueron trasladados en el año 886 por el emperador León VI el Filósofo (866-912) a la que terminaría llamándose iglesia de San Lázaro de Constantinopla, junto a los restos mortales de Lázaro, descubiertos en Larnaka (Chipre) por aquella misma época. Y allí siguen las reliquias de ambos. Cada 4 de mayo se realiza una liturgia en honor a los dos santos.

Ojo, esta tradición, presente en varios Synaxaries —una suerte de martirologios de las Iglesias orientales, casi todos posteriores al siglo x—, cuenta una historia distinta a la que se popularizó en Occidente, aunque con puntos en común: la Magdalena, tras la muerte de Jesús, fue a quejarse ante el emperador Tiberio, produciéndose la famosa escena del huevo que se tiñó de rojo. Cuatro años después, se unió a san Maximino para predicar la buena nueva, pero se vieron obligados a huir en una barca sin remos ni velas, aunque guiada por Jesús, que les llevó hasta Marsella, donde también se lanzaron a difundir su mensaje. Allí sucedió lo que ya conocen por *La leyenda dorada*: el milagro del nacimiento del hijo del gobernador romano de la ciudad (que aquí tiene nombre: Hipatio), la muerte de su mujer y su posterior resurrección, y la conversión de ambos. Sin embargo, la leyenda oriental continúa de otra forma: la Magdalena no se convirtió en penitente ni se instaló en una cueva, sino que se marchó de viaje por el Mediterráneo para predicar la buena nueva. Egipto (Alejandría), Fenicia, Siria (Antioquía), Panfilia... hasta que finalmente fue a Éfeso, donde se encontró con el apóstol Juan y la Virgen. Y allí murió, un 4 de agosto, siendo enterrada cerca de la entrada de una cueva, en la que años después sucedería la famosa historia de los siete durmientes de Éfeso, santos para los católicos, los cristianismos orientales ¡y los musulmanes![45] ¿La conocen?

Se trata de una antiquísima leyenda cristiana que narra algo que sucedió hacia el año 249. El emperador Decio, empeñado en fastidiar a los cristianos, visitó Éfeso y ordenó a sus habitantes que realizasen sacrificios a las deidades romanas. Solo siete jóvenes cristianos, nobles todos, se negaron. El emperador les dio tiempo para lo que pensasen y abjuraran, pero los siete chicos entregaron todas sus riquezas a los pobres y se marcharon a una cueva para esconderse. Con tan mala suerte que unos soldados romanos dieron con ellos mientras dormían y taparon la entrada para que murieran. No fue así: se quedaron dormidos ¡durante dos siglos! Durante el reinado de Teodosio II (408-450), un rico de Éfeso llamado Adolio quiso convertir la cueva en un establo. Al abrirla, los jóvenes despertaron. Uno de ellos, Dionisio según algunas versiones, fue a la ciudad en busca de comida, momento en el

---

45   Su historia aparece en la Sura de la caverna, la 18.

que percibió que estaban en otra época. El obispo y el prefecto, al enterarse de la noticia, mandaron llamar al emperador, que se presentó allí. Tras explicarle su odisea, murieron y ascendieron a los cielos.

El caso es que desde unos siglos antes estaba extendida esta creencia de que la Magdalena murió en Éfeso, como evidencia lo que comentó el cronista cristiano y galo Gregorio de Tours (538-594) que, en su *De Gloria Martyrum*, del año 590, una de las primeras recopilaciones de vidas de santos, expuso que «en esta ciudad [Éfeso], se dice, reposa María Magdalena, sin tener nada encima de ella, ni techo». Este señor no estuvo en Éfeso en su vida. La historia la conocía gracias un anónimo viajero sirio que le ayudó, precisamente, a transcribir la leyenda de los durmientes de Éfeso; pero no debía estar muy bien informado, pues no le dio más detalles ni le explicó ni dónde estaba con más concreción. ¿Por qué su tumba no era ya objeto de veneración, como tantos otros supuestos y santos lugares cristianos por aquel entonces?

Yendo más lejos, este señor, un historiador que conocía a la perfección la historia de las Galias —autor de una historia de los francos de diez volúmenes— y la vida de los santos, no sabía nada de la llegada de la Magdalena, sobre la que escribió algunas cosas, a una región que en aquella época estaba en manos de los reyes cristianos merovingios, francos también. ¿Cómo es posible?

Además, hay otra pista que casi permite concluir que esto de Éfeso tampoco es del todo creíble: una carta que escribieron hacia el año 190 unos cuantos obispos de Oriente —con Polícrates, obispo de Éfeso, al timón— al papa Víctor (120-199) para pedirle que les permitiera seguir celebrando la fiesta de la Pascua como venían haciendo, ya que defendían que lo hacían según las indicaciones que legó el bueno de Juan el apóstol y su colega Felipe, que también anduvo por allí. Como el plan era camelarse al papa, no dudaron en exaltar el prestigio de aquella región como uno de los primeros baluartes del cristianismo en expansión, sobre todo por las labores de Pablo de Tarso. Y claro, hablaron de Éfeso y de su importancia como lugar de acogida para tan dignos exiliados cristianos como la Virgen y Juan. Pero no dijeron nada, absolutamente nada, de María Magdalena. Recuerden, estamos hablando de finales del siglo II. No había pasado demasiado tiempo. Y se trata de un personaje esencial de la epopeya cristiana.

No crean, la tradición católica siguió erre que erre: la Iglesia defiende que durante las Cruzadas, en el año 1216, los restos mortales de la santa fueron trasladados desde la iglesia de San Lázaro de Constantinopla hasta Roma y colocados bajo un altar dedicado a santa María Magdalena en la basílica de San Juan de Letrán (Roma), donde aún se venera el pie izquierdo...

La historia de la Magdalena en Éfeso no estaba tan bien trabajada como la leyenda provenzal. Ni de lejos. Y es normal. Recuerden que aquellas tierras occitanas y provenzales estaban viviendo en aquella época una suerte de pequeño renacimiento cultural, con sus cantares de gesta y su amor cortés. En cualquier caso, lo hicieron mejor. Eso sí, allí se conserva una camisa que, dicen, le hizo la santa a Juan el apóstol.

Para colmo de males, ¡tenemos más reliquias de la Magdalena por ahí, desperdigadas!

En otro de los monasterios del Monte Athos, el de Simonas Petras, dicen que se conserva la mano izquierda, que además de milagrera, según el testimonio de algunos peregrinos, permanece siempre caliente. En la catedral de Oviedo se custodia un mechón de pelo, y en la Exeter, en Inglaterra, un dedo... En la preciosa iglesia neoclásica de la Madeleine de París (ideada por Napoleón, diseñada como si se tratase de un templo griego y consagrada en 1845), ubicada en pleno Boulevard de las Capuchinas, en el barrio de la Madeleine, muy cerquita del Louvre, se conservan otras reliquias: un regalo que el rey Luis XVI hizo a su nieto, el infante de España don Fernando, duque de Parma, después de que la madre de este, Luisa Isabel (hija del monarca francés) viajara a Saint-Maximin en 1749. Estuvieron durante un tiempo en la residencia del infante, en Piacenza, hasta que pasaron a manos de Napoleón en 1810. Se trata de unos fragmentos de huesos que el monarca tomó de las reliquias de la Sainte-Baume en 1781. Finalmente, Luis XVIII las entregó a la iglesia parisina, que estaba en construcción. En su interior, además, se puede ver un extraordinario conjunto escultórico de mármol (obra de Charles Marochetti, 1857) que representa el rapto diario que cada día llevaba al cielo a la Magdalena de manos de los ángeles.

Por si fuera poco, en la iglesia de Santa María Magdalena de Jerusalén, construida en el Monte de los Olivos en 1886 por el zar Alejandro III de Rusia, en memoria de su madre, la zarina María

Le Ravissement de Sainte Marie-Madeleine, Iglesia de la Madeleine.

Fragmento de la pintura mural.

Aleksándrovna, fallecida seis años antes, se conservan también algunos cachitos que no se sabe muy bien de dónde vinieron. Destaca, además de por su extravagante arquitectura, por una pintura mural en la que se muestra a la Magdalena frente a Tiberio... ya saben, la historia aquella del huevo rojo.

Podría seguir aumentando esta lista, pero ¿para qué?

HABLA LA CIENCIA

Lo guapo es que la ciencia también ha metido mano en el asunto, sin demasiado éxito, pero sin cerrar ninguna puerta del todo.

Entre febrero y marzo de 1974 se hizo un estudio de las reliquias del cráneo y el cabello de Saint-Maximin, de lo que se encargó al CNRS (Centro Nacional Francés de Investigaciones Científicas), bajo la dirección del sacerdote Raymond Boyer. Las conclusiones fueron modestas: se trata del cráneo de una mujer de unos cincuenta años, de tipo mediterráneo y 1,43 m de altura.

Relicario del pelo.

En 2017 se realizó un nuevo estudio, con técnicas actuales, bajo la dirección del médico forense de la Universidad de Versalles (que financió el proyecto) Philippe Charlier —famoso, entre otras cosas, por demostrar que Hitler murió en el búnker de Berlín— y con un equipo de diez investigadores. Los resultados fueron similares, aunque también se llegó a la conclusión de que el color del cabello era marrón oscuro con trazas pelirrojas. Pero no se realizó una extracción de ADN, lo que podría ayudar a establecer el origen étnico.

Eso sí, gracias a las fotografías que se realizaron, se pudo generar una reproducción tridimensional del rostro que pudo tener aquella persona, de la que se encargó el artista forense Philippe Froesch, alma máter de esta movida, desde que un día visitó Saint-Maximin.

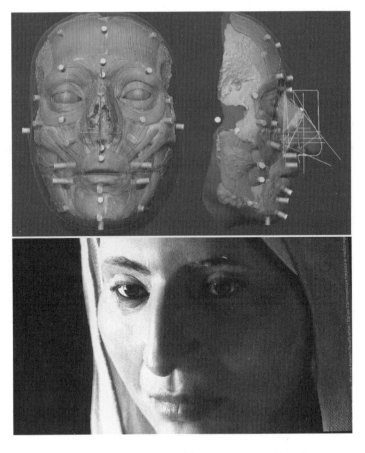

Reconstrucción en 3D del cráneo y recreación.

Además, entre 2016 y 2021 se realizó un estudio científico del pelo que incluía una datación por radiocarbono (carbono 14). De ello se encargó Gérard Lucotte, del Instituto de Antropología Molecular de París, que publicó varios *papers* con sus conclusiones... que fueron demoledoras: 1260, treinta años arriba o abajo, lo que coincide con el hallazgo de las reliquias en 1279. Qué sorpresa. Eso sí, el estudio del ADN mitocondrial estableció que se trataba de una mujer de ascendencia judía y de unos 50 años, y también se demostró que las trazas pelirrojas eran naturales y que el pelo había estado en contacto reciente con el mar, lo que invalidaría la idea de su larga penitencia en la *grotte*. Si quieren saber más, en la bibliografía tienen todos estos *papers*.

La Sainte-Baume

Para entender bien este lío, debemos dar un paso atrás, pues un tiempo antes de que Carlos II de Anjou, el Cojo, encontrase las reliquias *auténticas* de María Magdalena había comenzado a popularizarse la supuesta cueva en la que, según la leyenda provenzal, estuvo durante sus últimas décadas de vida convertida en ermitaña. Y claro, esto sucedió en el contexto del pique entre los norteños de Vézelay y los provenzales de Saint-Maximin.

La cueva se encuentra a unos veinte kilómetros de Saint-Maximin, en el centro del *massif* de la Sainte-Baume, repartido entre los departamentos de Bocas del Ródano y Var, en mitad del parque natural del mismo nombre, creado para proteger el extraordinario bosque de hayas, robles y pinos que se encuentra a los pies del macizo, una larga y elevada cresta que abarca unos 35 kilómetros.

La etimología es curiosa: procede de la palabra occitana *bauma*, evolución del vocablo galo *balma*, que significa «cueva»; a la vez, guarda relación con *baume*, «bálsamo» en francés.

Aunque no hay evidencia contrastada, se cree que ya había allí un lugar de culto precristiano dedicado a alguna diosa de la fertilidad, posiblemente a Artemisa de Éfeso, que se desarrollaría en la región por influencia de los griegos que se instalaron en la zona de Marsella. Tampoco existen pruebas contundentes de que los monjes casianistas de la abadía de san Víctor de Marsella se instalasen allí, por mucho que diga la tradición local, aunque tampoco sería extraño.

Al igual que las reliquias de Vézelay, la cueva no entró en la historia escrita hasta el siglo XII. Varias cartas de esa época testimonian que en su interior había un pequeño oratorio controlado por los monjes de san Víctor, pero se cree que en un primer momento estuvo dedicado a la Virgen María. A partir de la segunda mitad del siglo

Estatua de la Magdalena, ubicada junto a la fuente milagrosa.

XII la cosa comenzó a cambiar, y en el 1200 ya se daba por hecho que aquel había sido el lugar del retiro de María Magdalena.

De hecho, existe un documento de finales del siglo XII que habla de la peregrinación que realizó un caballero italiano y que contiene una copia de la leyenda de la Magdalena como eremita, en el que podemos leer: «Se dice que su cueva, en la que vivió sola durante treinta años, está en la diócesis [de Marsella], no lejos de la ermita de Montrieux», que, en efecto, está a unos diez kilómetros.

La primera referencia a las peregrinaciones es más tardía, de 1248. Se trata de un escrito (incluido en su libro *Crónica*, 1288) de un fraile franciscano llamado Salimbene de Parma (1221-1290), seguidor de las ideas apocalípticas de Joachim de Fiore y muy aficionado a la numerología, que estuvo allí en 1233. Comentó lo siguiente:

> La cueva donde santa María Magdalena hizo penitencia durante treinta años está a quince millas de Marsella. Dormí allí una noche, la tarde de su fiesta. Está ubicada en una roca muy alta y, según mi opinión, es lo suficientemente grande como para albergar a mil personas. Hay tres altares y un manantial parecido a la fuente de Siloé. Hay una manera muy bonita de llegar. En el exterior, cerca de la cueva, hay una iglesia dirigida por un sacerdote. Arriba, la montaña es todavía tan alta como el baptisterio de Parma, y la cueva misma está a tal altura en la roca que las tres torres de Asinelli de Bolonia no podrían llegar hasta allí; los altos árboles del bosque parecen ortigas o salvia desde arriba. Y como toda la región está deshabitada y desierta, las mujeres y damas nobles de Marsella, cuando van allí por devoción, se cuidan de llevar consigo asnos, y llevan pan, vino, pescado y otras provisiones que necesitan (Albanès 1880, 43-44).

No tengo constancia de que aportase algo sobre las reliquias de Saint-Maximin, que aún no habían sido descubiertas cuando estuvo allí, pero sí cuando escribió su libro.

Por otro lado, hay una referencia anterior, aunque más sutil, que nos lleva por interesantes veredas: Raimondo de Piacenza (1139-1200), un célebre religioso católico, gracias a sus múltiples peregrinaciones por varios lugares santos de la cristiandad, contrariado después de que en unos pocos meses fallecieran sus cinco hijos y su esposa, se entregó por completo a Dios y se lanzó a viajar —anteriormente, de adolescente, había estado en Tierra Santa con su madre—.

Conocemos su vida gracias a un clérigo de Piacenza llamado Rufino, que la escribió y la publicó en 1212 con el título *Vita S. Raymundi Palmarii Confessoris*. Según este, viajó a la Provenza en la década de 1170. Así lo expresó:

> …regresando a Italia, visitó las reliquias de la Santísima Magdalena y el duro lugar de su penitencia, no lejos de Marsella. Luego viajó por Provenza y visitó las reliquias de las tres Marías y de los santos Marta y Lázaro.

Parece obvio que «el duro lugar de su penitencia», cerca de Marsella, hace referencia a la Sainte-Baume, aunque no dice que sea una cueva. De ser así, sería la primera mención escrita. Y realmente lo parece.

Magdalena penitente, Donatello, 1455. Escultura de madera policromada.

Sea como fuere, aquella cueva se convirtió en un importante lugar de peregrinación en tan solo unas décadas, como evidencia el hecho de que a finales de julio de 1254 el mismísimo rey Luis IX se desplazase hasta allí al regresar de la séptima cruzada, además de visitar Saint-Maximin, antes del descubrimiento de las reliquias. Recuerden, este señor era hermano de Carlos I de Anjou. Por eso mismo llama mucho la atención el hecho de que, como vimos, en la Pascua de 1267, este monarca le regalase a los monjes de Vézelay dos preciosos relicarios de oro en cuyo interior se depositaron las reliquias. Esto parece indicar que, aunque ya se creía que la Magdalena había estado de penitente en aquella cueva, aún no había triunfado la idea de que sus restos mortales estuviesen en realidad en Saint-Maximin. El plan estaba cuajándose...

Tras el hallazgo de las reliquias, Carlos II se esforzó también en potenciar las peregrinaciones a la cueva, gestionada desde entonces por un pequeño priorato de dominicos que vivían en el monasterio contiguo. Y claro, el tour se completó: todos los peregrinos que se desplazaban para venerar las reliquias de la Magdalena se acercaban antes a este precioso lugar.

En 1337 el rey Humberto II estuvo allí con el poeta Petrarca —que narró la experiencia en su *De Vita Solitaria*, de 1347—; y se dice que en 1376 lo hizo la mística santa Catalina de Siena, pero no está claro. Tampoco he podido encontrar evidencia de

La *grotte* de la Sainte-Baume desde el camino de acceso al bosque. Foto del autor.

que hasta allí hayan viajado varios papas, pero en Saint-Maximin aseguran que sí, y algunos de la talla de Clemente V o Urbano V.

En 1440, René de Anjou, al que ahora volveremos, ordenó la construcción de una hospedería para los peregrinos al lado de la gruta, donde hoy en día se ubica la tienda de souvenirs y un pequeño albergue. Pero a la muerte de este, en 1481, la Provenza pasó a formar parte de Francia. Desde entonces, los santos lugares fueron visitados y apoyados por muchos monarcas franceses. Por ejemplo, el 20 de enero de 1516 lo hizo Francisco I (1494-1547), mecenas de Leonardo da Vinci. El 29 de octubre de 1533, Francisco I regresó junto a su hijo, Enrique II, y la esposa de este, Catalina de Medici, hija de Lorenzo de Medici, que se habían casado el día antes en Marsella. Esta regresaría en 1564 junto a su hijo, el rey Carlos IX, y el hermano de este, que también ejerció, Enrique III. También estuvo allí Luis XIV (1638-1715), el Rey Sol, el 5 de febrero de 1660, junto a su madre, Ana de Austria —el día anterior estuvieron en Saint-Maximin—.

Por otro lado, entre 1586 y 1592, durante las guerras de Religión, la cueva y el monasterio fueron saqueados; y lo mismo sucedió en 1793 durante la Revolución francesa. Un incendio destruyó por completo el monasterio. Los revolucionarios le pusieron el nombre de Termópilas.

Aunque se restableció el culto en 1822, la Sainte-Baume quedó prácticamente en el olvido hasta mediados del siglo xix. En 1848, Jean-Baptiste-Henri Lacordaire, tras conseguir la aprobación papal para refundar la orden dominica, y convertido en diputado por Marsella tras la revolución que se produjo aquel año, se centró en la Sainte-Baume, que estaba prácticamente en ruinas, y se lanzó a restaurarla. En 1859, tras comprar Saint-Maximin, instaló a varios hermanos dominicos en la cueva, además de levantar una hospedería para los peregrinos en la meseta de abajo, frente al bosque. Gracias a Lacordaire se revitalizaron las peregrinaciones.

Otra contribución esencial fue la del padre Vayssière, encargado del lugar entre 1900 y 1932, que realizó varias construcciones, como la escalinata final que conduce hasta la cueva —con 150 escalones, a modo de homenaje al número de cuentas que tiene un rosario— o el Calvario, además de la antigua residencia de ancianos Nazaret. Vayssière recibió al fascinante místico, eremita y explorador Charles de Foucauld (1858-1916), canonizado en 2022 por el papa Francisco, en las tres ocasiones que se desplazó hasta allí (1901, 1902 y 1913).

Entre medias, en 1910, la cueva pasó a ser propiedad del municipio de Plan d'Aups —de acuerdo con las leyes de separación entre el Estado y la Iglesia, que hicieron estatales todas las posesiones eclesiásticas—. En la actualidad vive allí una pequeña comunidad de ocho monjes dominicos que se encargan de cuidar el lugar, brindar culto y recibir a los visitantes. Desde 2008, la orden se encarga también de gestionar la hospedería.

La Sainte-Baume y la hospedería en 1913.

Altar de la Sainte-Baume; a la derecha, la roca y el pequeño manantial.

Si algún día deciden acercarse, les recomiendo que realicen la ascensión por el llamado Chemin des Roys, que arranca en el parking que hay junto a la hospedería, y que desciendan por el más abrupto Chemin du Canapé (GR9 según la nomenclatura para senderistas). Ambos atraviesan el hermoso bosque. En la antigüedad, a lo largo del Chemin des Roys se podían ver siete pequeños oratorios que ofreció como regalo en 1516 Jean Ferrier, arzobispo de Arlés, en los que se narraba la vida de la santa. Hoy solo quedan cuatro, y muy deteriorados.

En el interior de la cueva se puede ver un precioso altar, al que miran todos los bancos, levantado por Lacordaire a mediados del XIX, en el que se custodian algunas reliquias de la santa (parte de la tibia y un mechón de pelo), que se colocaron en un relicario en 1889. La tradición considera que un pequeño manantial que se encuentra a la derecha de este altar se creó a partir de las lágrimas de la santa, junto a una roca ubicada sobre la que se dice que oraba, que permanece siempre seca, pese a la humedad que allí hay. En la parte inferior de la cueva hay un pequeño oratorio y un memorial dedicado a los neonatos muertos.

Fresco de Giotto de la Basílica inferior de san Francisco de Asís
(Asís, Italia) en el que se representa el éxtasis de María Magdalena.

En la plaza exterior se ubica el monasterio dominico, cerrado al público, y la antigua hospedería que fundó René de Anjou, hoy reconvertida en tienda de souvenirs, aunque mantiene un pequeño refugio para visitantes; además de una preciosa *Piedad*, diseñada por Marthe Spitzer, que se instaló en 1932 como regalo de los feligreses de la iglesia de la Madeleine de París.

Por cierto, el Chemin du Canapé también conduce a la ermita de san Pilón, levantada en el lugar en el que, según la tradición, la Magdalena era llevada al cielo por los ángeles. Allí, durante muchos años, hubo solo un pilar con una estatua de la santa. La capilla fue destruida durante la Revolución francesa. Lo que se puede ver hoy es una reconstrucción de 2018.

Eso sí, si tienen pensado ir, háganlo el 22 de julio, cuando se celebra la solemne procesión en la que los monjes dominicos suben la urna con las reliquias desde la hospedería hasta la cueva. De camino, podrán ver también la procesión que se realiza en Saint-Maximin, donde sacan el relicario completo de la Magdalena por las calles de la ciudad, acompañado por los lugareños vestidos con sus característicos trajes provenzales.

LA BALMA

Antes de seguir con otra cosa, me van a permitir un par de desvíos.

Vayamos primero a la provincia de Castellón, al corazón del Maestrazgo. A unos tres kilómetros de Zorita se encuentra la montaña de la Balma, junto al río Bergantes, que da cobijo al santuario de la Mare de Deu de la Balma, esculpido en la roca, consagrado a la Virgen María, la Reina de Zorita, y con una cueva. ¿Les suena?

Pues bien, se trata de una transposición de la Sainte-Baume. No se sabe muy cómo sucedió, pero alguien decidió hacerlo en aquel lugar, que, sin duda, guarda sus parecidos con el santo sitio provenzal. De hecho, en un primer momento, la ermita estuvo dedicada a la Magdalena.

Gracias a un libro titulado *Historia de Nuestra Señora de la Balma* (1934) de Ramón Ejarque, canónigo lectoral de Tortosa, que conseguí gracias al investigador valenciano y amigo Raúl Ferrero, he podido conocer que el intelectual jesuita Gaspar de la Figuera, en su *Miscelánea sacra de varios poemas*, publicada en Valencia en 1658, afirmaba que lo de Balma procede de *Baume*. Además, este señor se hizo eco de un texto llamado *Inventaris y contes de la casa y hermita de Verge María y Santa Madalena de la Balma*, una antología de tonadillas y poemillas de 1498, en la que aparecía esto que les transcribo:

> Pecadores, confiemos de alcanzar salud del alma, pues dos Marías tenemos en la casa de la Balma. La virgen es la primera, en quien Dios se encarnó; la segunda es Madalena, que a su Dios Christo hospedó; y también le concibió por gracia, dentro de su alma; pues dos Marías tenemos en la casa de la Balma. Quando vino el Paracleto, sus dones y gracia os dió [sic]; y Madalena al desierto de Marsella se partió. El lugar do a Dios sirvió La Santa Balma se llama; pues dos Marías tenemos en la casa de la Balma. (Ejarque 1934, 28-29).

De hecho, el propio Ejarque comenta que el 22 de julio de 1932 (día de la Magdalena) subió a la Sainte-Baume y pudo constatar que, en efecto, la Balma es una imitación.

Santuario de la Mare de Deu de la Balma.

No sabemos cuándo se construyó, aunque debió ser antes de 1380, pues en esa fecha apareció el primer registro escrito, en el que se hablaba de la ermita de Santa María Magdalena de la Balma — apenas 150 años después de que los cristianos tomasen aquellas tierras a los musulmanes, en 1233—. Pero lo cierto es que en 1498 ya contaba con una advocación mariana.

La tradición local comenta que, en algún momento del siglo xv —según unas fuentes; otras se van tres siglos atrás—, un pastor de Zorita, manco, andaba con su rebaño por aquella zona cuando sintió un impulso que le llevó a entrar en la cueva. Una vez allí, se le apareció la Virgen, que le mostró una talla suya y le dijo que informase al cura de Zorita de que era su voluntad que allí se levantase un templo en su honor. Además, milagrosamente, se le incorporó el brazo ausente. El cura, en un primer momento, tomó la decisión de llevarse la figura a la iglesia, pero al día siguiente vieron que no estaba: había regresado a la cueva; así que construyeron una ermita. El relato, claro, es legendario, y repetido, pues existen muchos similares. Y seguramente surgió para dotar de más poderío a lo que antes estuvo solo dedicado a la Magdalena.

Sea como fuere, el lugar se hizo muy popular en los siglos siguientes. En el xvi se levantaron el templo actual y la hospedería aledaña. Y curiosamente, en el xviii se convirtió en el destino favorito para curar endemoniadas, tradición que perduró hasta bien entrado el siglo xx.

Y ahora, regresemos, espero que por última vez, a Rennes-le-Château, para comentar algo que guarda relación con esto de las reliquias de la Magdalena.

Bérenger Saunière, en los jardines de la iglesia, levantó una cueva, según se ha afirmado desde el comienzo de esta historia, a modo de réplica de la *grotte* de Massabielle de Lourdes, donde la Virgen, o lo que sea, se apareció a la pequeña Bernadette Soubirous. Mi amigo Xabi Bonet, posiblemente el mejor documentalista que he conocido, dio con un par de textos muy interesantes que nos hizo replantearnos la finalidad de aquella cuevecilla .

Por un lado, encontró un escrito que la empresa especializada en arte religioso L'Institut Catholique (de Vaucouleurs, Lorena) le envió a Saunière el 13 de septiembre de 1908, en el que le informaban de que estaban trabajando en un pedido suyo: una estatua en hierro fundido, policromada, de santa María Magdalena arrodillada. Pero había algo intrigante en aquella carta:

> También responden a sus deseos el molde de la estatua y la policromía. Las pinturas armonizan bien con las rocas de la cueva donde se colocará esta estatua. Contad con nosotros para tratar adecuadamente este tema.

¿Qué cueva es esta? A falta de otra gruta, debe ser la de los jardines de la iglesia. ¿Acaso Saunière quería hacer en realidad un homenaje a la leyenda provenzal y representar la cueva de Sainte-Baume? No sería tampoco raro. Recuerden que su iglesia estaba consagrada a la santa y que le dedicó sus dos construcciones más famosas, la Villa Betania y la Torre Magdala.

Pero hay más: Xavi encontró otra carta, escrita unos tres meses antes, el 29 de junio de 1908, que procedía de ¡Saint-Maximin!, y en la que también se respondía a una petición de Saunière.

> Saint-Maximin,
> 29 de junio de 1908
>
> Le pregunté a las hermanas del Monasterio de Santo Domingo si podían satisfacer vuestras demandas. Ellas solamente os pueden ofrecer «En la comunión de Santa María Magdalena en Saint-Maximin», aquí incluida.
>
> Yo mismo quisiera recomendarle mi humilde *Vita* [de la Magdalena], en la que se encuentran los detalles esenciales. Se vende a 0,50 c, pero os la ofrezco también para contribuir un poco a vuestra buena obra, pues no sabría demasiado como alquilarla y recomendarla.
>
> Conoced, amad, imitad, visitad en vuestra querida peregrinación nuestra gran santa, que es la santa de las circunstancias y la que satisface las necesidades de Francia.
>
> Por favor escribid a la Sainte-Baume en Saint Zacharie (Var), a la razón del señor *abbé* Vayssières, vicario. Se os darán todas las informaciones y se os ofrecerá todo lo que se tenga. Yo ya hablé de vuestro proyecto y deseo, recomendándole a usted de mi parte.
>
> Aceptad, querido señor cura, mi profundo respeto.
>
> (*L'abbé*) M. Sicard

¿Cuál era el proyecto y el deseo de Saunière? ¿Quería hacer de Rennes-le-Château un lugar de culto y de peregrinación dedicado a María Magdalena y por eso escribió a Saint-Maximin, para pedirles consejo? ¿Qué es lo que estaba pidiendo? ¿Una reliquia? ¿Una estatua?

No sabemos si Saunière escribió a Vayssière, no tenemos ni idea de cuál era su proyecto, ni sabemos cuáles fueron las demandas que hizo a las hermanas del monasterio dominico de Saint-Maximin, aunque todo parece indicar que Saunière les había pedido algunas estatuas u ornamentos religiosos, ya que en la carta se dice que solo le pueden complacer con una imagen de la Magdalena siendo bautizada por el obispo Maximino.

Por otro lado, el 1 de diciembre de 1908 Saunière recibió la estatua de María Magdalena que había pedido tres meses antes a L'Institut Catholique. Pero nunca llegó a colocarla en la gruta. ¿Por qué? Misterio. No lo sabemos.

Lázaro y Marta de Betania

EL PLAN ANJOU

Llegó el momento de la verdad, el momento de saber qué pasó aquí realmente y cómo nació este mito medieval que, sintiéndolo mucho, poco tiene de histórico.

El plan salió a las mil maravillas. Carlos I de Anjou y su hijo, Carlos el Cojo, reyes de Nápoles y condes de la Provenza, consiguieron crear en el corazón de aquellas tierras un tour de peregrinación que entraba de lleno en el mercado del turismo de la fe de la época y que en poco tiempo se puso a la altura de Santiago de Compostela y Roma. Saint-Maximin y la cueva de la Sainte-Baume se convirtieron en el epicentro de la vida religiosa de la Provenza gracias a la llegada de miles de peregrinos venidos de todas partes, y el culto a María Magdalena alcanzó todo su esplendor.

En realidad, todo esto formó parte de una estratagema que comenzó a elaborarse muchas décadas antes del hallazgo de 1279.

La primera piedra fue puesta el 31 de agosto 1254, cuando el abad Etienne de la abadía de San Víctor de Marsella cedió el priorato de Saint-Maximin al maestro Adán, canónigo de Tours (en el valle del Loira) y secretario, ojo, de Carlos I de Anjou, conde de Provenza.

Esto es raro. Sabemos que desde el año 1038, aquel lugar estaba controlado por los monjes de San Víctor de Marsella: ese año, el arzobispo de Aix-en-Provence, un tal Pierre I, donó una iglesia con el nombre de san Maximino a este monasterio. Unos años después, el 4 de julio de 1079, se incluyó entre sus propiedades en una carta del papa Gregorio VII. En 1093, además, apareció nombrada en una lista de las iglesias bajo el control de la diócesis de Aix, y se hacía hincapié en que pertenecía a San Víctor. Así, todo parece indicar que tras la conquista musulmana, aquel lugar santo pasó a manos privadas, hasta que en 1038, como acabo de comentar, los benedictinos establecieron un priorato en Saint-Maximin.

Entonces, ¿por qué se cedió el control del priorato en 1254 a un canónigo secular y no a un benedictino, como hubiese sido lógico? No lo sabemos, pero fue tan solo un mes después de que el rey Luis IX, hermano de Carlos I de Anjou, estuviese allí. Además, en 1251, este nombró arzobispo de Aix a su capellán, un tal Philippe —y en 1257, tras la muerte de este, a su sucesor como capellán, Vicedominus—, además de ordenar como obispos de Toulon (1258) y de Sisteron (1257), dos ciudades de sus dominios en la Provenza, a otros clérigos de su entorno.

Algo estaba tramando Carlos I de Anjou desde mediados del siglo XIII, y para ello comenzó a reestructurar la jerarquía eclesiástica de la Provenza.

Ahora bien, ¿por qué no se lanzó a por las reliquias? Porque andaba guerreando contra los alemanes del Sacro Imperio en Sicilia y contra los aragoneses de Pedro III, también en Sicilia. Como vimos, fue su hijo, Carlos II el Cojo, el que lo hizo en 1279.

La jugada les salió redonda.

Basílica de Saint-Maximin en la actualidad.

Pero todo esto comenzó mucho tiempo antes de los dos Anjou, y no solo guardaba relación con María Magdalena, sino también con sus supuestos hermanos, Marta y Lázaro. El plan estaba claro: había que responder a las aspiraciones de Vézelay, lanzadas a comienzos del siglo xi, y se hizo de diversos modos.

RAIMONDO DE PIACENZA

¿Recuerdan a Raimondo de Piacenza? Se trata de aquel célebre peregrino que estuvo de viaje por la Provenza hacia 1170, según comentó su biógrafo, Rufino, en la *Vita S. Raymundi Palmarii Confessoris*. Volvamos con él porque hizo algo inquietante...

> El beato Raimundo partió de Piacenza y no paró hasta llegar a Santiago de Galicia, viviendo de la mendicidad con gran paciencia y sumisión de espíritu. Luego, habiendo venerado las reliquias del Santísimo Apóstol, y regresando a Italia, visitó las reliquias de la Santísima Magdalena y el duro lugar de su penitencia, no lejos de Marsella. Luego viajó por Provenza y visitó las reliquias de las tres Marías y de los santos Marta y Lázaro.

¿Qué reliquias vio? Hasta 1279 no aparecieron las de Saint-Maximin, así que tuvo que ver las de Vézelay. Pero, de ser así, hizo una ruta bastante rara tras peregrinar a Santiago de Compostela y «regresando a Italia». Vézelay queda muy al norte, ni de lejos en el camino a Italia. Además, justo a continuación menciona «el duro lugar de su penitencia», cerca de Marsella, y otros lugares de la Provenza a los que ya viajaremos.

Por lo tanto: ¿es posible plantear que ya en 1170 existiese una tradición que defendiese que las auténticas reliquias de la Magdalena estaban allí, en la Provenza? No debería extrañarnos, ya que en esa época ya se había identificado en aquella región el lugar de retiro de la santa, que también visitó Raimondo. Hay que tener en cuenta que este señor tenía un especial interés por nuestra santa. Rufino escribió que durante su anterior peregrinación a Jerusalén visitó Betania para ver «la casa de la amada Magdalena, a quien tenían por muy favorecida porque, sentada a los pies de su dulce Maestro, escuchaba sus divinas y santas palabras».

¿Se trata de un indicio de una primigenia respuesta provenzal a las reliquias de Vézelay? Todo parece indicarlo.

Pero hay otro detalle que no podemos pasar por alto en esta historia de Raimondo de Piacenza: la mención a las reliquias de Lázaro y Marta, considerados hermanos de María Magdalena por la cristiandad occidental. Esto nos lleva a unos caminos muy interesantes que nos van a ayudar a explicar por qué diantres le dio a Carlos II de Anjou por excavar en Saint-Maximin y cómo se fue labrando la respuesta sureña a las aspiraciones de Vézelay.

En efecto, Jacobo de la Vorágine, en la *Leyenda Dorada* (1270), ya mencionó que la Magdalena viajó junto a Lázaro y Marta. Un tiempo antes, Gervase de Tilbury (1150-1228), un escritor y noble inglés que vivió un tiempo en Arlés, la capital de la Camarga, escribió una obra titulada *Otia Imperiala* (*Ocios del emperador*), publicada hacia 1214 y dirigida al emperador Otón IV. Se trata de una antología de *mirabilia* (maravillas) en la que, además de hablar de hombres lobo, sirenas y fantasmas, y de recoger los milagros de varios santos, afirmó que María Magdalena, junto a Marta, Lázaro, Maximino y otros cristianos, llegaron en barco «a la boca del río Ródano».

Por lo tanto, es obvio que ya a finales del siglo xii existía una tradición bastante extendida sobre la presencia de estos tres hermanos en la Provenza. Lo curioso es que mucho tiempo antes de que aparecieran los restos mortales de la Magdalena en Saint-Maximin se hablaba por allí de los de Marta y Lázaro.

LÁZARO

De la Vorágine dijo esto en su capítulo dedicado al redivivo:

> En esta mencionada ciudad [Marsella] predicó Lázaro el Evangelio de Nuestro Salvador Jesucristo, organizó la Iglesia marsellesa, fue su primer obispo, convirtió al cristianismo a las gentes de aquel país, y después de una vida santa murió por segunda vez y emigró al Señor el año 13 del imperio de Claudio. Sus restos se conservan con suma veneración en la ciudad de Marsella. Su fiesta se celebra el 17 de diciembre. (De la Vorágine 1999, 975).

El problema es que en Autun, otra ciudad de la Borgoña, situada a unos 80 kilómetros de Vézelay, al menos desde principios del siglo XII se defendía que los restos mortales de Lázaro estaban allí, después de que fuesen trasladados desde Marsella en el año 972, por miedo a los musulmanes, gracias a la mediación de un tal Gérard, obispo de Autun. Unas décadas más tarde, en 1120 comenzó a construirse la catedral de Autun, precisamente para venerar estas reliquias, la extraordinaria catedral gótica de Saint-Lazare, con la intención de competir con la cercana Vézelay. En 1149, una vez terminado el templo, se abrió el relicario en un acto presidido por el papa Eugenio III y el rey Luis VII.

Ya les comenté que otra antigua tradición defendida por las Iglesias ortodoxas orientales sitúa a Lázaro en Chipre, además de afirmar que fue obispo de Lárnaca. Allí se encuentra la iglesia bizantina de Agios Lazaros, que se construyó, dicen, sobre una tumba encontrada en el año 890 que tenía la siguiente inscripción: «Lázaro, el muerto de cuatro días y el amigo de Cristo». Las supuestas reliquias fueron trasladadas a Constantinopla por orden del emperador León VI, junto a las de María Magdalena —que se custodiaban en Éfeso—, y allí estuvieron hasta que los cruzados, en 1204, se las llevaron para Francia, siendo depositadas en la Sainte-Chapelle de París... de donde desaparecieron durante la Revolución francesa.

Según esta tradición, María y Marta le acompañaron —recordemos que para estos cristianos de Oriente, María Magdalena y María de Betania no son la misma persona—, aunque no se sabe muy bien qué fue de ellas.

Pero en Marsella se defendía que las verdaderas reliquias de Lázaro estaban allí a mediados del siglo XI. Y no solo eso: el papado estaba de acuerdo, como evidencia una carta del año 1040, escrita con motivo de la consagración de la iglesia de la abadía de San Víctor de Marsella, fundada por Juan Casiano en el siglo V, en la que el papa Benedicto IX lo reconocía, además de afirmar que allí se encontraba la roca en la que la Magdalena, nada más desembarcar, rezó[46].

---

46 En esta abadía se venera también una piedra que, según se afirma, usaba la Magdalena a modo de almohada durante su estancia en la Sainte-Baume.

Por desgracia, parece claro que las reliquias de Autun, que procedían de esta abadía de San Víctor, pertenecen en realidad a Lázaro de Aix, un santo local que sí que existió. Se sabe que Constantino III, un general romano que se autoproclamó emperador en el año 407, le nombró obispo de Aix-en-Provence. Pero Flavio Honorio, el verdadero emperador, tomó medidas contra el usurpador y lo ejecutó en el 411, además de destituir al tal Lázaro. Este decidió huir a Tierra Santa, donde estuvo viviendo un tiempo, hasta que en el año 415 regresó, instalándose en Marsella, donde murió el 31 de agosto del año 441. Un año antes consagró la iglesia de la abadía de San Víctor. La tradición asegura que Lázaro de Aix vino de Palestina con Juan Casiano.

En cualquier caso, según las leyendas provenzales, Lázaro vivió, murió y fue enterrado en Marsella. Sin embargo, a diferencia de lo que pasó con la Magdalena, no se lanzó una apuesta fuerte por reivindicar la posesión de sus reliquias, aunque se intentó en 1040, casi a la vez que lanzó el grito Gaufredus en Vézelay, en 1037.

No pasó lo mismo con Marta…

LAS SANTAS LÁGRIMAS

Antes de continuar, me van a permitir un desvío que guarda relación con la Magdalena y que seguro que no conocen:

En el precioso pueblo de Vendôme, ubicado en el valle del Loira, se fundó en el año 1032 la abadía de la Trinité por orden de Godofredo II de Anjou (1006-1060), conde de Anjou, de Tour y de Vendôme… y esposo de Inés de Borgoña, hija del primer conde de Borgoña, Otte-Guillaume, que, entre otras cosas, era el señor de Vézelay. Cuando en 1037 el abad Gaufredus lanzó la noticia de que allí estaban los restos mortales de la Magdalena, el conde era el hijo de aquel, Renaud I (986-1057).

Ojo a la conexión Anjou-Vézelay…, que no tendría mayor importancia de no ser porque Godofredo II, cuando fundó la abadía de la Trinité, que cedió a los benedictinos en 1040, lo hizo para cobijar una reliquia importantísima: una lágrima que Jesús derramó al enterarse de la muerte de Lázaro y que fue recogida por un ángel, que a su vez se la entregó a María Magdalena. La Sainte-Larme, la llaman. Claro, se conservaba dentro de un pequeño trozo de cristal de cuarzo, que, al construirse el templo, paso a cobijarse dentro de un relicario de oro con relieves de la vida de Lázaro. Aquello fue un pelotazo y los peregrinos empezaron a contarse por miles. Los condes de Vendôme la convirtieron en su estandarte. Allí se veneró durante siglos, hasta que en 1792, durante la Revolución francesa, el populacho exaltado arrasó con la abadía. A partir de ahí la historia se vuelve confusa, pero, en cualquier caso, desapareció.

¿De dónde saco la reliquia el tal Godofredo II? Existen varias versiones, pero la más extendida, la de Vendôme, defiende que fue un regalo del emperador bizantino Miguel IV, al que ayudó en Sicilia mientras luchaba contra los mahometanos.

Pero no demasiado lejos de allí, en la iglesia de la Notre-Dame la Neuve de Chemillé, también en el país del Loira, se conserva otra Sainte-Larme, que según la tradición local fue regalada por Godofredo II a un vasallo suyo, Pierre I de Chemillé. Esta sí se conserva todavía.

María Magdalena recibiendo la Santa Lágrima.
Iglesia de Notre-Dame la Neuve de Chemillé.

¡Y hay más! Al norte, en la iglesia de Saint-Léger de Allouagne, en el Pas-de-Calais. Pero aquí la historia varía: se trata de un fragmento de la lápida de Lázaro sobre el que cayó una lágrima. Durante la primera cruzada, Godofredo de Bouillon, primer soberano cristiano del reino de Jerusalén, la encontró y se la mandó a su nodriza, que era de esta localidad. Se cree que gracias a esto salió indemne en las dos guerras mundiales.

Y la cuenta no termina aquí: hay otras en la abadía de Selincoirt, cerca de Amiens, en la iglesia de Saint-Pierre-le-Puellier de Orleans y en... ¡Saint-Maximin!, aunque poco se conoce sobre su historia...

MARTA

Sigamos. Hemos establecido que hubo una intentona a mediados del siglo XI por promocionar que las reliquias de Lázaro estaban en Marsella. De la Vorágine lo tenía claro un siglo y pico después. Pero también este hombre habló de su hermana Marta en *La leyenda dorada*. Explicó que, tras llegar a la Provenza, estuvo un tiempo predicando en Arlés. Pero resulta que por allí había...

> ...un dragón cuyo cuerpo, más grueso que el de un buey y más largo que el de un caballo, era una mezcla de animal terrestre y de pez; sus costados estaban provistos de corazas y su boca de dientes cortantes como espadas y afilados como cuernos. Esta fiera descomunal a veces salía de la selva, se sumergía en el río, volcaba las embarcaciones y mataba a cuantos en ellas navegaban. Teníase por cierto que el espantoso monstruo había sido engendrado por Leviatán (que es una serpiente acuática ferocísima) y por una fiera llamada onaco u onagro, especie de asno salvaje propio de la región de Gâlacia, y que desde este país asiático había venido nadando por el mar hasta el Ródano, y llegado a través del susodicho río al lugar donde entonces se encontraba. Decíase también que este dragón, si se sentía acosado, lanzaba sus propios excrementos contra sus perseguidores en tanta abundancia que podía dejar cubierta con sus heces una superficie de una yugada; y con tanta fuerza y velocidad como la que lleva la flecha al salir del arco; y tan calientes que quemaban como el fuego y reducían a cenizas cualquier cosa que fuera alcanzada por ellos. (De la Vorágine 1999, 419-420).

Marta logró domar al monstruo mediante sus plegarías y la magia del agua bendita, y gracias a ello los lugareños pudieron cargárselo sin que ofreciese resistencia. Pero aquello no gustó demasiado a Marta, que, tras convertir a todos al cristianismo, consiguió que los vecinos se arrepintiesen por haber matado al arcano animal una vez que era dócil.

Aquel monstruo era conocido por los lugareños como Tarascón, y ese fue el nombre que recibió aquel lugar, a unos veinte kilómetros al norte de Arlés, donde Marta, continúa De la Vorágine, con «el beneplácito de su hermana y de san Maximino» (420), decidió consagrarse a la oración y al ayuno.

Pronto se le unieron, con el mismo propósito, varias mujeres; edificó una basílica dedicada a la bienaventurada siempre Virgen María y un convento anejo en el que todas ellas organizaron su vida de

Marta y la Tarasca, representación anónima del siglo XVII.

comunidad a base de penitencia y de oración. Su abstinencia era tan rigurosa que diariamente hacían solamente una comida muy austera; se comprometieron a no tomar jamás carne, grasas, huevos, queso y vino. Igualmente se comprometieron a arrodillarse cada una de ellas cien veces durante el día y otras tantas durante la noche, en homenaje de adoración al Señor (420).

Santa Marta y la Tarasca, anónimo, siglo XVIII.

Finalmente, Marta, tras resucitar a un joven que murió ahogado en el Ródano y llevar una vida ejemplar, recibió un mensaje de Jesús indicándole que moriría justo un año después. Siete días antes del trágico desenlace tuvo una visión de un grupo de ángeles que llevaban el cuerpo de su hermana hacia el cielo. Y en la víspera, sucedió algo alucinante: estando en cama, gravemente enferma, arreció de pronto un vendaval que inundó, la habitación en la que estaba, de demonios. Marta pidió protección a Dios. Acto seguido apareció por allí la Magdalena con una antorcha en la mano y se dispuso a encender las velas que el viento había apagado; y también se manifestó Jesús, diciendo:

> ¡Ven, querida hospedera! ¡Ven conmigo! En adelante estarás ya siempre a mi lado. Tú me diste alojamiento en tu casa y yo desde ahora te alojaré eternamente en el cielo y, por el amor que te tengo, atenderé a cuantos recurran a mí pidiendo algo en tu nombre (421).

Y en efecto, poco después falleció, y allí mismo, en Tarascón, fue enterrada. Su muerte, por lo tanto, tuvo lugar una semana después que la de la Magdalena. Por eso la festividad de santa Marta se celebra el 29 de julio, siete días después de la de nuestra santa.

A todo esto, Marta procede del arameo *martâ*, que significa «anfitriona». Ya es casualidad. Por ese motivo, en *La leyenda dorada* Jesús le llama «hospedera». Como recordarán, según Lucas (10, 38-42), Marta recibió en su casa a Jesús, y esta se quejó de que su hermana, María, pasaba de ayudarle en el «servicio», a lo que este le respondió: «María ha elegido la parte buena, que no se le quitará». Por algo es patrona de los hoteleros... y por algo su iconografía, además de una bandeja de frutas o un cántaro, incluye unas llaves colgadas de su cintura.

De la Vorágine terminó su relato diciendo que la vida de Marta fue escrita por su criada Martila. En efecto, según una tradición local anterior, del finales del siglo XII, una tal Marcelle (o Marcela, la Martila de la que hablaba De la Vorágine), se encargó de escribir en hebreo[47] la historia de esta. *La vie de Marthe*, se llamó, y fue con total seguridad obra de un habitante de Tarascón.

---

47   En la propia obra se dice que de la traducción al latín se encargó un tal Síntico, un personaje que aparece en la epístola a los Filipenses (4, 2-3) de Pablo de Tarso (según la traducción, puede ser Síntique).

Además, a comienzos del siglo XIII vio la luz *Vie de sainte Marie Madeleine el de sa soeur sainte Marthe*, falsamente atribuida a un tal Raban Maur (un teólogo alemán del siglo IX), en la que también se contaba su historia. En líneas generales coincide con lo narrado en *La leyenda dorada* y con los relatos evangélicos, aunque introduce algunas novedades. Por ejemplo, sitúa a la Magdalena y Marta como testigos de la ascensión de Jesús (también a María Salomé, María de Clopás, Salomé, Juana y Susana); y omite a Lázaro entre los emigrantes palestinos que llegaron a la Provenza (dejando claro que era obispo en Chipre), aunque aportó varios nombres nuevos: san Pármenas, y Trófimo y Eutropo, que terminarían siendo obispos.

No existe evidencia de esa iglesia creada por Marta de la que hablaban estas fuentes, en las que se explica que, durante las invasiones musulmanes, se escondieron las reliquias en una cripta, sobre la que se levantó en el siglo XI (de nuevo) una iglesia románica dedicada a santa Marta.

En 1187, durante unas obras de ampliación de este templo, se encontró un sarcófago con las supuestas reliquias de esta santa —con relieves de María Magdalena a los pies de Jesús y de Lázaro resucitado—, justo en el lugar en el que según la leyenda estuvo su casa

Mapa de la región actual de la Provenza con todos los lugares implicados en esta trama.

y su iglesia. La evidencia la aportó una inscripción bastante explícita que se encontró en una placa de mármol: *beata Martha jacet hic*. Gracias a este *casual* hallazgo, la iglesia fue de nuevo consagrada a Marta por todo lo alto el 1 de junio de 1197.

Así, de forma más que apropiada, pronto aparecieron los primeros textos que contaban su historia, como la mencionada *Vie de Marthe*. Los escritos hagiográficos, como en el caso de María Magdalena y Vézelay, se encargaron de legitimar y dar veracidad a las reliquias.

En la cripta del templo, remodelado y reconstruido en varias ocasiones —en 1482 pasó, por orden del rey Luis XI a llamarse Real Colegiata de Santa Marta—, y destruido en parte durante la Revolución francesa, se conserva el supuesto sarcófago, del siglo IV, así como lo que queda de sus reliquias. Sean o no reales, lo cierto es que se convirtió en un importante lugar de peregrinación al que acudieron varios reyes de Francia (Luis IX, Luis XI, Francisco I, Carlos IX —que fue con su madre, Catalina de Medici—, Luis XIII, Luis XIV, el Rey Sol), Napoleón Bonaparte o todos los papas cismáticos de Aviñón, que está muy cerca.

Allí estuvo René de Anjou (1409-1480), rey de Nápoles y conde de la Provenza, entre otras cosas. De hecho, el castillo de Tarascón, levantado a comienzos del siglo XI a orillas del Ródano, fue reconstruido en 1291 por un antepasado de este, Carlos II de Anjou, el mismo que encontró las reliquias de la Magdalena; el rey René, que también realizó bastantes obras, vivió durante un tiempo allí, entre 1447 y 1449. De hecho, se le conoce como el castillo del rey René... En breve regresamos con este señor...

Concluyendo, debemos tener claro que el prestigio de la iglesia de Santa Marta de Tarascón fue similar al de Saint-Maximin y la Sainte-Baume durante la Edad Media, cuyas historias legendarias se entrecruzan. Pero, ¡atención!, esto es ligeramente anterior. Marta, de este modo, fue la primera santa que fue reclamada por los provenzales, casi cien años antes que María Magdalena.

Pero no debemos desubicar todo este lío de su contexto histórico: las cruzadas. De algún modo, lo que sucedió en la Provenza durante el siglo XIII viene a ser un intento de crear una suerte de Tierra Santa en Europa mediante la implantación del culto a las reliquias de la familia de Betania, Lázaro y Marta, y un poco después, las de María Magdalena y a las dos Marías. ¿Por qué? Sencillo, porque cada vez

Este relicario contiene algunos fragmentos de las reliquias de Saint-Maximin.

resultaba más complicado viajar a Tierra Santa, problema que se agudizó con la caída de Acre en manos de los musulmanes, en 1291. Por este mismo motivo comenzó a considerarse que las reliquias que allí hubiese estaban amenazadas. La creación de estos cultos en Europa venía a ser una forma de preservarlas.

El caso de la Provenza también guardaba claras semejanzas con el culto a los supuestos restos mortales de Santiago en Compostela. Los peregrinos, en ambos casos, no iban a adorar sus reliquias, sino que también viajaban para conocer los sitios en los que los santos vivieron y murieron. Con la diferencia de que aquí se montó una suerte de ruta de las reliquias provenzales.

Les pongo un ejemplo: en 1494, el humanista, geógrafo y viajero alemán Hieronymus Müntzer (1437-1508), durante un largo viaje que emprendió por el sur de Europa, además de visitar Granada (recién conquistada a los musulmanes) y Santiago de Compostela, hizo una ruta por las reliquias de la Provenza: visitó Saint-Maximin para ver las reliquias de María Magdalena, la Sainte-Baume, Marsella, para ver las de Lázaro, además de ir a ver el cuerpo de Marta en Tarascón y los de las dos Marías en Saintes-Maries-de-la-Mer. Y no fue el único, aunque este destaca porque registró todo en un libro de viaje (*Itinerarium siue peregrinatio*, 1495).

Por cierto, los monjes de Vézelay también afirmaron, aunque por lo bajini, tener las reliquias de Lázaro y Marta de Betania. En 1119, el abad de turno informó de un ataque a la abadía por parte de las tropas del conde Guillermo II de Nevers, que andaba guerreando para recuperar parte de sus dominios, que otros nobles se habían repartido durante los años que estuvo combatiendo en Tierra Santa. Según comentó el abad, «despojaron los cuerpos de san Lázaro y de su hermana Marta», y de otros santos. Lo curioso es que en 1966, durante las obras de reconstrucción de la abadía, se encontró un trozo de papel supuestamente del siglo XII en el que se decía: «Aquí están contenidas las reliquias del bienaventurado Lázaro y su hermana».

No quiero terminar este capítulo sin comentar que la leyenda del monstruo aquel, el Tarascón, encaja perfectamente en los hagiografías de los llamados «santos sauróctonos»; es decir, los que mataban lagartos, casi siempre con simples oraciones, y a veces con violencia. El más famoso es san Jorge, pero hay muchos más, especialmente en Francia, donde se conocen como veinte. Está claro que se trata de algo simbólico, una suerte de representación de la victoria del cristianismo frente a las creencias paganas anteriores y el mal —por eso también san Miguel Arcángel entraría en este grupo—. Además, existe una asociación más o menos clara con lugares donde hay ríos que pueden provocar inundaciones, y eso es lo que sucede precisamente en la Camarga.

Hay quien plantea que esto del Tarascón guarda relación con una extraña figura de piedra, datada en el siglo I a. C. que se encontró en 1849 en la localidad de Noves, muy cerca también de Arlés, y que se conoce como la Tarasque de Noves; un monstruo cubierto de escamas que devora a un hombre (se aprecia un brazo humano saliendo de su boca). Por otro lado, es posible que el verdadero origen de todo esto esté en los numerosos fósiles de dinosaurios que se han encontrado en la Provenza y el Languedoc; tanto es así que uno de ellos, el Tarascoosaurus salluvicus, encontrado en el Aude, recibió su nombre de esta movida.

Esta leyenda dio origen a unas festividades creadas, precisamente, por el rey René de Anjou en 1469, con epicentro en el día del Corpus Christi y bajo la dirección de la orden de los Tarasquaires. Se sacaba en procesión una efigie enorme del Tarascón, de hierro,

Imagen de la procesión de Tarascón. Postal del siglo XIX coloreada.

con una cabeza móvil que era manejada por un hombre oculto en su interior y el cuerpo como un caparazón de tortuga. Los lugareños jugaban a intentar tocar al monstruo, y una niña tenía el honor de representar a santa Marta. El objetivo era calmar el mal que provocaba el desbordamiento del Ródano, provocado según los mitos por el monstruo, que rompía los diques con su cola...

Lo curioso es que en España se celebra en varios lugares una tradición llamada La Tarasca que consiste, básicamente, en lo mismo: sacar a un horrible monstruo, una especie de dragón, en procesión, casi siempre en el Corpus Christi. Se celebra, por ejemplo, en Zamora, Granada, Valencia, Tarragona, Barcelona y Toledo.

Un último detalle relacionado con Marta: De la Vorágine comentó que Clodoveo, rey de la dinastía merovingia convertido al cristianismo, enfermó gravemente de los riñones estando cerca de Tarascón. Enterado de que la tumba de santa Marta era milagrera, acudió hasta allí y se curó.

> Agradecido por tan insigne favor hizo a la iglesia de la santa grandes donaciones, entre otras las de las tierras comprendidas alrededor del templo, en un círculo de tres millas de radio a contar desde una y otra orilla del Ródano, incluyendo en el legado los castillos y villas y demás cosas situadas en ese espacio (422).

Como era de esperar, no hay evidencia de esto. Pero Clodoveo sí que estuvo por la zona, mientras perseguía a Gundebaldo, rey de los burgundios. En la cripta actual se puede ver una estela de piedra con una inscripción que cuenta esta historia.

Saintes-Maries-de-la-Mer

Nos queda una última piedra en todo este edificio que se levantó en la Provenza en torno a la supuesta presencia de la Magdalena en aquellas tierras, que además será un último episodio de la trama que orquestaron los Anjou para convertir a aquel condado en un lugar de peregrinación competitivo, aunque esto que les voy a contar sucedió un par de siglos después.

Desplacémonos unas decenas de kilómetros hacia el oeste, hasta un pequeño y precioso pueblo de la Camarga —una región natural de la Provenza salpicada de humedales y con la mayor población de flamencos de Europa— llamado Saintes-Maries-de-la-Mer, ubicado en una isla formada en el delta que el río Ródano forma al desembocar en el Mediterráneo y rodeado de marismas y pantanos.

Esta localidad se levantó sobre un antiguo asentamiento ligur, aunque en el siglo I formaba parte de las Galias romanas.

El nombre del pueblo es muy significativo, ya que, traducido, significa «Santas Marías de la Mar». Se llama así desde 1838, pero antes se llamaba Notre-Dame-de-la-Mer, una posible referencia a la Magdalena. Siendo estrictos, el nombre original de la localidad era Oppidum-Râ —así la mencionó el poeta geógrafo Avieno en el siglo IV—, pero hacia el siglo X pasó a llamarse Notre-Dame-de-Ratis (Râ evolucionó hasta *ratis*, «barco»), lo que ha querido relacionarse con los egipcios y su dios solar Ra —de hecho, esa asociación la estableció ya el propio Avieno.

Lo de las «Santas Marías» guarda relación con dos personajes secundarios de los evangelios de los que ya hemos hablado; dos señoras que, según la tradición católica, fueron hermanas de la Virgen María, junto a la que forman lo que se conoce en Francia como las Trois Maries, «las tres Marías»: María de Clopás, casada con un tal

Clopás, también llamado Tadeo o Alfeo, que fue, según quien lo diga, primo o hermano de José, el padre putativo, y madre de Jacobo el Menor, Simón el Zelote y Judas Tadeo. La otra es María Salomé, supuesta madre de Jacobo el Mayor —el de Compostela— y Juan el Evangelista, los hijos de Zebedeo, su marido.

Como recordarán, María de Clopás y María Salomé, según el evangelio de Marcos (15, 40-41), estuvieron presentes durante la crucifixión, junto a María Magdalena, y las tres, según los sinópticos (Marcos, Lucas y Mateo), se encargaron de ir a perfumar el cuerpo de Jesús. Fueron ellas las que encontraron el sepulcro vacío.

El gran Vincent van Gogh, durante su larga estancia en la cercana localidad de Arlés (en 1888), pasó cinco días en Saintes-Maries-de-la-Mer (en junio de aquel año), donde realizó varias pinturas. De hecho, fue allí, en Arlés, donde se produjo el célebre episodio de la oreja cortada, tras una dura discusión con el también pintor Gauguin, durante la que le amenazó con una navaja, la misma con la que se amputó la oreja... En esta obra, *Vue des Saintes-Maries-de-la-Mer*, de 1888, se puede apreciar claramente la iglesia de Notre-Dame de la Mer.

Pues bien, una leyenda local afirma que en Saintes-Maries desembarcaron María Magdalena y sus compañeros, entre los que estaban las dos Marías. Como recordarán, Jacobo de la Vorágine no las nombró de forma explícita en su lista de tripulantes ni situó el lugar del desembargo en la Camarga, sino en Marsella. Sin embargo, como vimos, Gervase de Tilbury, que vivió un tiempo en Arlés, la capital de la Camarga, en su *Otia Imperiala* de 1214 afirmó de forma literal que llegaron en barco «a la boca del río Ródano». Además, comentó que los «cuerpos santos» de las dos Marías reposaban en una iglesia al oeste de Marsella, la primera, aclara, construida en honor de la Virgen en este lado del Mediterráneo, fundada por aquellos migrantes palestinos, junto a una fuente milagrosa. Recuerden que Saintes-Maries-de-la-Mer antes se llamaba Notre-Dame-de-la-Mer...

Sigamos. Las dos primeras obras que hablaron sobre la historia de Marta, *La vie de Marthe*, de finales del siglo XII, y la *Vie de sainte Marie Madeleine el de sa soeur sainte Marthe*, de comienzos del XIII, discrepan también en esto. En la primera se indica que el lugar del desembarco fue Marsella; en la segunda, en la desembocadura del Ródano.

Pero en estas obras tampoco se dijo nada de las dos Marías. Por lo tanto, cabe preguntarse cuándo entraron en escena estas señoras. La respuesta es complicada, pero sí que sabemos que en el siglo XII había una tradición bien asentada en la Camarga, y fuera de allí...

Escudo de Saintes-Maries-de-la-Mer.

Como vimos, el peregrino Raimondo de Piacenza, tras realizar el Camino de Santiago, tras visitar las reliquias de la Magdalena, supuestamente en Vézelay, aunque igual no, se trasladó hasta la Sainte-Baume, y luego viajó «por la Provenza y visitó las reliquias de las tres Marías y de los santos Marta y Lázaro». Este viaje se realizó hacia el año 1170. Por lo tanto, nos encontramos ante la referencia escrita más antigua de la presencia de estas señoras en el sur de Francia.

UN NUEVO PLAN...

No obstante, el hallazgo de las reliquias no se produjo hasta mediados del siglo xv, y de nuevo el protagonista fue un Anjou que ya he mencionado en varias ocasiones: René de Anjou, duque de Anjou, Bar y Lorena, rey de Nápoles durante unos años (1435-1441), rey nominativo de Jerusalén, conde de la Provenza y biznieto del monarca francés Juan II el Bueno (por parte paterna; su padre fue Luis II de Anjou) y del monarca aragonés Juan I (por vía materna; su madre fue Yolanda de Aragón). Además, su primo Carlos VII (1403-1461), rey de Francia, con el que tuvo muy buena relación, se casó con su hermana, María de Anjou. No era un don nadie.

Tras posicionarse a favor de su primo, el rey Carlos VII, envuelto en un juego de tronos con los Plantagenet ingleses —que también procedían de la casa Anjou y que tuvieron varios monarcas en Inglaterra—, en el que también participó la famosa Juana de Arco, y que se saldó con la victoria para aquel, se instaló en el castillo de Tarascón hacia 1447, que él mismo se encargó de restaurar. Desde allí, contribuyó al desarrollo económico y cultural de la Provenza —él mismo escribió varias obras de caballería y poesía, además de rodearse de artistas y literatos—, por lo que es conocido allí como «el buen rey René».

Pues bien, en 1448, además de ordenar que se abriese el relicario de María Magdalena de Saint-Maximin para acabar con los rumores que afirmaban que allí solo estaba la cabeza y no el cuerpo entero —obteniendo además una certificación de autenticidad papal—, pidió permiso al papa Nicolás V (entronizado solo unos meses antes, en marzo de 1447) para exhumar y depositar en relicarios los cuerpos de las dos Marías, que estaban enterrados, según se creía, en el subsuelo de la iglesia de Notre-Dame-de-la-Mer, en Saintes-Maries, un impresionante templo totalmente fortificado que se levantó en el siglo XI sobre un antiguo oratorio de mediados del siglo VI.

La tradición local defiende que en el 547 se instaló allí un grupo de monjas de Arlés, siguiendo las indicaciones que había dejado en su testamento el obispo Cesareo de Arlés (c. 470-542), para que velasen las reliquias; justo alrededor de un pozo, donde, cuenta la leyenda, vivían las Santas Marías y donde se levantó la iglesia del siglo XI —las fortificaciones exteriores que la caracterizan son del siglo XIV; se hicieron para defender el templo de los ataques de los piratas berberiscos—.

Lo cierto es que el papa le dio permiso al rey René. Se sabe por el informe oficial que se levantó sobre la elevación de las reliquias —conservado en los archivos departamentales de Aix-en-Provence— que

Imagen aérea de Saintes-Maries-de-la-Mer. Destaca
claramente la iglesia de Notre-Dame-de-la-Mer.

el arzobispo de Aix, Robert Damiani, acudió al lugar en julio de 1448 para averiguar en qué consistía el culto local que ya los lugareños practicaban. Poco después, un tal Jean D'Arlatan, un caballero de Arlés, chambelán de rey René, se encargó de las excavaciones, en las que participaron cuatro personas más: Jean Sondelin, un notario eclesiástico, el carpintero Pons Philipot y dos pescadores, Guillerme Besselin y Monet Robert.

Los lugareños afirmaban que junto a la antigua capilla, que se mantenía dentro de la iglesia, cerca del altar y junto a un pozo de agua dulce al que le atribuían la facultad de curar las fiebres o la rabia, estaban las santas reliquias. Y en efecto, al cavar allí, encontraron una pequeña estructura abovedada de piedra que había sido rellenada de tierra. Justo debajo de donde estaba el altar mayor dieron con un cadáver colocado en decúbito dorsal con las manos sobre el pecho. Tras informar al rey René, este ordenó que prosiguiesen con las pesquisas. Y a un metro de distancia encontraron otro esqueleto en la misma posición, tres cráneos aislados que parecían de niños, el dichoso pozo y una piedra con apariencia de tallada que, según la tradición, era la almohada de las Saintes-Maries... y que aún se venera en la iglesia.

El 19 de noviembre, Nicolás de Brancas, el obispo de Marsella, encargado de concluir la investigación, se desplazó hasta allí, y cuatro días más tarde le presentó sus conclusiones al legado papal en Aviñón, el cardenal Pierre de Foix, además de solicitarle permiso para elevar las reliquias, que había dado por buenas. El 2 de diciembre, tras un pequeño cónclave en el que participaron doce obispos de la zona, se aprobó la elevación, que tuvo lugar al día siguiente, en presencia de Pierre de Foix, el arzobispo de Aix-en-Provence (Robert Damiani) y el obispo de Marsella (Nicolás de Brancas), entre otros eclesiásticos, y, como es normal, del rey René y su esposa.

Los huesos, tras ser lavados con vino blanco, fueron depositados sobre incienso en una caja de madera de ciprés forrada de seda en el interior y recubierta de oro y plata, que fue ubicada en la capilla de San Miguel, sobre el coro de la iglesia, donde aún se conserva.

El lugar del hallazgo se corresponde con la cripta actual, bajo el altar y el coro. Pero allí, curiosamente, se venera a otra persona...

OTRO ANJOU

Esto de las reliquias de las Santas Marías no se manifestó por escrito hasta mediados del siglo XIV, cuando el obispo de Arlés, en una homilía, destacó la belleza de aquella iglesia «decorada con reliquias de numerosos santos y famosa por su antigüedad». De esa misma época, de 1343, procede la primera mención documental sobre peregrinaciones a aquel lugar —un acta notarial que se hacía eco de la penitencia que tuvo que realizar un tal Pierre Vital, de Limoux—. Además, en 1356 estuvo allí el arzobispo de Arlés, Etienne de la Garde, que también se hizo eco de las peregrinaciones —en un documento en el que ordenaba que las ofrendas de los peregrinos fuesen para el sostén del templo—. Es más, en una obra de esta época (c. 1355), *Histoire des trois Maries*, de Jean Fillon de Venette, se habla de varias curaciones milagrosas de personas que peregrinaban hasta aquella iglesia. Además, cuando se iniciaron las investigaciones en 1448, Nicolás de Brancas, el obispo de Marsella, recibió numerosos testimonios de vecinos que le hablaron de los milagros y las peregrinaciones.

La Légende des Saintes-Maries, un libro escrito en 1521 por el vicario perpetuo Vincent Philippon, que además fue valido del rey René, se convirtió en la versión oficial de esta movida.

Pero debemos tener en cuenta que la historia del rey René y la Magdalena venía de atrás. Exactamente de 1431, cuando el monarca andaba disputándose el ducado de Lorena —que había obtenido tras casarse con su primera mujer, Isabella, hija de los que duques de Lorena— con un rival que lo reclamaba para él, Antoine de Vaudémont. Este le derrotó en la batalla de Bulgnéville, el 2 de julio de aquel año, y René acabó preso en Dijon. Allí, en prisión, tuvo una suerte de epifanía y se consagró a la santa; y cuando fue liberado, dio por hecho que había sido gracias a su mediación. Unos meses después, yendo de camino a Nápoles, se presentó en la Sainte-Baume con el fin de redimir sus pecados, y no encontró mejor forma que, desde entonces, donar cada año 200 florines a los dominicos que allí había.

Tres años más tarde, en 1434, tras la muerte de su hermano Luis III de Anjou, heredó sus títulos de rey de Sicilia y conde de Provenza; y en 1435, el de rey de Nápoles, que se disputaba con Alfonso V de Aragón, aunque no le duró mucho, pues lo perdió en

1442 —recuerden que el rey René también estaba relacionado por vía materna con los monarcas de Aragón, tanto que su padre fue candidato al trono tras la muerte de Martín I—. Poco después se instaló en la Provenza.

En 1435 consiguió que el papa Eugenio IV concediese mediante una bula indulgencias a todos los fieles que participasen en la finalización de la iglesia de Saint-Maximin, aún sin terminar —él mismo donó 6600 florines—; además de fundar un colegio en el monasterio dominico de dicha localidad, en honor a «la Magdalena, apóstol de Jesucristo».

Es más, el rey René ordenó la construcción de la antigua hospedería de la Sainte-Baume, además de financiar la construcción de una ermita inspirada en aquella, en la ciudad de Anjou, que se construyó entre 1451 y 1453, y en la que se alojaron varios monjes franciscanos. Le puso el nombre de la Baumette, algo así como la Baumilla.

Y también le dio mucha importancia al culto a santa Marta, colaborando con las obras de la iglesia de Tarascón y donando un nuevo relicario de plata. Como vimos, vivía allí desde 1447.

La Piedad de Tarascón, un cuadro que se instaló en 1467, por orden del rey René en el castillo de dicha localidad. En él podemos ver a la Magdalena, a Marta y a las dos Marías acompañando a la Virgen María durante el descenso del cuerpo de Jesús. Claro está, esta escena no aparece en los evangelios. Hoy en día se encuentra en el Louvre.

Sin embargo, el rey René pronto dejó de darle importancia a las reliquias de las santas, posiblemente porque no tuvo demasiado impacto para sus fines políticos. No eran tan potentes como las de la Magdalena y Marta.

Tras su muerte, en 1480, el condado de Provenza lo heredó su sobrino Carlos III de Provenza (1446-1481), por unos tejemanejes del rey Luis XI: consciente de que estaba gravemente enfermo, le cedió el condado, a cambio de que en su testamento se lo legase al monarca. Dicho y hecho. Murió el 11 de diciembre de 1481. Aquello supuso el punto y final de la independencia de aquella región, que desde entonces perteneció a los reyes de Francia, aunque siempre con el título de condes de la Provenza.

Por cierto, René de Anjou fue, según los *Dossiers Secrets* inventados por Pierre Plantard, uno de los grandes maestres del Priorato de Sion (entre 1418 y 1480). El motivo está claro: su relación con la Magdalena.

Tríptico de la Zarza ardiente, Nicolas Froment, 1475, catedral de Saint-Sauveur, Aix-en-Provence. En él se puede apreciar, en primer plano, al rey René y su esposa Juana de Laval, que encargaron la obra. A la izquierda del monarca aparece representada la Magdalena.

LA ROMERÍA

Aunque la jugada no le salió del todo bien al buen rey René, muchos siglos después Saintes-Maries-de-la-Mer se convirtió en un importante lugar de culto, aunque seguramente no como esperaba.

Allí, cada 24 de mayo, se bajan las reliquias de las Santas Marías desde la capilla de San Miguel, donde se custodian, mediante un sistema de poleas. La iglesia, ocupada por feligreses, mayoritariamente gitanos, estalla en gritos y cánticos. Y a continuación se saca en procesión la estatua de Sainte-Sara la Negra, ¡venerada en la cripta de la iglesia!, que es llevada hasta el mar arropada por los miles de gitanos franceses y de otros países que se congregan allí cada año. Para ellos, es su santa más querida.

Al día siguiente, el 25 de mayo, se celebra la romería de María Salomé y María Clopás. Una preciosa y querida estatua de las santas, que se puede ver en una pequeña capilla del interior de la iglesia, también es llevada en procesión hasta el mar[48]. Una vez allí, el

Imagen de las Santas Marías, venerada en el interior
de la iglesia, que se saca en procesión.

---

48   Se celebran dos ostensiones más cada año: el 22 de octubre, día de María Salomé, y el 3 de diciembre, día de la elevación de las reliquias. El 25 de mayo, por cierto, es el día de María de Clopás.

obispo, a bordo de un tradicional barco pesquero, bendice el mar, el país, a los peregrinos y a los gitanos. Luego la procesión regresa a la iglesia, y por la tarde se lleva a cabo la ceremonia de izamiento de las reliquias a su lugar habitual.

Pero esto es reciente y nada tiene que ver con las antiguas peregrinaciones que se conocen del siglo xiv. Es más, el santuario fue destruido e incendiado el 5 de marzo de 1794, durante la Revolución francesa, lo que frenó el culto; casualmente, las reliquias fueron puestas a salvo un año antes por el sacerdote local, que las enterró en la tumba de un tal Antoine Molinier, de donde fueron recuperadas en 1797.

No se sabe muy bien cuándo comenzó con precisión la romería moderna, pero existe constancia documental desde principios del siglo xix: en un escrito de 1820, el alcalde de Saintes-Maries menciona la festividad de las dos Marías y la llegada de cientos de peregrinos que se instalan en la zona desde tres o cuatro días antes. Pero, ojo, no dijo nada de Sainte-Sara ni de los gitanos, *bohémiens* o *boumians*, como les llaman en la Provenza. Se da por hecho que la romería debía existir desde unas décadas antes, aunque centrada solo en los habitantes de la región, que aprovechaban para montar una feria agrícola y ganadera.

Grabado de la peregrinación de Saintes-Maries-de-la-Mer, con la iglesia fortificada al fondo. J. B. Laurens, 1852.

En aquella época, la Camarga era muy pobre, como atestigua un escrito del barón de Rivière de 1825, que afirmó que «la gente del delta se alimenta de ranas verdes y flamencos rosados» (Bertrand y Fournier 2014, 210). Además, la zona sufría continúas inundaciones y el pueblo quedaba a menudo aislado por tierra, hasta que se construyó la línea ferroviaria que lo unía con Arlés, en 1892. Esto supuso el verdadero despertar de la romería. A partir de ese momento los arzobispos de Aix y Arlés acudirán cada año religiosamente a las celebraciones.

BARONCELLI

Un momento clave fue la llegada del marqués Folco de Baroncelli-Javon (1869-1943), aunque en realidad su título era meramente formal. Oriundo de Aix-en-Provence, con veinte años entró a formar parte de lo Félibrige, un movimiento literario y cultural fundado en 1854 con el objetivo de promover el uso del occitano o *langue d'oc*. Entabló una gran amistad con uno de sus representantes más ilustres, el escritor Frédéric Mistral (1830-1914), ganador del Nobel en 1904 y autor del principal diccionario de la lengua occitana. Juntos fundaron en 1891 *L'Aiòli*, revista oficial de lo Félibrige, movimiento que llegó a liderar entre 1905 y 1926.

En 1894, *lou Marqués* («el marques»), como terminaría siendo conocido, creó en las afueras de Saintes-Maries-de-la-Mer la Manado Santenco («la santa manada»), una afamada *manado*, nombre provenzal con el que se designa a las tradicionales manadas libres de toros o caballos de la Camarga. Gracias a él, o por su culpa, según se mire, comenzaron a celebrarse corridas de toros allí, en parte por su empeño en crear una raza pura de toros de la región. Lo consiguió, y desde entonces la tauromaquia se convirtió en un signo de identidad para los camargueses.

Se instaló definitivamente en 1899, y allí viviría durante el resto de su vida.

Comprometido con el movimiento occitanista, se encargó de potenciar y difundir la cultural provenzal, centrándose especialmente en las tradiciones y costumbres de la Camarga, para lo que fundó en 1909 la asociación Nacioun Gardiano.

Murió en Aviñón el 15 de diciembre de 1943, tras verse obligado a dejar sus tierras y sus animales para huir de los nazis, y como consecuencia de las complicaciones causadas por una coz de caballo, paradójicamente. El 21 de julio de 1951 sus cenizas fueron trasladadas hasta una tumba que se levantó en su última posesión, la *mas Lou Simbèu*, muy cerca de las Saintes-Maries, un cortijo que construyó en 1931 en una finca que le regalaron sus vecinos tras caer en la ruina. Cuentan las crónicas que miles de camargueses, sobre todo gitanos, situados a lo largo de la extensa recta que baja hasta Saintes-Maries, se despidieron del que consideraban su padre fundador, pues gracias a él la Camarga dejó de ser una zona pobre y desolada para convertirse en un lugar de peregrinación, en un parque natural y en un importante y próspero destino turístico.

Lou Marqués.

Volviendo al tema que nos ocupa, desde que se instaló en Saintes-Maries, Baroncelli vivió con gran devoción la festividad de las Santas Marías, que se celebraba, y se celebra, el 25 de mayo, participando con sus caballos en la tradicional procesión de la imagen de las santas, desde la iglesia de Notre-Dame-de-la-Mer hasta el mar, que cada vez se fue haciendo más y más popular. Convencido de que la romería podría ayudar a levantar la economía local, se lanzó a publicitarla con todos sus medios. Así, el 17 de mayo de 1908 *lou Marqués* organizó un viaje para que unos 200 ilustres marselleses visitasen Saintes-Maries, a los que recibió a caballo, junto a sus pastores, en la estación de tren. Sería el primero de muchos viajes que organizó desde distintos sitios de Francia, Bélgica y Suiza.

Profundamente concienciado con las minorías, no solo defendió las reivindicaciones de los viticultores provenzales, a los republicanos

Las caravanas, un campamento gitano cerca de Arlés, Vincent van Gogh, 1888.

españoles e incluso a los nativos norteamericanos, sino que se mojó activamente por los derechos de los gitanos.

De hecho, *lou Marqués* consiguió en 1921 que el arzobispo de Aix, Maurice Louis Marie Rivière, autorizase una misa exclusiva para los gitanos en la cripta de Sainte-Sara y que pudiesen participar en la fiestas de la bajada de las reliquias de las santas y en su procesión hasta el mar. Pero en 1934, el sucesor de aquel, Emmanuel Coste, prohibió los actos religiosos en occitano, y a los gitanos la celebración de su misa. Baroncelli hizo suya la lucha para que el culto a Sainte-Sara fuese reconocido por la iglesia, y lo consiguió al año siguiente, gracias a que el nuevo arzobispo de Aix, Clément Émile Roques, aceptó sus peticiones y permitió que los gitanos llevasen por primera en vez a su patrona en procesión hasta el mar, hecho que tuvo lugar el 24 de mayo de 1935. Al año siguiente, el arzobispo presidió y bendijo la procesión.

Desde entonces, con un parón en 1943 por la invasión nazi, se ha celebrado esta procesión, siempre unida a la del día siguiente, la de las Santas Marías. Eso sí, los curas locales no participaron hasta 1953, aunque, según el registro parroquial, en 1904 un cura llamado Lamoureux dedicó una misa a Sainte-Sara. Desde 1965, cuando el papa Pablo VI coronó simbólicamente su imagen, el arzobispo de turno también va al frente.

Ahora bien, no está claro desde cuándo acudían los gitanos hasta Saintes-Maries. La primera mención apareció en un artículo de 1852, publicado en *L'Illustration* de París y dedicado a la fiesta, que incluía un dibujo de una mujer gitana levantando a su hijo hacia la estatua de las Santas Marías durante la procesión. Tres años después, Frédéric Mistral, líder de *lo* Félibrige, escribió lo siguiente tras su primera peregrinación:

> La iglesia estaba abarrotada de gente del Languedoc, mujeres de la región de Arlés, enfermos, bohemios, todos unos encima de otros. Estos son, además, los bohemios que queman las velas más grandes, pero exclusivamente en el altar de Sara, quien, según su creencia, es de su nación (Mistral 2023, 65).

Tras cuatro años de prohibición (por un decreto de la prefectura de 1895), en muchas crónicas de comienzos del siglo xx ya se habla de algo que se convertirá en habitual: durante la noche anterior a la procesión de las santas, el 25 de mayo, la iglesia de Saintes-Maries permanecía abierta y ocupada por muchas familias gitanas, de las otras tantas que acampaban por todo el pueblo y los alrededores. Era su manera de rendir tributo a su Sainte-Sara. Este fue el motivo de que durante un tiempo se habilitase un acceso solo para ellos a través de una puerta lateral, que conducía directamente a la cripta. Hoy en día se guarda vigilia durante las dos noches que dura la romería, a ritmo de violines zíngaros y guitarras flamencas. Imaginen…

Finalmente, esto ha hecho que a lo largo del siglo xx muchas familias gitanas se hayan instalado en Saintes-Maries, aunque también hay comunidades populosas en Arlés y Marsella. Lo curioso es que se consideran emparentados con los gitanos españoles, que distribuyen en torno a dos grandes clanes, los catalanes y los andaluces,

Estampa religiosa en la que se relata mediante viñetas la historia de los dos Marías y su llegada a la Provenza.

y con España en general. Por ese motivo, el pueblo, en la actualidad, lleva un rollo muy español, hasta el punto de que la paella es el plato típico. No es raro encontrar en cualquier noche veraniega a grupos de gitanos tocando rumbas en castellano para los turistas que acuden hasta allí masivamente.

El mismísimo Bob Dylan, que acababa de separarse de su esposa, Sara, estuvo en la romería de Saintes-Maries-de-la-Mer en 1975. Durante un viaje a Francia, se enteró de la existencia de aquella festividad gracias al pintor David Oppenheinm, al que había ido a visitar. Así que el 24 de mayo, el día de su cumpleaños, decidieron desplazarse hasta allí desde la Alta Saboya (unas diez horas de coche). Llegaron por la tarde, y Dylan tuvo el honor de asistir a la vigilia que los gitanos realizaron durante toda la noche. Es más, lo hizo en la cripta de Sainte-Sara, donde se pasó toda la velada tocando con el afamado guitarrista gitano Manitas de Plata (nombre artístico de Ricardo Baliardo), tío de varios integrantes del grupo Gipsy Kings, banda originaria de Arlés. Así lo explicó el propio Dylan en una entrevista en 1977: «Yo fui a ver al rey de los gitanos en el sur de Francia. Ese tipo tenía doce mujeres y cien hijos. Se ocupaba de las antigüedades, pero también tenía un depósito de chatarra». Durante su viaje, Dylan escribió la canción «One More Cup Of Coffee», que cuenta la historia de un tipo que está siendo seducido por la hija de un rey gitano.

ATLÁNTIDA GITANA

En octubre de 1905, Baroncelli conoció a Buffalo Bill, que acudió con su Wild West Show a la ciudad de Nimes. En el espectáculo participaron varios de sus pastores y muchos de sus caballos. Se lo presentó un actor y director francés bastante conocido, Joe Hamman (1883-1974), que, tras conocer a Buffalo Bill en Estados Unidos, comenzó a rodar westerns en Francia. Es más, a partir de 1909 rodó varios en la Camarga, contando con la colaboración de lou Marqués, que le cedió sus animales y sus pastores.

Aquel encuentro fue el origen de una hermosa amistad que mantuvo con uno de sus empleados, el jefe nativo Jacob White Eyes, que vivía en una reserva en Dakota del Sur, con quien estuvo escribiéndose como veinte años. Y esto le llevó por unos derroteros alucinantes.

Me van a permitir un nuevo desvío, quizás el último de este libro. Merece la pena.

En 1910, Baroncelli publicó un libro titulado *Les Bohemiens des Saintes-Maries-de-la-Mer*, en el que lanzó una teoría fascinante.

En tiempos muy antiguos, dice Platón, en la era nebulosa en la que el hombre cazaba caballos para alimentarse, un inmenso continente se extendía hacia Occidente. Es la Atlántida cantada por Verdaguer[49], la tierra de los famosos atlantes de la que se dice que descienden los vascos, y que uniría Europa con América. No está de más decir aquí que encontramos en varias lenguas americanas no solo palabras, sino las rarezas gramaticales de la lengua vasca, al mismo tiempo que palabras bretonas que han permanecido como están, pero cuyo significado ha cambiado [...] Finalmente, varios autores también sitúan a los atlantes como antepasados de los egipcios, de los cuales los coptos son los representantes modernos. Un día, un terrible cataclismo envuelve parte de la tierra: la Atlántida desaparece. Pero los errores cometidos por la raza que la pobló persisten en ambos lados. Se identifica así el misterio del origen del Piel Roja, que hizo discutir a tantos eruditos sin que jamás pudieran aclararlo. Separado del resto del mundo, aislado en una inmensa tierra libre, se desarrolla allí según sus primeros instintos; continúa vagando, cazando, vagando, se multiplica, puro de todos los cruces, y recuerda lo que sucedió allí, el lugar por donde sale el sol, el lado de Europa y España.

Cuatro fragmentos, cuatro tribus de la raza atlante quedaron en los bordes europeos o africanos del abismo que acaba de ampliarse, casi con certeza separados unos de otros. Los vascos y los celtas, quizás ya mezclados, por su propia posición, más avanzados hacia el oeste, se encontraron inmediatamente en contacto y luchando con nuevas razas de invasores y conservando su lengua (que, con el paso de los siglos se diferenciará hasta el punto de formar dos que solo tendrán relaciones muy vagas entre ellas) y sus características étnicas esenciales; se mezclan un poco, pierden sus instintos primitivos, se civilizan y progresan con quienes los rodean. Los egipcios y los gitanos —probablemente dos secciones de una misma familia— permanecieron

---

49   Se refiere al poeta y sacerdote Jacinto Verdaguer (1845-1902), que escribió siempre en catalán. Su obra más famosa, junto a *Canigó* (1886), es el largo poema *La Atlántida*, de 1877.

adheridos, unos a la costa africana, otros a la hispana, y los egipcios emigraron hacia Oriente para establecerse cerca del Nilo y el mar Rojo. Los gitanos, por tanto, no serían los indios que llegaron no sabemos por qué camino inimaginable, como se ha afirmado, sino los hermanos de raza de los egipcios. Esto explicaría muy bien esta memoria persistente que los ha seguido uniendo por su nombre a lo largo de los siglos y que ayudó a crear la leyenda de que los bohemios habían llegado de Egipto. Por tanto, nos preguntamos si este nombre de *gitano* no sería el que antiguamente perteneció a toda la raza atlante. (Baroncelli 1910, 17-18).

Continúa explicando que los gitanos, en su peregrinar, siempre manteniéndose puros, se fueron instalando en varios lugares del oeste de Europa, entre los que estaba la Camarga. Y allá donde hacían suyo un terreno,

...levantaban allí sus templos, en los que adoraban al Fuego y al Sol (como los pieles rojas, como los egipcios), allí enterraban a sus líderes, a sus santos, consagrando así ciertos lugares de manera

El símbolo de aquella región es lo que se conoce como la Cruz de la Camarga, creada en 1924 por un tal Paul Hermann, a petición del marqués de Baroncelli. Omnipresente en aquellas tierras, está compuesta por una cruz, que representa la fe; un ancla, símbolo de los pescadores; y un corazón, que alude a la piedad y la caridad de las Santas Marías.

más especial. Y siempre retrocede al mismo tiempo que el caballo, al mismo tiempo que la misma orilla del mar. Pasan siglos y siglos, y triunfa el cristianismo, que construye los altares de sus santos sobre los altares paganos. No es poco científico pensar que la peregrinación al lugar de Saintes-Maries podría haber existido mucho antes del cristianismo y estar dedicada a los primeros dioses indígenas, luego quizás a los dioses íberos y ligures, antes de estar dedicada a nuestras *saintes*. La afluencia de gitanos a la peregrinación de Saintes-Maries-de-la-Mer y los ritos que vienen a realizar allí mientras siguen adorando al Fuego, siguen siendo, de hecho, fuera de esta hipótesis, un misterio indescifrable (21).

Así pues, para Baroncelli, y para los gitanos de su época, Sainte-Sara no era una joven que vino con las Santas Marías, sino la hija de un rey de aquellos primeros ocupantes de la Camarga, los gitanos, que fue la primera en ser convertida por las santas nada más llegar. ¡Era una princesa egipcia! De ahí la diadema que comenzó a llevar desde aquella época, de ahí la procesión que se celebra el 24 de mayo. Sainte-Sara es llevada hasta el mar para, simbólicamente, esperar la llegada de las santas.

Sintiéndolo mucho, no parece probable esto. Los estudios históricos, antropológicos, lingüísticos y genéticos consideran que los gitanos proceden de un pueblo que habitaba en el noroeste de la India que en torno al siglo XI emigró hacia Occidente. Los más optimistas retrotraen este éxodo hasta el VI. Lo que sí está atestiguado es su llegada a Europa tanto por el este como por el sur (después de pasar por Egipto, de ahí lo de «gitanos», que procede de «egiptanos»), que se produjo a principios del siglo XV. La primera referencia histórica en España es de 1425. En la Provenza, en agosto de 1420. En Arlés, según los archivos departamentales, en 1438.

No me negarán lo que mola meter a la Atlántida en un libro sobre la Magdalena.

SAINTE-SARA

Dicho esto, ha llegado el momento de hablar de Sainte-Sara, aunque la información disponible es muy escasa, para qué nos vamos a engañar.

Su estatua, una talla reciente —se cree que del siglo XIX— que muestra la imagen de una joven de tez muy oscura, y sus reliquias (unos poquitos huesos nada más) se veneran en la cripta de la iglesia de Saintes-Maries-de-la-Mer, con consentimiento del Vaticano, pese a que no la reconoce como santa. Y como han visto, es la patrona de los gitanos de la Camarga y de Francia, y de otros muchos; y la hija de Jesús para otros pocos, feligreses convencidos de algunas leyendas modernas generadas para contar billetes...

Sainte-Sara en su cripta. Foto del autor.

En un viaje que realicé en septiembre de 2023, tuve la suerte de conocer a Dominique, un gitano de Arlés que se dedica a tiempo completo a cuidar de su santa y de la cripta. Conversé con él largo y tendido, ya que controlaba el castellano. Su madre, dijo, era una gitana catalana, aunque su padre era payo. Entre otras cosas, me contó convencido que Sara fue una princesa gitana que vivía allí y que se encargó de recibir a las migrantes palestinas cuando llegaron, que las relaciones con los curas siempre eran complicadas —le noté un claro anticlericalismo, quizás motivado por la persecución contra los gitanos que la propia Iglesia apoyó—, aunque se llevaban medianamente bien; y que, por desgracia, debido al auge del cristianismo evangélico entre los gitanos —protestante, por lo que no apoyan la devoción a los santos—, muchos jóvenes evangelistas ya no creen en Sainte-Sara, lo que le suponía un gran pesar. Les llamaba «aleluyadores»...

Como es lógico, le pregunté su opinión sobre aquellos rumores que afirmaban que se trataba de la hija de Jesús y María Magdalena. Su respuesta fue tan contundente como sensata: «Cómo va a ser su hija si Jesús era judío y ella es negra». Se le veía molesto con aquello, aunque reconoció que, gracias a eso, muchos acudían hasta allí y dejaban sus limosnas. Además, me explicó que la santa era especialmente milagrera en todo lo relacionado con el matrimonio, la fertilidad, la maternidad y las dolencias femeninas, y que los exvotos habituales eran diademas para su pelo y, sobre todo, mantones para cubrirla, algo que, como pueden comprobar en cualquier imagen de Sainte-Sara, es lo que la caracteriza, además de su color.

Para Dominique y para los gitanos, su santa es Sara la Kali, que significa «negra» y «gitana» (calé, del indostaní kâlâ, que significa «negro») a la vez, y tienen claro que, como ellos, era de origen egipcio. Algunos estudiosos gitanos la han querido relacionar con la diosa Kali del hinduismo, patrona de Calcuta y consorte de Shiva. Los argumentos que defienden esta identificación no son para nada definitivos ni razonables, pero quizás sobrevivió un recuerdo arcano y colectivo de su pasado en la India. Quién sabe.

Sin embargo, cuando fue mencionada por primera vez, en la obra de Vicent Philippon *La Légende des Saintes-Maries*, de 1521, se afirmó que era una sierva de las Santas Marías, que se dedicó a pedir por la región para cubrir las necesidades de aquel pequeño grupo, y que sus restos mortales también fueron descubiertos en 1448, en una caja, bajo el altar. De esto no se dijo nada en el acta de la elevación, pero se cree que su cuerpo fue encontrado durante las obras de construcción de la cripta actual, ordenadas por el rey René. No hay evidencia que avale esto. Siendo estrictos, no sabemos de dónde salieron esos huesos ni cuándo llegó hasta allí la estatua.

Pero ahí siguen sus reliquias, o parte de ellas, ya que, el 4 de julio de 2009, algún desaprensivo robó unas pocas. Que yo sepa, no han aparecido.

Para más inri, existen otras leyendas locales. Según una, Sara era una mujer de la zona que se dedicaba a ayudar a los cristianos. Otra, quizás la más imaginativa, cuenta que procedía del Alto Egipto y que fue una esposa repudiada del rey Herodes, convertida en sirviente de María Salomé y María de Clopás; mientras que otras versiones mantienen que era simplemente una criada egipcia de alguna de estas.

Sea como fuere, en todos los relatos tuvo un papel importante en el transcurso del viaje desde Tierra Santa: se cuenta que, estando el barco a la merced de las olas, y sus tripulantes casi sin comida, Sara se quitó el pañuelo que cubría su cabeza e hizo la promesa de que, si conseguían llegar finalmente a tierra sanos y salvos, nunca más se lo quitaría como muestra de respeto a Dios.

En cambio, la versión más extendida en la propia Camarga, en la que creen los gitanos, en la que creía *lou Marqués*, y la que me contó Dominique, es bastante diferente: era una gitana de raza noble que vivía con su gente en aquellas tierras. Afirman que los gitanos de la zona eran politeístas y prestaban especial devoción a Ishtari (Astarté), tanto que cada año sacaban su estatua en procesión y la introducían en el mar —es inevitable la comparación con la actual procesión—. Un día, Sara tuvo unas visiones que le informaban de la llegada de las santas, así que decidió ir a socorrerlas, ya que el mar estaba muy agitado y había mucho riesgo de naufragio. Así que cogió su manto, lo extendió sobre las olas y, utilizándolo como una balsa, fue hacia las santas y las ayudó. En agradecimiento, bautizaron a toda su gente.

Por eso me sigue sorprendiendo leer cosas como esta:

María Magdalena viajó en secreto hasta Francia, conocida entonces como la Galia. Aquí, entre la comunidad judía, halló refugio. Y fue aquí, en Francia, donde dio a luz a su hija, que se llamó Sara (Brown 2003, 317).

Ya, es una novela. Pero muchos de sus lectores, como bien saben, quedaron convencidos de que todo lo que se narraba en *El código da Vinci* era cierto. Tampoco era nada nuevo. En otras obras ya comentadas que Brown usó como fuentes, *El enigma sagrado* o *La revelación de los templarios*, se plantea que la Magdalena llegó a la Provenza junto a su prole, pese a que ninguna versión de la leyenda provenzal se insinuase nada parecido. Podría extenderme en comentar los argumentos que aportaron los autores de aquellos libros —sensacionales, todo sea dicho—, pero les recomiendo que los lean, para que así, al menos, tengan otra perspectiva. Que no se diga.

En pocas palabras y concluyendo: no hay nada que permita afirmar, ni siquiera suponer, que Sara era la hija de Jesús y la Magdalena. ¿Qué no lo puedo negar? Claro. Pero no soy yo el que tengo que demostrar nada.

LAS VÍRGENES NEGRAS

Ya para terminar, esto de Sainte-Sara ha querido relacionarse con las misteriosas vírgenes negras, imágenes de la Virgen María con el niño en brazos, en teoría, que, sin que se sepa muy bien por qué, aparecen representados con piel negra. Tenemos decenas de ejemplos, especialmente en Francia y España, y todas ellas son merecedoras de una gran devoción desde los siglos XI y XII, gracias a los templarios y a la Orden del Cister, que las colocaron en las criptas de muchos de sus templos.

Hay mucho mito sobre esto. Y tampoco es plan de extenderme demasiado. Pero lo cierto es que todas las vírgenes negras que se conocen están en templos cristianos, son reconocidas por la Iglesia y son objeto de culto. Otra cosa es la explicación que le dé el Vaticano a este fenómeno y que se pase por alto el peliagudo tema del color, que intentan explicar argumentando que se debe al humo de las velas y cirios que, con los años, ennegrecieron las estatuas.

No siempre es así, ya que muchas de estas esculturas están confeccionadas con maderas oscuras o negras o están pintadas en ese color. ¿Cómo explican esto? Pues nada, simplemente, porque eligieron ese material o las decoraron así. Era una moda, me dijo en cierta ocasión un monje franciscano en el monasterio extremeño de Guadalupe.

Hay que tener en cuenta que las verdaderas vírgenes negras, creadas entre los siglos XI y XV en templos cristianos del Mediterráneo occidental, siguen un patrón muy claro: sentadas, en posición hierática, con el niño sobre sus piernas y mirando al frente[50]. Claro está, esto no encaja con Sainte-Sara, pero algunos han querido relacionarlas con María Magdalena. Ya me dirán en qué encaja con ella.

Muchos estudiosos han planteado que estas vírgenes negras están relacionadas con los cultos precristianos de diversas divinidades

El autor y Sainte-Sara, cara a cara.

---

50   Por lo tanto, no todas las tallas de la virgen con tonos negros son vírgenes negras realmente. Las de la Virgen del Rocío o la Virgen de la Cabeza, muy veneradas en Andalucía, no se acogen a este patrón. En cambio, la de Montserrat sí.

femeninas que se representaron en ocasiones de color negro, diosas-madre como Diana, Cibeles o, especialmente, Isis. En efecto, tenemos evidencia de que a la Virgen María se le concedieron los mismos poderes y adjetivos que a varias de estas diosas femeninas, especialmente todo lo relacionado con la maternidad y la fecundidad, así como algunos motivos iconográficos.

¿Por qué el color negro? Pues, según algunos, porque representa a la tierra, que, fecundada por el sol, es fuente y origen de vida. Efectivamente, las diosas-madre o madres tierra eran diosas lares, cercanas a las familias, regentes de los hogares, la salud, y todo lo relacionado con la supervivencia cotidiana.

Todo esto está muy bien, y el tema de las vírgenes negras es fascinante, pero ¿qué tiene que ver con Sainte-Sara? Ni idea, más que nada porque no sabemos de cuándo procede su culto y no se acoge a este patrón iconográfico. La estatua actual es reciente, y no aparece en ningún documento anterior al siglo xix. Así que tampoco encaja en la cronología.

Hay quien ha propuesto, como era de esperar, que se trata de un culto secreto o encubierto de una María Magdalena madre. ¿Pruebas? Ninguna, excepto que, en efecto, en muchos lugares con vírgenes negras también se le rinde tributo a la Magdalena, algo que, por otro lado, es de lo más común en Francia.

CONTRA LOS CÁTAROS

Se ha dicho incluso que esto de las vírgenes negras guarda relación con los cátaros. Nada más lejos de la realidad. Estas gentes, en coherencia con sus profundas convicciones dualistas, repudiaban el culto a la Virgen, las estatuas, las reliquias y los santos. Para ellos, como para los gnósticos, la salvación se conseguía llevando una vida de desapego y rechazo de lo material —lo que incluía una estricta castidad, un riguroso vegetarianismo y la práctica de estrictos ayunos— y evitando cualquier tipo de pecado, con el fin de obtener una buena muerte que les permitiese escapar de este mundo malvado y corrupto. Los perfectos, aquellos que habían recibido el sacramento del *consolament*, eran vistos como santos en vida y como ejemplos a seguir, incluso entre los cristianos normales.

Encuentro de Santo Domingo y San Francisco, José del Castillo, 1785.

Hilando fino, aprovecho esto para ponerle el punto final a esta obra con una importante observación que no podemos dejar de lado: la promoción de la devoción a santa María Magdalena y el hallazgo de sus reliquias en la Provenza formó parte de una estrategia bien pensada para reforzar el catolicismo y contrarrestar la influencia de las creencias cátaras en el sur de Francia.

No podemos olvidar que el culto a la Magdalena en el sur comenzó poco después de la cruzada contra los cátaros, que se inició en 1209 y terminó tras la caída de Montsegur, en 1244, aunque aquello no supuso la derrota total de los herejes, que siguieron siendo perseguidos durante varias décadas más, hasta que en 1321 fue quemado el último, Guillem de Bélibaste.

Los dominicos, a los que, recuerden, se les entregó el control de Saint-Maximin y de la Sainte-Baume, nacieron precisamente para luchar contra el catarismo del Languedoc. Su fundador, el castellano santo Domingo de Guzmán (1170-1221), contando con el apoyo del papa Inocencio III, se instaló allí en 1206 para intentar, en un primer momento, reconducir a los herejes mediante la palabra. No lo consiguió, y su orden, la Orden de los Predicadores, terminaría asumiendo el timón de la Inquisición papal (a partir de 1233), que instauró un régimen de terror y miedo en aquellas tierras. Tampoco sirvió de mucho. La verdadera victoria la lograron de otro modo: gracias al conocimiento aportado por santo Domingo, que fue capaz de entender los factores que habían llevado a triunfar a los cátaros, sus herederos no dudaron en mimetizarlos para ganarles en la batalla por las esperanzas de salvación de los hombres de aquellas tierras. Les copiaron, y funcionó.

Por otro lado, la Orden de Frailes Menores, fundada por san Francisco de Asís, y aprobada también por Inocencio III, en 1209, contribuyó del mismo modo a la lucha contra los herejes, sobre todo cuando comenzaron a ganarle la partida del ejemplo vital. Francisco, durante su retiro en Fonte Colombo, en 1221, oraba diariamente en una pequeña ermita dedicada a la santa, a la que destacó como ejemplo de su propuesta de penitencia, pobreza y austeridad. Estando allí redactó la regla definitiva de la orden franciscana. Como los cátaros y los dominicos, y como la Magdalena según la leyenda provenzal, sus monjes se dedicaban a la oración y la vida ascética, pero también a una activa actividad pastoral. Esto, unido al modo de vida austero y humilde que llevaban, siguiendo el ejemplo de su fundador, contribuyó a que estos, incluso más que los dominicos, consiguiesen acabar con los cátaros.

En otras palabras, ambas órdenes, siguiendo el ejemplo de la santa, propusieron un ideal de vida que giraba en torno la predicación, la pobreza, la humildad y la penitencia.

Les ganaron con sus mismas armas, y con la Magdalena como ejemplo a seguir.

Bibliografía

Obras impresas:

Arias, J.: *La Magdalena: el último tabú del cristianismo*, Barcelona: Santillana, 2005.

Baigent, M., R. Leigh y H. Lincoln: *El enigma sagrado*, Madrid: Ediciones Martínez Roca, 2006a.

__ *El legado mesiánico: ¿hubo más de un Cristo?*, Madrid: Ediciones Martínez Roca, 2006b.

Bautista, E.: *La mujer en la Iglesia primitiva*, Estella: Verbo Divino, 1993.

Bernabé, C.: *¿Qué se sabe de...? María Magdalena*, Estella: Verbo Divino, 1994.

__ *Mujeres con autoridad en el cristianismo antiguo*, Estella: Verbo Divino, 2007.

Bertrand, R. y L.S. Fournier: *Las fêtes en Provence autrefois et aujourd'hui*, Aix-en-Provence: Presses Universitaries de Provece, 2014.

Bonet, X., Ó. Fábrega y E. Sabarich: *Compendium Rhedae; 100 años de Rennes-le-Château*, Almería: Círculo Rojo, 2017.

Bultmann, R.: *Historia de la tradición sinóptica*, Salamanca: Sígueme, 2000.

Burnet, R.: *María Magdalena, de pecadora arrepentida a esposa de Jesús*, Bilbao: Desclée de Brower, 2007.

Busquets, Ll.: *La historia oculta. María, madre de Jesús, y María Magdalena*, Barcelona: Destino, 2009.

Collins, A.: *El Santo Grial: en busca de una leyenda*, Barcelona: Minotauro, 2005.

Crossan, J. D.: *El Jesús de la historia: vida de un campesino judío*, Barcelona: Crítica, 2000.

__ *El nacimiento del cristianismo*, Santander: Sal Terrae, 2002.

Crossan, J. D y J. L. Reed: *Jesús desenterrado*, Barcelona: Crítica, 2007.

De la Vorágine, J.: *La leyenda dorada*, Madrid: Alianza editorial, 1999.

Des Vauz-de-Cernay, P.: *Hystoria Albigensis*, Cáceres: Universidad de Extremadura, 2022.

Ehrman, B. D.: *El Evangelio de Judas*, Barcelona: Ares y Mares, 2007.

__ *Simón Pedro, Pablo de Tarso y María Magdalena, historia y leyenda del cristianismo primitivo*, Barcelona: Ares y Mares, 2007.

Fábrega, Ó.: *Prohibido excavar en este pueblo*, Barcelona: Booket, 2014.

__ *Pongamos que hablo de Jesús*, Barcelona: Booket, 2017.

__ *¿Son reales? Reliquias de Cristo*, Barcelona: Ediciones oblicuas, 2017.

__ *La Magdalena, verdades y mentiras*, Almería: Guante Blanco, 2018.

__ *Dios ha vuelto, mormones, rastafaris, alienígenas ancestrales y espaguetis con albóndigas*, Almería: Guante Blanco, 2019.

__ *Eso no estaba en mi libro de historia de los cátaros*, Córdoba: Almuzara, 2022.

__ *Eso no estaba en mi libro del Nuevo Testamento*, Córdoba: Almuzara, 2023.

Fernández Urresti, M.: *La vida secreta de Jesús de Nazaret*, Madrid: EDAF, 2005.

Garrido Vázquez, M.: *Credo quia absurdum*, Almería: Círculo Rojo, 2014.

Hereza, R.: *El desvelamento de la revelación*, Madrid: Editorial La Rama Dorada, 1981.

Huynen, J.: *El enigma de las vírgenes negras*, Barcelona: Plaza y Janés, 1977.

Lacordaire, H.: *Sainte Marie Madelaine*, París: Poussielgue-Rusand,1860.

Meier, J. P.: *Un judío marginal: nueva visión del Jesús histórico. Tomo III: Compañeros y competidores*, Estella: Editorial Verbo Divino, 2003.

Murcia, T.: *Marie-Madeleine: L'insoupçonnable vérité ou pourquoi Marie-Madeleine ne peut pas avoir été la femme de Jésus*, París: Les Belles Lettres, 2017.

Picknett, L. y C. Prince: *La revelación de los templarios*, Madrid: Ediciones Martínez Roca, 2006.

__ *Las máscaras de Cristo*, Madrid: Luciérnaga, 2017.

Picknett, L.: *La verdadera historia de María Magdalena y Jesús; amante, esposa, discípula y sucesora*, Barcelona: Ediciones Robin Books, 2008.

Piñero, A.: *Guía para entender el Nuevo Testamento*, Madrid: Editorial Trotta, 2006.

__ *Jesús y las mujeres*, Madrid: Aguilar, 2008.

Piñero, A (editor): *Todos los Evangelios*, Madrid: EDAF, 2009.

__ *Los libros del Nuevo Testamento, traducción y comentario*, Madrid: Editorial Trotta, 2021.

Poucet, J.: *La Marie-Madeleine de Jean d'Outremeuse. Une figure évangélique vue par un chroniqueur liégeois du XIVe siècle*. Folia Electronica Classica, t. 28, julio-diciembre de 2014.

Puente Mayor, A.: *Jesús de Nazaret, en busca de la verdad*, Madrid. La esfera de los libros, 2023.

Puig, A.: *Un Jesús desconocido*, Barcelona: Ed. Ariel, 2008.

Ramos, J.: *Eso no estaba en mi libro de historia de Roma*: Almuzara, 2017.

Renan, E.: *Vida de Jesús*, Madrid: EDAF, 1968.

Sánchez Fernández, E.: *Felipe, María Magdalena y la comunidad de Hierápolis*, Madrid: Diversidad literaria, 2023.

Santos Otero, A.: *Los evangelios apócrifos*, Madrid: Biblioteca de autores cristianos, 2003.

Schaberg, J.: *La resurrección de María Magdalena*, Estella: Verbo Divino, 2008.

Starbird, M.: *María Magdalena y el Santo Grial*, Barcelona: Editorial Planeta, 2004.

__ *El legado perdido de María Magdalena: nuevas revelaciones sobre la esposa de Cristo*, Barcelona: Editorial Planeta, 2005.

Thiering, B.: *Jesus the Man: Decoding the Real Story of Jesus and Mary Magdalene*, Londres: Ed. Corgi, 2005.

Watterson, M.: *María Magdalena revelada*, Málaga: Sirio, 2019.

Libros electrónicos

Albanès, J. H.: *Le Couvent Royal de Saint-Maximin en Provence, de l'ordre des frères prêcheurs, ses prieurs, ses annales, ses écrivains; avec un cartulaire de 85 documents inédits*, Marsella: 1880 [En línea] https://ia902602.us.archive.org/16/items/lecouventroyald00albagoog/lecouventroyald00albagoog.pdf [Consulta: 30 de diciembre de 2023].

Baroncelli, F.: Bohémiens des Saintes-Maries-de-la-mer (traduit du provençal), 1910 [En línea] https://gallica.bnf.fr/ark:/12148/bpt6k1504259x.item.texteBrut?download=1&format=text&pdfdownload__acceptbox=on [Consulta: 22 de noviembre de 2023].

Blythe, C. J.: *Was Jesus Married? BYU Studies Quarterly*, 60:3, pág. 75. [En línea] https://byustudies.byu.edu/article/was-jesus-married/ [Consulta: 6 de enero de 2024].

Cabassole, P.: *Libellus hystorialis Marie beatissime Magdelene*, 1355. PDF.

Charlier, P., Froesch, P., Morin S., Benmoussa, N., Augias, A., et al.: «Computer Aided facial reconstruction of Mary-Magdalene relics following hair and skull analyses». *Clinical Medicine Insights: Ear, Nose and Throat*, 2019, 12, págs. 1-7. [En línea]. https://hal.science/hal-02263987/document [Consulta: 22 de noviembre de 2023].

Ejarque, R.: *Historia de Nuestra Señora de la Balma*, Tortosa: 1934. PDF.

Giménez, J. L.: *El legado de María Magdalena*, Barcelona: Amares, 2005. PDF.

__ *El triunfo de María Magdalena: Jaque mate a la Inquisición*, Arroyo de la Miel: Corona Borealis, 2007. PDF.

Gui, B.: *Chronique des rois de France*,1313. PDF.

Jusino, R.: *María Magdalena y el Evangelio de Juan* [en línea], 17 de octubre de 2012. http://editorial-streicher.blogspot.com.es/2012/10/ramon-k-jusino-maria-magdalena-y-el.html [Consulta: 15/09/2016].

Lucotte, G.: «The Mitochondrial DNA Mitotype of Sainte Marie-Madeleine». *International Journal of Sciences*, 5, 10-19. https://doi.org/10.18483/ijSci.1167, 2016.

__ «Silver and Gold on the Hairs of Holy Maria-Magdalena, Studied by Scanning Electron Microscopy and Elemental Analysis». *Archaeological Discovery*, 7, 257-282. https://doi.org/10.4236/ad.2019.74012, 2019.

__ «Radiodating of the Hairs of the Presumed Holy Maria-Magdalena» [en línea], *Archaeological Discovery*, Vol.09, No.02 (2021) [Consulta: 22/09/2023].

__ Lucotte, G., Thomasset, T.: «Study of the Red Colour of Ste Marie-Madeleine (≈3-63) Hair by Scanning Electron Microscopic Characterization of Its Melanosomes». *Journal of Dermatology and Pigmentation Research*, 1, 1-9. 2017.

__ Lucotte, G., D'Hérissart, E., Thomasset, T. (2019). «Marine Micro-Remains on Holy Maria-Magdalena's Hair, Studied by Scanning Electron Microscopy and Elemental Analysis». *Archaeological Discovery*, 7, 155-191. https://doi.org/10.4236/ad.2019.73009, 2019.

__ Lucotte, G., Izri, A., Thomasset, T.. Nits of Louse on the Hairs of Holy Maria-Magdalena: A SEM-EDX Study. Global Dermatology, 7, 1-4. 2020.

__ Lucotte, G., Thomasset, T., & Borensztajn, S.: «Slin Debris on the Hairs of Holy Maria-Magdalean: A SEM-EDX Analysis». *International Journal of Sciences*, 9, 57-79. https://doi.org/10.18483/ijSci.2273. 2020.

Lucotte, G., Thomasset, T., Salmon, A.: «Fennel (Foeniculum vulgare) Rests on the Holy Maria-Magdalena Hairs, Studied by Scanning Microscopy and Elemental Analysis». *Archaeological Discovery*, 6, 216-270. https://doi.org/10.4236/ad.2018.63012, 2018.

Mistral, F.: *Mes origines / mémoires et récits*, Outlook Verlag, 2023. PDF.

Sánchez Morillas, B.: *María Magdalena, de testigo presencial a icono de penitencia en la pintura de los S. xiv y xvii* (tesis doctoral). Faculta de Bellas Artes de la Universidad de Sevilla, 2014.

VV.AA.: Ossements de Sainte Marie-Madelaine, etude anthopologique [en línea]. https://www.mariemadeleine.fr/wp-content/uploads/2021/09/PH1977Saxer.RapportCNRS.pdf [consulta: 22 de noviembre de 2023].

Yourcenar, M.: *Fuegos*, 1936. EPUB.

El presente libro, por encomienda de la editorial Almuzara, se terminó de imprimir el 14 de abril de 2024. Tal día, del año 73, en Masada (cerca de Jerusalén), los judíos defensores de la fortaleza cometen un suicidio colectivo para no entregarse a los romanos.